Glenn Doman
Douglas Doman
Bruce Hagy

Bebé en forma, bebé inteligente

www.edaf.net

MADRID - MÉXICO - BUENOS AIRES - SAN JUAN - SANTIAGO - MIAMI

2012

Título original: Fit Baby, Smart Baby, Your Baby!

© 1996. De la traducción: M.ª del Puerto Barruetabeña
© 2012. Glenn Doman, Douglas Doman y Bruce Hagy
© 2012. De esta edición, Editorial EDAF, S.L.U.
Revisión técnica: Arturo Tenacio Vara

Cubierta: Gerardo Domínguez

EDAF, S. L. U.
Jorge Juan, 68. 28009 Madrid
http://www.edaf.net
edaf@edaf.net

Ediciones-Distribuciones Antonio Fossati, S.A. de C.V.
Calle 21, Poniente 3701 - Colonia Belisario Domínguez
Puebla 72180, México
Teléfono: 52 22 22 11 13 87
edafmexicoclien@yahoo.com.mx

Edaf del Plata, S. A.
Chile, 2222
1227 Buenos Aires (Argentina)
edafdelplata@edaf.net

Edaf Antillas, Inc.
Av. J. T. Piñero, 1594 - Caparra Terrace (00921-1413)
San Juan, Puerto Rico
edafantillas@edaf.net

Edaf Antillas
247 S. E. First Street
Miami, FL 33131
edafantillas@edaf.net

Edaf Chile, S. A.
Coyancura, 2270, oficina 914. Providencia
Santiago, Chile
edafchile@edaf.net

Junio 2012

ISBN: 978-84-414-3184-3
Depósito legal: M-20.924-2012

IMPRESO EN ESPAÑA   PRINTED IN SPAIN

Cofas, S. A. -Pol. Ind. Prado de Regordoño - Móstoles (Madrid)

A todos los padres del mundo a lo largo de la historia
que se han enorgullecido de poner a los bebés
de pie sobre sus anchos hombros y decirles:
«Contempla el mundo desde aquí, hijo mío».

Contenido

Agradecimientos

NUESTRO viaje por el irregular y sorprendentemente desconocido terreno que *nos* enseñó cómo enseñar a los *padres* a enseñar a sus *hijos* ha sido largo y a veces extenuante, aunque lleno de los días más excitantes, emocionantes y gratificantes de nuestras vidas. No nos habríamos perdido ninguno de ellos por nada del mundo. Y no habrían existido si no fuera por los seres humanos individuales y los grupos de seres *muy* humanos más inspiradores que el mundo haya podido conocer.

Primero queremos darles las gracias a los miles de millones de niños que han hecho con toda su fe el ancestral camino que se describe tan minuciosamente en este libro.

Una amplia mayoría de esos niños lo han seguido instintivamente, con gran felicidad y sin la más mínima noción del profundo efecto que tendría en todas las etapas de sus vidas. El viaje comenzó para todos ellos en el momento del nacimiento y para la mayoría terminó entre los seis y los siete años; a ellos los denominamos niños «normales». Por razones que seguramente quedan claras nos referiremos a ellos como niños «estándar», porque eso es lo que son (si con «estándar» queremos decir niños corrientes, típicos, comunes).

Pero para una minoría (uno de cada veinte más o menos) el viaje no es feliz ni instintivo, sino heroico, angustioso y va de difícil a materialmente imposible. Estos son los niños con lesión cerebral, niños que, si se les da la oportunidad, luchan con una determinación infinita y un coraje único para conquistar los siete estadios de la movilidad y el desarrollo manual que los niños estándar logran de una forma despreocupada y feliz.

Les tenemos un profundo respeto y les dedicamos un agradecimiento eterno por todo lo que *nosotros* hemos aprendido en el proceso en el que hemos sido sus maestros y sus guías, a los más de 20.000 niños que hemos conocido de cerca y para los que este camino ancestral requiere algo que va mucho más allá de la llamada del deber, y a los 40.000 padres extraordinarios, unos padres para los que hemos tenido el privilegio de describir, iluminar y detallar cada centímetro de ese camino, cuyo amor y devoción por sus hijos, claves de su éxito, les han llevado a hacer todo lo que estaba en sus manos para ayudarles a completarlo triunfantes.

El proceso para que estos niños logren mediante un esfuerzo heroico lo que los niños estándar consiguen de forma instintiva ha sido responsabilidad del grupo de miembros del personal de nuestros Institutos para al Logro de la Excelencia Física, personas con chaquetas negras, excelencia física y alto nivel de inteligencia. Sus años de trabajo día y noche con esos niños y padres perfeccionaron las técnicas que ya habían iniciado los miembros más veteranos del personal medio siglo antes. También, por primera vez en la historia, lograron *cuantificar* lo que había que hacer en cada fase de la movilidad para estimular el crecimiento cerebral necesario para pasar a la siguiente fase de desarrollo cerebral y movilidad. Además, nos han dado el tiempo necesario para escribir este libro encargándose de *nuestro* trabajo, lo que ha supuesto añadir incontables horas a su horario ya de por sí hercúleo. Estoy hablando de Rosalind Klein Doman, Leia Coelho Reilly, Rumiko Ion Doman, Nati Tenacio Myers, Marlene Penados Marckwordt, Rogelio Marty, Fred Hill, Susan Cameron, Yael Joseph, Kim Norris y Thomas Culhane. Janine Waters, nuestra gimnasta residente, también es una madre que ha hecho todo lo que se recomienda en este libro (y más) con sus propios hijos.

Desde 1974 los alumnos de la Escuela de Desarrollo Humano nos han enseñado cada día, una y otra vez, lo que es realmente la excelencia física. Estos hombrecitos y mujercitas con lesión cerebral han establecido récords mundiales en todas las áreas del desarrollo humano, desde correr en maratones nacionales hasta escalar los 3.300 kilómetros del Sendero de los Apalaches como «verdaderos alpinistas». Les damos las gracias por hacernos abrir aún más los ojos, por darnos la oportunidad de aprender aún más de ellos y por lograr que desarrollemos un respeto siempre creciente y cada vez más profundo por cada uno de ellos.

Estos jóvenes y niños con lesión cerebral que empezaron el camino completamente paralizados nos han dejado tan claro como el agua que *todo el mundo puede alcanzar la excelencia física.*

Además de los miles de millones de niños estándar que han seguido este camino ancestral desde la inmovilidad en el momento del nacimiento a caminar, correr y saltar en patrón cruzado a la edad de seis años y de los millones de niños con lesión cerebral que han conseguido lo mismo con una dificultad mayor, hay otro grupo de niños que han conseguido completar ese camino de forma ejemplar y *en la mitad de tiempo que un niño estándar*. Este grupo es muy reducido tanto en tamaño como en número. Todos los niños de este grupo comenzaron como los demás niños tanto a nivel genético como a nivel del entorno. No tenían ningún don especial en ningún sentido excepto el regalo extraordinario de tener unos padres que combinaban un amor especial por sus hijos con un conocimiento muy profundo de lo que este libro contiene.

Por ello obviamente estamos en deuda con esos niños increíbles, con sus padres y con el personal de las diferentes sedes del Instituto Evan Thomas. Sus nombres y rostros entusiastas brillan a lo largo de todo este libro en las fotografías, las ilustraciones y los textos. Gracias a ellos tenemos docenas de historias impresionantes que contar sobre lo que estos niños podían hacer en su primer año de vida y los logros gimnásticos increíbles que consiguieron a la edad de ocho años. Sin el seguimiento de estas personas increíbles no podríamos haber escrito este libro y por eso les damos las gracias a todos:

A Janet Joy Doman, la directora de los Institutos para el Logro del Potencial Humano, que creyó inmediatamente que nuestros conocimientos marcarían una profunda diferencia en las vidas de los niños y los padres y les insistió a Douglas y a Bruce para que empezaran a escribir este libro a la vez que convencía a su padre, Glenn Doman, para que se ocupara de los capítulos en los que se explica por qué esto resulta de una importancia fundamental para todos los niños.

A Katie Massingham Doman, miembro veterano del equipo, esposa de Glenn durante más de sesenta y cinco años y madre de Douglas.

Al doctor Ralph Pelligra, jefe de la oficina médica del Ames Research Center de la NASA en California; al doctor Edward B. LeWinn, director del Research Institute, que falleció antes de poder ver la versión final de este libro en el que puso tanto interés, igual que en todo el trabajo que realizó en su vida; y a la doctora Roselise Wilkinson, directora médica emérita y al doctor Leland Green, director médico de los Institutos: juntos y por separado nos han aconsejado, animado e inspirado a escribir este libro para las familias de cualquier lugar del mundo.

A Sherman Hines, fotógrafo de los Institutos, cuya cámara ha conseguido capturar la belleza de todo, especialmente de los niños.

A Kathie Knell, que escribió y ayudó a organizar las fotos de la segunda edición de este libro, y a Janet Gauger que lo corrigió.

A David Kerper, que hizo muchas de las fotos del libro y que siempre ha estado muy pendiente de nuestras necesidades porque le importan mucho nuestros niños.

A Jay Chen, padre de tres niñas preciosas que es un ejemplo de todo lo que enseñamos en este libro. Muchas de las fotos son de sus hijas y de otros niños del Instituto Evan Thomas.

A Roz y Chuck Mansfield, que dejaron lo que estaban haciendo en cuanto recibieron nuestra llamada de teléfono para crear las portadas, las ilustraciones y los gráficos de muchos de nuestros proyectos y sobre todo de este libro.

A Mary Ellen Cooper y Bob Derr, que comprendieron la habilidad, creatividad e incluso «peligrosidad» que implicaba el trabajo de producir y publicar la primera edición de este libro.

A Margaret Melcher y Donald Barnhouse, que en una u otra fase de la producción también se ocuparon de la «peligrosa» tarea de ayudar con la corrección.

A Cathy Ruhling, Gloria Rittenhouse, David y Pam Coventry y Linda Pollack-Johnson, que realizaron el duro trabajo de mecanografiar una y otra vez y mantener en orden el manuscrito mientras Beth Granger y Marian Necker se ocupaban de un número infinito de detalles.

A Dick Norton, director del Instituto Edward LeWinn, que nos animó y nos alentó constantemente para que siguiéramos buscando programas respiratorios activos y pasivos para todos nuestros niños.

Y sobre todo les damos las gracias a nuestras maravillosas familias, que no solo nos perdonaron los deslices causados por la producción de este libro, sino que siguieron animándonos para que lo acabáramos, porque creen que lo que este libro puede hacer por los niños del mundo merece la pena con creces el precio que estaban pagando encantados.

Emily, con 6 años y Margaux, con 3,
calentando antes de hacer taekwondo.

Emily, con 6 años,
patinando sobre hielo

Margaux,
con 4 años,
esquiando.

Margaux, de 7 años,
nadando a espalda.

Gaetano, de 5 años, y
Carmella, de 3, bailando.

Prólogo

UNA herramienta de investigación que se usa a menudo para estudiar los efectos de la ingravidez en el cuerpo humano es obligar a adultos normales y sanos a guardar reposo absoluto en cama. Los resultados de esta inactividad forzosa denominada «estado hipodinámico» son sorprendentes. En un periodo de solo setenta y dos horas, múltiples sistemas del cuerpo empiezan a mostrar evidencias de cambios y deterioro. Hay alteraciones de fluidos dentro del cuerpo que llevan a cambios hormonales y deshidratación, el corazón y los vasos sanguíneos empiezan a perder su tono y su fuerza y el calcio empieza a abandonar los huesos mediante filtración. Los sujetos voluntarios se suelen quejar de dolores de cabeza, de espalda, diarrea, aburrimiento, letargia y en ocasiones desorientación. Es evidente que la inactividad forzosa es algo nocivo y antinatural para un cuerpo sano y sin ninguna lesión.

¿Pero qué ocurre con la situación opuesta, es decir, una actividad exagerada? ¿Funciona la situación a la inversa: si la inactividad forzosa es mala para el cuerpo humano entonces la actividad o el ejercicio exagerado resultan beneficiosos? En este caso las evidencias también son claras. Más de veinte años de investigaciones han probado que una actividad física vigorosa puede tener efectos favorables en el corazón, la circulación, los pulmones, el peso corporal, el tono muscular, los hábitos intestinales, la tensión arterial, el azúcar y las grasas en sangre, la resistencia, la eficiencia y la sensación de bienestar general de una persona.

Pero debemos ir un paso más allá: aunque la actividad física es buena para los adultos, ¿lo es necesariamente también para los niños? La respuesta es un sonoro SÍ. Todos los beneficios que se acaban de describir se producen en un niño físicamente activo igual que en un adulto. *Y los efectos de un programa físico adecuadamente diseñado tienen una importancia mayor incluso para el desarrollo del sistema nervioso del niño.*

En este libro único los autores introducen a partir de conceptos fascinantes y científicamente sensatos la función y la fisiología cerebral. Explican con un estilo claro y fluido cómo la integración de un programa de actividad física en la vida de los niños puede tener una influencia profunda en sus procesos de crecimiento cerebral y organización neurológica. Además muestran cómo los efectos de estos procesos estimulan el crecimiento intelectual y social, así como el desarrollo físico. Y, no contentos con proporcionar solamente una explicación teórica, incluyen también una fórmula precisa, paso a paso y llena de sentido común que nos permitirá lograr todos estos objetivos con cualquier niño.

Igual que otros muchos profesionales cuando hacen lo que mejor se les da, los autores han conseguido que todo parezca muy simple. De hecho, el gran regalo que les hacen a los lectores y a sus hijos con este libro es el resultado de más de cuarenta años de implicación total y estrecha vinculación en los procesos de desarrollo de los seres humanos sanos y con discapacidad. Los autores han conseguido su incomparable comprensión de la movilidad y de las raíces del desarrollo infantil tras una intensa búsqueda de respuestas que les ha llevado a más de 100 países de todos los continentes, la Antártica incluida. Han dado la vuelta al mundo por el Ecuador y han vivido con los xingu en el Mato Grosso brasileño y con los pequeños bosquimanos del desierto del Kalahari.

Siempre buscando más y más respuestas se han sumergido profundamente en el pasado para estudiar los patrones de movimientos de las primeras criaturas de la tierra y se han lanzado al futuro para evaluar los efectos de la ingravidez en la movilidad y el desarrollo humanos.

En este libro, como en los anteriores, los autores hacen hincapié en sus temas tradicionalmente recurrentes:

- Está demostrado que el cerebro humano crece con el uso y su crecimiento prácticamente se completa a los seis años de edad.
- A los bebés más pequeños lo que más les gusta es aprender.
- Los bebés creen que el mejor regalo (juguete) del mundo es la atención absoluta de un adulto, especialmente su madre o su padre.
- El mejor equipo de enseñanza de la historia es el que forman los padres y el hijo.
- Los padres pueden enseñarle a un bebé cualquier cosa que puedan presentarle de una forma sincera y objetiva.

Al fin ha llegado la hora de que este libro sobre la excelencia física vea la luz; su autor más veterano, Glenn Doman, y el personal de los Institutos consiguieron por primera vez la atención mundial por su trabajo con niños con lesión cerebral que estaban paralizados físicamente y que, tras seguir este programa, conseguían moverse, después arrastrarse, gatear y finalmente andar e incluso correr de la misma forma que los niños sanos.

Prácticamente a la vez que aplicaban sus técnicas a los niños con lesión cerebral, el personal de los Institutos descubrió que los niños sanos también empiezan ya en el momento del nacimiento a hacer exactamente esas mismas cosas y en ese mismo orden. Así comenzaron los autores a enseñar a los padres para que sus hijos sanos siguieran esos mismos pasos precisos desde el nacimiento a la excelencia física.

Tal vez el detalle más importante que los autores incluyen en este excelente libro es el hecho de que estas fases vitales que llevan a la perfección física normalmente suceden *por casualidad*. Al presentarles la oportunidad de hacer estas actividades esenciales a propósito y en el orden adecuado en vez de aleatoriamente, los niños son capaces de alcanzar un nivel de excelencia física que les proporcionará la oportunidad de ser cualquier cosa que quieran durante toda su vida.

Otra de las afirmaciones más valiosas de este libro concienzudo y encantador es el hecho de que enseñar a un bebé a alcanzar la excelencia física no solo es un proceso que puede ser gratificante y satisfactorio tanto para los padres como para el niño, sino que *debe* serlo para lograr su objetivo.

Cuando los autores, a los que conozco muy de cerca desde hace más de treinta años, me pidieron que escribiera el prólogo para este libro tan necesario, me sentí honrado. Además, me sentí cualificado para hacerlo por la simple razón de que he visto con mis propios ojos cómo niños paralizados en un principio lograban con el tiempo hacer el pino y otras hazañas gimnásticas (algo que los autores no cuentan en el libro) y cómo una niña sana literalmente *volaba* (cosa de la que sí se habla aquí).

Los autores han conseguido reunir aquí todas sus experiencias y puntos de vista sobre un campo de conocimiento innovador que llaman con toda propiedad «desarrollo cerebral infantil». Esta nueva disciplina no solo ha contribuido al campo del desarrollo humano, sino que también ha creado una nueva dimensión a partir de la que es posible *comprender y cambiar* la condición humana.

Ralph Pelligra, *doctor en Medicina*
Especializado en medicina espacial.

Andrew, David y su mamá
disfrutan caminando juntos.

Introducción

TAL vez lo más conveniente sea empezar por el final, aunque el centenar aproximado de personas que componen el personal de los Institutos para el Logro del Potencial Humando de Filadelfia han dedicado todas sus vidas a empezar por el principio. Aun así, a mí siempre me ha parecido que el lector tiene derecho a saber ya desde las primeras páginas lo que un libro tiene que decir.

Este libro demostrará que alcanzar la excelencia física no es algo que esté limitado a unos pocos niños raros que, gracias a un potencial genético especial, tienen en su interior las semillas para convertirse en genios a nivel físico.

Este libro explicará que todos los niños tienen el *derecho inherente* de llegar a ser físicamente excelentes gracias al espléndido regalo que nos hacen los genes del *Homo Sapiens*. Porque el derecho de alcanzar la excelencia física es un derecho de nacimiento.

Este libro se ha escrito para ensalzar las virtudes de ese milagro llamado *movilidad humana,* algo que ha sido el centro de nuestras vidas desde 1940. Desde el primer día y durante todos los días de trabajo más bien de veinticuatro horas que de ocho, todas las semanas que normalmente constan de siete días y no de cinco, todos los meses que resultan con mayor frecuencia alegres que desesperanzadores, y todos los años que se dividen a partes iguales entre el sobrecogimiento ante el milagro de la movilidad humana y la perplejidad enloquecedora al preguntarnos por qué a veces no se produce, hemos estudiado la movilidad de todas las formas en que puede hacerse.

Hemos estudiado la movilidad humana de la forma más *práctica y obstinada* en decenas de miles de recién nacidos, bebés, niños pequeños, adultos y ancianos desde sus inicios en forma de movimientos troncales en el interior del útero, pasando por el arrastre y el gateo de los bebés, los primeros pasos, la adquisición de habilidad a la hora de caminar y después a la hora de correr y saltar en los niños, la destreza atlética llena de una habilidad extraordinaria e impresionantemente bella en los jóvenes y finalmente durante todos los días de la vida hasta llegar al declive y la pérdida en la tercera edad.

Hemos estudiado la movilidad de una forma *más teórica* desde sus orígenes primitivos, unos tres mil millones y medio de años atrás, cuando los dos grandes reinos de materia viviente tomaron caminos distintos para convertirse en el creciente pero inmóvil a nivel físico reino de las plantas y el reino de los animales que pueden moverse de un lado a otro a voluntad.

Hemos estudiado los inicios de la movilidad humana en el *Australopithecus africanus*, descubierto por el profesor Raymond Dart, cuyo anuncio del descubrimiento en 1923 asombró a todo el mundo de la antropología. Cuando estas criaturas primitivas se irguieron para andar sobre los pies y así liberar sus manos del papel que habían tenido en la movilidad hasta el momento durante el tiempo justo para coger un palo para utilizarlo como arma con una mano y una rama como una herramienta primitiva en la otra, se abrió el camino para que nacieran los humanos modernos.

Hoy ese palo de entonces se ha convertido en la terrible arma nuclear y aquella herramienta, la rama, ha pasado a ser un ordenador y todas las demás creaciones de los seres humanos.

Desde aquel comienzo los seres humanos han caminado erguidos con las manos libres para utilizar herramientas cuyo uso les ha ido haciendo más inteligentes. Con gran brillantez la raza humana fue capaz de inventar herramientas cada vez más complejas que podía usar para aprender y comprender más cosas sobre la tierra; así es como nació la inteligencia humana moderna.

Hoy en día somos las criaturas más brillantes y temibles de todas las que ha puesto en este mundo el Creador y las únicas que tenemos la capacidad de destruir el planeta en el que vivimos o, gracias a nuestra inteligencia, convertirlo en el lugar más parecido al Paraíso que hayamos podido soñar.

Esa elevada inteligencia tiene sus orígenes en la movilidad y en la función manual humanas. Ambas han ganado con cada década de evolución en habilidad, belleza, complejidad y esplendor.

No se trata de una mera construcción teórica; queda claro en cada edición de los Juegos Olímpicos. En cada cita olímpica los viejos récords de la movilidad y la función manual humanas se rompen y se establecen otros nuevos. También hay que destacar que la mayoría de los deportistas que han ganado una medalla de oro últimamente son considerablemente más jóvenes que los anteriores ganadores.

¿Y dónde acabará eso? Hoy los gimnastas olímpicos adolescentes realizan hazañas gimnásticas que ni se podían soñar en los Juegos Olímpicos de hace cincuenta años. *No* va a acabar. Porque la *movilidad y la función manual* humanas están inextricablemente unidas a la *inteligencia.*

De hecho, como veremos, la movilidad y la inteligencia manual son dos de los seis tipos de inteligencia humana.

¿Qué hemos aprendido entonces sobre los seres humanos en los miles de años de humanidad que el personal de los Institutos se ha dedicado a estudiar para comprender y mejorar el rendimiento físico humano? Eso se puede resumir en un solo párrafo:

Todos los niños de este mundo, en el momento de nacer, tienen una inteligencia potencial mayor que la que Leonardo da Vinci utilizó en toda su vida.

Esa inteligencia potencial, inherente en el momento del nacimiento, incluye y de hecho comienza por la función física.

Este libro les explicará a los padres que deseen saberlo cómo enseñar a sus bebés a alcanzar la excelencia física y por qué, después de medio siglo de mejorar drásticamente las capacidades físicas humanas en los niños, los autores siguen creyendo que hacerlo es una buena y recomendable idea.

Marlowe y su mamá celebran su logro físico.

Fundamentos de la inteligencia

Por Glenn Doman

Fumio, de 5 años.

1

La inteligencia física

De todas las cosas que Dios ha ordenado
en el curso constante de la naturaleza, y que,
por tanto, suceden todos los días, ninguna,
si sucediera una sola vez, dejaría de maravillarnos
y parecernos milagrosa.

—John Donne, 1627

ESTAMOS rodeados de milagros que vemos diariamente y que no nos maravillan en absoluto. No es que no queramos verlos, es que muchas veces no sabemos cuando estamos viendo uno, sobre todo si se trata de un milagro que vemos a menudo, todos los días.

El cuerpo humano *es* un milagro en sí mismo y un milagro mayor es el cerebro que lo dirige. Menospreciamos esos milagros por el simple hecho de no reconocerlos como lo que son, pero este libro está escrito para celebrar esos milagros cotidianos y explicar cómo, a través de su *comprensión*, podemos utilizarlos para darles a nuestros hijos la oportunidad de alcanzar la excelencia física.

A continuación exponemos algunos ejemplos de esto.

Si en este momento está embarazada, quédese mirando su reloj durante un minuto. ¿Sabe lo que ha ocurrido durante esos sesenta segundos? Al final de ese minuto su bebé tiene *un cuarto de millón de células cerebrales más* que cuando empezó a contar los sesenta segundos.

Otro ejemplo.

¿Le gustaría saber cuál será la *capacidad* del cerebro del bebé cuando nazca? Será *diez veces* la capacidad de los Archivos Nacionales de los Estados Unidos.

> El cuerpo humano es un milagro en sí mismo y un milagro mayor es el cerebro que lo dirige.

¿Qué significa eso en términos intelectuales? Otro milagro. Si usted vive en Chicago, por ejemplo, cuando nazca su bebé el inglés le resultará una lengua extranjera no menos extraña que el francés, el italiano, el alemán, el español o el urdu. También a un niño nacido en París el francés le resultará una lengua extranjera. Entonces ocurre el milagro. Cuando cumpla los tres años de edad y sin haber visto en su vida a un profesor, el bebé tendrá un conocimiento funcional de trabajo de su lengua. *Si conectáramos todos los ordenadores del mundo no podrían tener una conversación cualquiera en inglés al nivel de un niño angloparlante de tres años.*

¿Qué significa eso en términos físicos? Un milagro más. El ejército de Estados Unidos y otros grandes ejércitos del mundo han gastado miles de millones de dólares en intentar construir una máquina que pueda caminar erguida y que de ese modo pueda recorrer todo tipo de terrenos. No solo han fracasado todos en la tarea de inventar una máquina con dos piernas que pueda caminar erguida, es que ni siquiera han conseguido un máquina de *cuatro* patas que pueda moverse de forma eficiente. En la actualidad el elemento con mejor movilidad de cualquier ejército se llama «infantería». La infantería cruza desiertos, se mete en cuevas, cruza ríos, se mueve por junglas y sube montañas. Es interesante reseñar que la palabra «infantería» viene de «infante», que significa «soldado que sirve *a pie*», algo curioso.

El verdadero problema para construir una máquina que camine no es el hecho de imitar las piernas y los brazos humanos, aunque eso ya es un problema de proporciones enormes. *El verdadero problema es inventar el mecanismo de control que dirija esa máquina que camina.* Ese mecanismo en el increíblemente móvil ser humano es el cerebro.

Hay una relación íntima entre la movilidad y la inteligencia y en ninguna etapa de la vida es tan importante como cuando somos bebés y niños pequeños.

En los seres humanos la necesidad de moverse solo es secundaria a la necesidad de respirar. Está en la base de todas las demás capacidades humanas.

La capacidad de moverse, la edad en la que se nos permite movernos y la manera en que lo hacemos representan un papel importante a la hora de determinar el nivel de civilización de una sociedad.

Si la movilidad desempeña un papel básico en nuestras vidas y en nuestra cultura, ¿por qué no le hemos prestado más atención? Esta no es una situación en la que haya mentes maquiavélicas; simplemente es que no sabíamos que era tan importante.

Hay una relación íntima entre la movilidad y la inteligencia y en ninguna etapa de la vida es tan importante como cuando somos bebés y niños pequeños.

¿Entonces cómo ha llegado el personal de los Institutos a estas conclusiones? En los días que precedieron y siguieron a la II Guerra Mundial, los primeros miembros del personal de lo que hoy llamamos los Institutos para el Logro del Potencial Humano no tenían ni la más vaga noción de cómo conseguir que los bebés alcanzaran la excelencia física, intelectual o social. Si alguien nos hubiera propuesto una cosa como esa, habríamos pensado que esa persona estaba loca. De hecho, lo que nosotros *decidimos* hacer se consideró una locura en su tiempo: nos hicimos responsables del tratamiento de niños con lesión cerebral severa. Teníamos niños que estaban paralizados, ciegos, sordos o que eran incapaces de hablar y otros que tenían problemas menos graves en cuestiones de movimiento, visión, audición, habla y aprendizaje. Las lesiones cerebrales iban de las poco difusas a las más difusas, y había niños con todos estos problemas y otros que tenían lesiones focalizadas y solo tenían alguno de ellos.

Estábamos decididos a hacer algo por ellos. Nos habíamos hecho a la idea individual y colectiva de que íbamos a establecer el objetivo de conseguir que esos niños estuvieran totalmente bien, como los otros niños, o, de lo contrario, nos íbamos a pasar el resto de nuestras vidas intentándolo.

Antes de la II Guerra Mundial muy pocas personas habían intentado seriamente hacer algo por los niños con lesión cerebral (si es que lo había hecho alguna). En la mayoría de los casos estos niños estaban escondidos en buhardillas o en cuartos de atrás de residencias para enfermos y se les trataba con una actitud que no había cambiado sustancialmente desde la época de Cristo y sus discípulos: «Maestro, ¿quién pecó, este o sus padres, para que haya nacido ciego?», dice la Biblia. Esta actitud se daba bien entrado el siglo XX y si alguna persona había hecho algún intento por cambiar esa actitud, seguramente se encontró con la misma desaprobación que Cristo cuando consiguió que el ciego viera.

Unos años antes de la II Guerra Mundial, un puñado de pioneros liderado por el doctor Temple Fay, decano de la neurocirugía moderna, consiguieron cambiar esta visión manteniendo que la lesión cerebral era una lesión física y no un castigo inherente por los pecados anteriores.

Para el momento en que se desencadenó la II Guerra Mundial la visión más esperanzadora era que la lesión cerebral era una enfermedad sin esperanzas, pero que sus víctimas podían en ocasiones convertirse en lisiados útiles o semiútiles. Nosotros decidimos que esa visión no era definitiva.

Para el momento en que se desencadenó la II Guerra Mundial la visión más esperanzadora era que la lesión cerebral era una enfermedad sin esperanzas, pero que sus víctimas podían en ocasiones convertirse en lisiados útiles o semiútiles. Nosotros decidimos que esa visión no era definitiva.

Aunque claramente era un avance convertir a los lisiados inútiles en lisiados útiles, sería infinitamente mejor convertirlos en personas no lisiadas, o al menos eso era lo que nosotros pensábamos, creíamos y estábamos decididos a conseguir. Y esa era una determinación loca y herética en los últimos años de la década de los años cuarenta.

¿Y por dónde podíamos empezar?

Si íbamos a conseguir que los niños con lesión cerebral se convirtieran en niños sanos, lo primero que teníamos que saber era cómo era un niño sano, normal o estándar.

Nadie lo sabía.

Sé que suena increíble, pero la verdad es esa: nadie lo sabía.

Arnold Gesell, Louise Bates Ames, Frances Ilg y su grupo de Yale hicieron el primer estudio serio sobre los niños normales para determinar lo que hacían y lo que no hacían a las diferentes edades. Este estudio se convirtió pronto en un clásico y nosotros utilizamos esos descubrimientos como una de las bases para nuestro propio estudio que continúa hasta hoy (aunque después ha tomado direcciones que nunca habríamos soñado en aquellos años, hace tantos miles de ignorancias).

Lo que Gesell, Ames e Ilg hicieron fue una gran contribución llegaron. El problema era que no habían profundizado lo suficiente para que consiguiéramos algo bueno, excepto evitar tener que repetirlo. Lo que hicieron fue, por decirlo de alguna manera, enumerar *todo* lo que un niño hacía en esos años de tanta importancia que hay entre el nacimiento y los cinco años. Pero si nosotros queríamos conseguir que un niño con lesión cerebral se convirtiese en un niño normal, teníamos que saber algo más importante. De todas las miles de cosas que un niño sano hace en el proceso de crecer desde el nacimiento hasta la edad de seis años, *¿cuáles eran las cosas que importaban?* Por decirlo en pocas palabras, de toda la multitud de cosas de hacía un bebé, *¿qué cosas eran las causas y cuáles eran solo resultados?* De todas las que había, *¿cuáles, si las eliminábamos de la vida del bebé, evitarían que tuviera un desarrollo normal?*

Pongamos como ejemplo la función de caminar normalmente. Si cogemos a un bebé justo después del nacimiento y consideramos todos los diferentes actos físicos que el bebé hace entre el momento del nacimiento, cuando el bebé únicamente mueve brazos y piernas, hasta el momento en que cumpla seis años, cuando el niño ya puede caminar, correr y saltar con un precioso y rítmico patrón cruzado, y examinamos esas funciones de moverse, retorcerse, rodar sobre sí mismo, sentarse, gatear, hacer volteretas, arrastrarse por el suelo, subir escaleras, saltar, dar saltitos sobre una pierna, subir a los árboles, correr... ¿Cuáles de estas cosas, si no se producen en la vida del niño, acabarán evitando que camine? Supongamos que nunca le permitimos al niño que se incorpore para sentarse. ¿Eso evitará que camine normalmente? Imaginemos que le animamos a sentarse durante largos periodos de tiempo, ¿animarle a hacer eso hará que el niño empiece a caminar antes y mejor o provocará que se le curve la columna vertebral?

No lo sabíamos.

Y tenemos que puntualizar que tampoco lo sabía nadie más. Teníamos, literalmente, miles de preguntas como esas y nadie sabía las respuestas. Hay un viejo dicho que habla de lo que hay que hacer si quieres que se haga algo. Nosotros decidimos seguir ese consejo y hacerlo nosotros mismos.

En aquel momento no sabíamos que lo que realmente estábamos estudiando eran las capacidades *normales*, las capacidades *por debajo de lo normal* y las capacidades *por encima de lo normal*, así como lo que las *provocaba*. No nos dábamos cuenta de lo que realmente se trataba y seguimos sin dárnosla durante otros diez años. Nos llevó diez años entender que esas capacidades a sus niveles más bajos, normales o más altos eran a lo que el mundo se refería cuando hablaba de «inteligencia».

Hablamos con mujeres que esperaban tener bebés, mujeres que acababan de descubrir que estaban embarazadas, mujeres que estaban en su primer trimestre de embarazo, en el segundo y en el tercero, mujeres en la sala de partos que estaban a punto de tener a sus primeros bebés y mujeres que estaban a punto de tener a su undécimo hijo y las estudiamos a todas.

Estudiamos a los bebés mientras nacían y diez minutos después. Y seguimos estudiándolos mientras crecían.

Hemos estudiado niños en sus cunas, en sus camas, en sus corralitos de juegos, en sus bañeritas y en bañeras de verdad. Y seguimos estudiándolos en guarderías y en aulas.

Los hemos estudiado en cualquier momento y en cualquier lugar. Hemos estudiado a nuestros propios hijos, los hijos de los compañeros, de los familiares, de los amigos, de los vecinos, a nuestros niños con lesión y a los hijos de nuestros niños con lesión. Y seguimos haciéndolo.

Hemos estudiado niños de familias muy sofisticadas, niños de granjas, de ciudad, de ciudades de interior, de ciudades desérticas, niños de bosque, de selva, de islas, niños ricos, niños pobres, niños de clase media, niños de fábricas y un largo etcétera. *Ad infinitum.*

Y seguimos haciéndolo.

¿Qué hemos aprendido? Las respuestas a la gran mayoría de las preguntas que nos hacíamos.

Tal vez lo más importante que hemos aprendido es la íntima relación que hay entre la movilidad y la inteligencia. Hemos visto la diferencia entre cómo son las cosas para los seres humanos y cómo *podrían* ser y que *la distancia que hay entre el «son» y el «podrían ser» es enorme*. Hemos llegado a la conclusión de que cómo las cosas *podrían* ser es, de hecho, cómo *deberían* ser y cómo la naturaleza pretendía que fueran.

Para finales de la década de los años cincuenta ya habíamos aprendido las funciones que *importaban* en los humanos. Para principios de los sesenta aprendimos cómo medirlas, aunque seguíamos sin tener la más remota noción de que lo que estábamos midiendo (las capacidades únicas de los humanos) era realmente la verdadera medida de la inteligencia de un niño.

Descubrimos que hay exactamente seis cosas que caracterizan a los humanos y que los hacen diferentes de todas las demás criaturas. Estas seis funciones son únicas en los seres humanos y todas ellas se realizan exclusivamente en la corteza cerebral humana, o como se denomina en ocasiones, neocorteza. De todas las criaturas, los humanos y solo los humanos han sido dotados de esta corteza cerebral única (el nivel de desarrollo más alto del cerebro antiguo) y también solo ellos se benefician de estas seis funciones exclusivas de esa parte del cerebro. Tres de esas funciones son de naturaleza motora y dependen completamente de las otras tres, que son de naturaleza sensorial. *Las tres funciones motoras únicas de los humanos son:*

¿Qué hemos aprendido? Las respuestas a la gran mayoría de las preguntas que nos hacíamos.

De todas las criaturas, los humanos y solo los humanos han sido dotados de esta corteza cerebral única (el nivel de desarrollo más alto del cerebro antiguo) y también solo ellos se benefician de estas seis funciones exclusivas de esa parte del cerebro.

1. *Caminar, correr y saltar* en posición erguida y con un verdadero patrón cruzado de extremidades opuestas que se mueven a la vez (brazo derecho-pierna izquierda y brazo izquierdo-pierna derecha).
2. *Hablar* con un lenguaje artificial, inventado, simbólico y vocal al que los humanos llegamos por acuerdo y convención (inglés, francés, japonés o español, por ejemplo).
3. *Escribir* con un lenguaje artificial, inventado, simbólico y visual al que los humanos llegamos por acuerdo y convención (inglés, francés, japonés o español, por ejemplo).

Estas solo pertenecen a los humanos y no son compartidas por los animales. Estas capacidades físicas únicas son exclusivas de los humanos porque todas ellas son producto de la corteza única que poseen.

Estas tres habilidades motoras se basan en tres habilidades sensoriales únicas de los seres humanos.

Las tres capacidades sensoriales únicas de los humanos son:

1. *Ver,* de tal forma que se pueda leer un lenguaje artificial, inventado, simbólico y visual al que los humanos llegamos por acuerdo y convención.
2. *Oír,* de tal forma que se pueda entender un lenguaje artificial, inventado, simbólico y vocal al que los humanos llegamos por acuerdo y convención.
3. *Sentir,* de tal forma que podamos identificar un objeto solo por el tacto, sin la confirmación de la vista, el olor o el gusto.

Estas tres habilidades sensoriales pertenecen solo a los humanos y no son compartidas por los animales. Estas capacidades sensoriales únicas son exclusivas de los humanos porque todas ellas son producto de la corteza única que poseen.

Seis funciones. No parecen suficientes para constituir la asombrosa diferencia que hay entre los seres humanos y otras criaturas, solo seis simples funciones. Pero lo son.

Baste por ahora con decir que, después de años de trabajo con miles de niños de gran parte de la superficie terrestre, hemos descubierto que midiendo esas seis funciones de la corteza humana podemos también medir lo que es la esencia de la humanidad. Son estas seis cosas las que miden, no solo a la humanidad en su conjunto, sino el grado de humanidad de sus individuos; las que constituyen la prueba que hacen los neurólogos para establecer la normalidad. Al paciente se le hacen pruebas en relación con:

1. Su competencia en movilidad (caminar).
2. Su competencia lingüística (hablar).
3. Su competencia en habilidades manuales (escribir).
4. Su competencia visual (comprensión lectora y visual).
5. Su competencia auditiva (comprensión auditiva).
6. Su competencia táctil (compresión mediante el tacto).

La competencia en estas es lo que marca el éxito en el colegio. Al final, conseguimos darnos cuenta de que si se nos presenta un niño que puede hacer todas estas cosas exactamente al mismo nivel que los otros niños de la misma edad, estaremos ante un niño que en el colegio está con sus coetáneos.

Sin embargo, si se nos presenta un niño que hace estas cosas por debajo del nivel de los otros niños de su misma edad, tendremos un niño al que le costará entrar y permanecer en el colegio con sus coetáneos. Es más, dependiendo del grado exacto en el que el niño esté por debajo de sus coetáneos, veremos que ese niño es el último de la clase o que incluso no puede permanecer en el colegio.

Y si lo que tenemos delante es un niño que no es capaz de hacer ninguna de estas cosas, tendremos un niño que tendrá que ir a una escuela «especial». Por esos niños precisamente se crearon las escuelas especiales. En otras palabras:

- El niño que es completamente incapaz de moverse a la edad de seis años acabará en una escuela para niños lisiados.
- El niño que es completamente incapaz de hablar a la edad de seis años acabará en una escuela para niños mudos.
- El niño que es incapaz de usar sus manos también acabará en una escuela para niños lisiados.
- El niño que es completamente incapaz de ver acabará en una escuela para niños ciegos.
- El niño que es completamente incapaz de oír acabará en una escuela para niños sordos.
- En el mundo hay muy pocos seres humanos que son totalmente incapaces de sentir nada con el tacto. Y los pocos que lo son están totalmente paralizados. No es posible trabajar, ni siquiera moverse, sin sensación.

Si cualquiera de estos seis tipos de niños de la lista anterior estuviera en una escuela «normal», estaría allí gracias a la paciencia y la especial tolerancia de la escuela.

Y lo más importante de todo, descubrimos que si un niño realizaba estas seis funciones a un nivel más *alto* que los otros niños de su misma edad, entonces ese niño era considerado superior en el grado exacto en que realizaba alguna de esas seis cosas mejor que los otros niños.

Finalmente, descubrimos que estas seis cosas son la prueba de inferioridad, nivel estándar o superioridad en la vida. En pocas palabras, que la superioridad en *todas* estas cosas casi invariablemente resultaba en una posición elevada en la vida. También vimos que, casi invariablemente, si un individuo tenía un nivel alto en la *mayoría* de estas funciones y aun

Y lo más importante de todo, descubrimos que si un niño realizaba estas seis funciones a un nivel más alto que los otros niños de su misma edad, entonces ese niño era considerado superior en el grado exacto en que realizaba alguna de esas seis cosas mejor que los otros niños.

así fracasaba en la vida, el fracaso era debido a un nivel muy bajo de una o más de estas funciones. Y comprobamos que, casi invariablemente, si un individuo tenía un nivel *bajo* en la mayoría de estas seis funciones y tenía éxito en la vida, el éxito se debía a un nivel muy alto de una de las seis funciones.

Nos había llevado diez años y miles de horas de trabajo a todo el equipo, pero al fin sabíamos qué medir. Aunque todavía nos quedaba una gran pregunta: si esas eran las seis cosas correctas que debíamos medir, ¿con cuánta precisión podíamos medirlas realmente?

Como un niño estándar no adquiría estas capacidades hasta los seis años (la edad en la que el crecimiento del cerebro humano se ha completado virtualmente en el sentido práctico), no podríamos medir las capacidades de un niño por debajo de los seis años de edad a menos que ese niño fuera el caso raro del niño que ha adquirido esas capacidades a una edad más temprana. Cuando encontrábamos a esos niños, estos eran considerados superiores en el grado exacto de la edad inferior a seis años que tenían en el momento en que adquirieron la capacidad.

Descubrimos que un niño que pudiera realizar estas funciones con cinco años de edad era casi invariablemente considerado muy superior, un niño que pudiera realizarlas a los cuatro años era un genio de alto nivel y un niño que pudiera con tres años se consideraba que poseía un cociente intelectual de 200.

¿Había alguna forma de seguir esas funciones hasta retrotraernos al momento de nacimiento y así poder medirlas en un niño de cualquier edad?

Le ahorraremos a los lectores las miles de preguntas que tuvimos que responder, los cientos de callejones sin salida a los que nos lanzamos con gran entusiasmo solo para acabar dándonos de bruces con muros desnudos y las muchas avenidas que *casi* nos llevaron adonde queríamos ir. Pero todos los años y todas nuestras vidas, incluyendo aquellas de los grandes hombres y mujeres que no pudieron acabar el viaje (Raymundo Veras, Adelle Davis, Evan Thomas, Mae Blackburn, Temple Fay, Edward LeWinn, Gretchen Kerr, Neil Harvey, entre otros), sirvieron para obtener muchas respuestas y entre ellas estaban las necesarias para poder rastrear estas funciones hasta el momento del nacimiento.

Descubrimos que cada una de estas seis funciones humanas evolucionaba en siete estadios vitales del cerebro que empezaban en el nacimiento y terminaban a los seis años. Más adelante las estudiaremos en detalle.

También vimos que, de esos seis tipos exclusivamente humanos de inteligencia, la más básica era la inteligencia de movilidad.

Cuando encontrábamos a esos niños, estos eran considerados superiores en el grado exacto de la edad inferior a seis años que tenían en el momento en que adquirieron la capacidad.

Las seis formas de inteligencia humana

Las seis funciones humanas únicas son independientes, están claramente definidas y son diferentes entre sí. *Sin embargo, están totalmente interrelacionadas y dependen unas de otras en un alto grado, no dentro de las seis áreas en sí mismas, sino en cada una de los siete estadios.*

Para comprender mejor esto sirve imaginar cada una de estas seis funciones como si fueran esferas sólidas, parecidas a balas de cañón. Ahora imaginemos que las seis están encadenadas la una a la otra por una cadena de aproximadamente un metro de largo y dispuestas en el suelo formando un círculo.

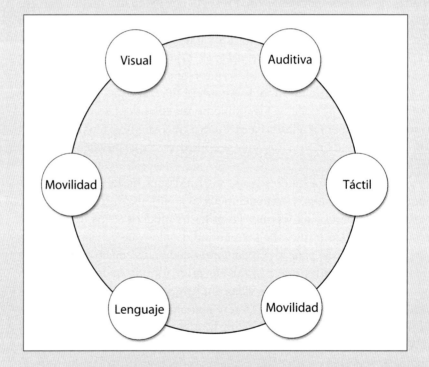

Resulta evidente que no es posible levantar ninguna de estas esferas muy arriba para alejarla del suelo sin arrastrar las otras hasta cierto punto. Esto es igualmente cierto en la vida y en *proporción inversa a la edad*. Por ejemplo, no es posible hacer crecer la capacidad de un niño para moverse sin aumentar también hasta cierto punto su capacidad de visión y mejorar sus funciones manuales, auditivas, táctiles y de lenguaje.

El más sorprendente de nuestros descubrimientos fue el hecho de que la excelencia en estas seis formas de inteligencia no era heredada como todo el mundo creía, sino que en todas ellas era adquirida. Por tanto, el descubrimiento más feliz de todos fue que, ya que la excelencia era un producto de las experiencias del bebé, cualquier niño cuyos padres quisieran que su hijo adquiriera un nivel alto de movilidad podía alcanzarla.

Marc Mihai,
5 años.

2

Todos los niños pueden alcanzar la excelencia física

Todos los niños de este mundo, en el momento de nacer, tienen una inteligencia potencial mayor que la que Leonardo da Vinci utilizó en toda su vida.

Los ochenta padres que formaban parte del curso de siete días llamado «Cómo multiplicar la inteligencia de su bebé» en los Institutos estaban silenciosamente asombrados. Claramente se encontraban abrumados por la comprensión de dos cosas.

La primera y más obvia fue su estupefacción ante lo que hacían los niños en la demostración gimnástica que acababan de presenciar como parte de su día de «Cómo enseñar a su bebé a alcanzar la excelencia física».

Los niños que acababan de hacer la demostración tenían entre las dos semanas de Tegan que, junto con sus padres, demostró el uso del suelo, hasta los seis años de Marc Mihai. Marc Mihai había hecho una rutina de ejercicios de suelo que había compuesto y coordinado con la música él mismo. Empezaba con tres volteretas con las piernas abiertas y continuaba haciendo la V, equilibrio sobre un pie, giros encadenados, pino-voltereta, tercera posición, dos ruedas laterales, quinta posición, salto de gacela con extensión de rodilla, voltereta sobre el hombro, la V, elevación con las piernas abiertas, posición extendida, la V, caída «sueca»[1],

Marc Mihai terminó con un espectacular mortal adelante que provocó un respingo audible a la clase de padres al verle volar en el aire cabeza abajo y aterrizar sobre los pies.

---

[1] Caída gimnástica desde el pino hasta quedar bocabajo en una postura similar a la que se adopta al hacer flexiones (apoyo facial), pero con una pierna levantada y doblada por detrás adoptando una posición similar a la de la balanza.

Alan, de 8 años, completa
una triátlon que consiste
en una carrera de natación
de 400 metros, 10 km de
bicicleta y 5 km corriendo.

posición agrupada, voltereta adelante y segunda posición. Marc Mihai
terminó con un espectacular mortal adelante que provocó un respingo
audible a la clase de padres al verle volar en el aire cabeza abajo y aterrizar
sobre los pies.

   También fue asombroso ver cómo un niño de cuatro años corría sin
descansar por todo el campus de los Institutos y contemplar a un niño de
seis años correr cinco kilómetros en treinta y seis minutos. Después los
padres pudieron observar a varios niños de tres años braquiando (es decir,
columpiándose colgando alternativamente de sus brazos como si pasaran
de una rama a otra de un árbol) dos veces la longitud de una escalera colgada por encima de sus cabezas. Pero de repente, justo cuando un niño
de cinco años terminaba de pasar de un trapecio a otro en el aire, se oyó
un grito pidiendo ayuda que llegaba desde lo alto de un roble que había
en el medio de una de las pistas de los Institutos.

Ahí, a unos seis metros de altura, entre las ramas, estaba Brandi, de cuatro años. Cómo había llegado allí sigue siendo un misterio sin resolver. Sin previo aviso, de una forma igual de repentina y misteriosa, Sean, su hermano de seis años, apareció en la escena y fue a rescatarla con una cuerda al hombro. Sean corrió hasta el árbol del que colgó la gruesa cuerda por la que subió con rapidez y facilidad. Hizo un lazo con la cuerda que pasó bajó los brazos de Brandi, que ya más tranquila porque se sentía segura, bajó por la cuerda. Los padres-alumnos quedaron tan hipnotizados por esta peripecia como por la rutina de gimnasia que Marc Mihai había realizado con tanta habilidad.

La rutina de Marc solo era una ligera variación de las rutinas que *todos* los niños de seis años hacen en el primer curso de la Escuela Internacional del Instituto Evan Thomas. Los padres habían contemplado a los niños hacer demostraciones de sus diversas habilidades con placer y alegría. Se habían quedado especialmente impresionados con la variación que el pequeño Robert de seis años había hecho a su braquiación; no se había colgado de la escalera con un brazo en cada travesaño, que es la forma difícil pero la más común, sino que había dado invertido la posición de una de sus manos al agarrar el travesaño, de forma que no solo podía cruzar toda la longitud de la escalera varias veces, sino que también podía ir *rotando* al hacerlo.

Ese era el quinto día de clase para los ochenta padres que habían venido desde Europa, Asia, Sudamérica y los Estados Unidos para asistir a ese curso de siete días.

Los padres ya habían visto cómo los niños leían en varios idiomas y hacían matemáticas avanzadas, los oyeron tocar el violín de una forma muy conmovedora en varios conciertos y asistieron a su demostración de conocimientos enciclopédicos sobre arte, ciencia, biología, geografía, historia y otras materias. Y ese día tocaba a la demostración de habilidades físicas.

La demostración había sido espléndida, pero fue la segunda cosa de la que se dieron cuenta lo que más les asombró.

Lo que acababa de iluminarse en sus mentes era el hecho de que estos niños que hacían gimnasia *eran los mismos* que leían y hablaban dos o más idiomas, que hacían matemáticas avanzadas, que tenían conocimientos enciclopédicos y que estaban ansiosos por aprender más, y que tocaban el violín de una forma que arrancó las lágrimas en la mayoría de los padres. Y como si todo eso no fuera suficiente, ahora quedaba claro que *esos mismos niños* eran un grupo de deportistas consumados que hacían el pino con la misma facilidad que tocaban la pieza *Gavotte* de Lully con el violín.

Ese era el quinto día de clase para los ochenta padres que habían venido desde Europa, Asia, Sudamérica y los Estados Unidos para asistir a ese curso de siete días.

Eso fue una revelación.

A Janet Doman, que estaba enseñando en el curso en calidad de directora de los Institutos, le tocó responder un aluvión de preguntas.

«¿No me estará diciendo que estos niños son niños normales y corrientes?», fue la intervención de uno de los padres. «Claro que no. Los niños normales no pueden leer con tres años, ni hacerlo en dos idiomas, ni hacer todas las cosas que hacen estos niños», respondió la directora.

Una madre francesa que era pediatra continuó preguntando: «¿Pero tampoco nos estará diciendo que estos niños tan extraordinarios empezaron siendo niños ordinarios?».

Otra madre de Milford, Nueva Jersey, dijo lo que estaban pensando todos. Quería estar absolutamente segura que lo que estaba oyendo. «¿Lo que nos está diciendo es que cuando estos niños empezaron el programa no tenían nada de especial? Seguro que Robert, el niño que podía girar mientras hacia la braquiación, era especial cuando empezó el programa, seguro, ¿verdad?».

Todos los miembros del personal que estaban en la clase sonrieron ampliamente cuando la directora respondió con toda tranquilidad: «Claro, eso es cierto. Ha escogido al *único* niño del grupo que realmente era *especial* cuando empezó el programa.»

Robert nació en Nueva Zelanda y la primera vez que sus padres lo trajeron a los Institutos tenía cuatro años. Robert no llegó como alumno del Instituto Evan Thomas; cuando su familia trajo a Robert a los Institutos el niño tenía lesión cerebral.

Cuando Robert comenzó en los Institutos como paciente dos años antes, *sí* que era especial. Hasta ese momento era funcionalmente ciego y tenía paralizado un lado de su cuerpo. Acababa de graduarse en el Programa de Tratamiento de los Institutos la misma semana en que se hizo la pregunta en aquella clase.

¿Quiénes son estos niños y cómo han conseguido ser como son? ¿Pertenecen a algún grupo de la élite de superestrellas genéticamente superiores nacidos de padres que son estrellas olímpicas, jugadores de fútbol o artistas de circo? ¿Son hijos de «madres de Hollywood» que quieren hacer de sus hijos unas superestrellas a toda costa?

No, nada que ver con eso. La mayoría de ellos vienen de hogares de clase media en términos educativos, sociales y económicos. Unos pocos provienen de hogares muy pobres en términos económicos. Poquísimos vienen de hogares muy ricos económicamente.

Las edades de estos niños van desde la etapa de recién nacidos hasta los dos años (los que todavía no pueden hacer esas cosas), seguidos de

Una madre francesa que era pediatra continuó preguntando: «¿Pero tampoco nos estará diciendo que estos niños tan extraordinarios empezaron siendo niños ordinarios?».

los niños de tres años (que *empiezan* a hacer todas esas cosas), los de cinco años (que ya pueden hacerlas), hasta llegar a los de catorce años (edad en la que ya son capaces de hacer todas esas cosas *espléndidamente*).

En resumen, niños cuyas edades van desde los 0 años, justo después del nacimiento, hasta los catorce años, que no tienen casi nada en común *excepto* que son:

1. Excelentes a nivel físico e intelectual.
2. Encantadores.
3. Cautivadores.
4. Alumnos del Instituto Evan Thomas.
5. Niños que tienen padres extraordinarios que les han proporcionado una oportunidad extraordinaria.

De hecho, son niños que estaban destinados, si las cosas hubieran seguido su curso normal, a ser niños normales y estándar.

Pero estos niños son extraordinarios en todos los aspectos. No han crecido por casualidad, sino que sus padres les han regalado con todo su amor la oportunidad de lograr desarrollar todo su potencial después de que el personal de los Institutos les enseñara cómo hacerlo.

¿Y cuál es la gran diferencia que hay en estos padres?

Besos

Nicholas, de 2 años, y su madre.

3

Padres y prioridades

«Donde hay niños, existe la Edad de Oro.»

—Barón Friedrich von Hardenberg (Novalis)

«—¿Cómo te gustan los niños?
—Cocidos.»

—W.C. Fields

IMAGÍNENSE a una niña de siete años preciosa pero muy delgada y peque-ña, que hace un saludo al estilo olímpico, da varias zancadas gráciles, se despega del suelo para, poniéndose bocabajo con las piernas hacia el techo y el pelo rubio casi tocando el suelo, dar una vuelta en el aire y des-pués aterriza sobre los pies y toma la posición final olímpica; así enten-derán por qué a nosotros nos parecía algo maravilloso, aterrador e impo-sible. En gimnasia esto se denomina voltereta lateral aérea (es decir, sin manos) porque ni una sola parte del cuerpo toca el suelo desde que se despega de él hasta que vuelve a aterrizar.

Nosotros recordábamos a Michelle cuando era poco más que un bebé y su madre la trajo por primera vez como candidata para el Programa Interno en el Campus del Instituto Evan Thomas (para más información consulte el Capítulo 4). A nosotros nos pareció una niña de unos dieciocho meses muy bonita, pequeña y delgada pero muy torpe. De hecho no dejá-bamos de preocuparnos por esa torpeza.

No obstante, conocer su madre, una persona tranquila, callada y que parecía tener bastante confianza en que podía enseñarle cosas a su hija, nos tranquilizó bastante. Aunque nunca hablamos de nuestra preocupación por Michelle con ella, su madre consiguió convencernos de que las cosas funcionarían.

Lo que era más difícil es que lograra convencer también al personal de Instituto Evan Thomas, algo que resultaba de vital importancia para la admisión de Michelle en el programa, porque cuando se solicita la admisión en el Programa de Desarrollo Temprano es a los padres a quiénes se examina, no al niño.

Hay dos razones para eso.

La primera es que el Programa de Desarrollo Temprano del Instituto Evan Thomas no se dirige en absoluto a los niños. Lo que pretende es enseñar a los padres y que ellos enseñen al bebé. Por eso es por lo que se analiza cuidadosamente a los padres cuando ellos y su bebé solicitan la admisión.

La segunda razón es que *nunca hemos conocido a un niño que no pudiera ser aceptado en el programa*. Estamos seguros de que *cualquier niño puede alcanzar la excelencia física* y Michelle es un espléndido ejemplo de ello.

Michele pasó de ser una niña muy dulce y adorable pero extremadamente torpe a convertirse en una niña de siete años con una competencia extraordinaria. Ahora Michelle es una gimnasta muy avanzada con la gracia y la habilidad que normalmente acompaña a una condición física excelente.

Cuando vemos a un ser humano que tiene una condición física espléndida, normalmente tendemos a imaginar que el dueño del cuerpo perfecto que estamos viendo no es más que un deportista de cabeza hueca con muchos músculos y poco cerebro.

¿Michelle es una niña deportista guapa pero tonta? Ella, como todos nuestros niños, nada, monta en bici, corre largas distancias, hace gimnasia de modo inmejorable y muestra una condición física excelente. Pero además Michelle está muy lejos de ser una niña sin cerebro: lee muy bien y mucho mejor que los niños de su edad, igual que el resto de nuestros niños, hace tareas avanzadas con el ordenador, toca el violín maravillosamente y se lo pasa bien todo el día porque piensa que aprender es más divertido que cualquier otra cosa. Alcanzar la excelencia física no te convierte en un musculitos sin cerebro: Michelle y los otros niños sí que son musculitos, pero *están lejísimos de ser niños sin cerebro*.

¿Y quién le enseñó a esta niña torpe a hacer esos ejercicios de gimnasia tan impresionantes, a tocar el violín, a leer japonés y a hacer todas las demás cosas maravillosas que hace con tan evidente placer? Fue su madre con la ayuda de su padre. Ninguno de los dos padres era gimnasta, ni hablaba japonés, ni tocaba el violín cuando empezaron el programa con Michelle.

Cuando vemos a un ser humano con una condición física espléndida, normalmente tendemos a imaginar que el dueño del cuerpo perfecto que estamos viendo no es más que un deportista de cabeza hueca con muchos músculos y poco cerebro.

¿Entonces qué tipo de personas son los padres de estos niños extraordinarios?

Todos los padres (los pocos pobres, el número mayor de los de clase media y los poquísimos ricos) tienen una cosa en común: que *todos* ellos creen que los niños son nuestro producto más importante. Y por eso *sus hijos son la prioridad principal* en su vida familiar. *Todos* ellos quieren que sus hijos empiecen a vivir donde ellos se quedaron. En otras palabras, quieren que sus hijos vayan por la vida de pie sobre los hombros de sus padres.

Pero *no todos los padres* quieren que sus hijos se conviertan en la prioridad número uno de la vida familiar; todos los padres del mundo tienen derecho a poder tomar esa decisión.

Obviamente hay adultos de todo tipo, desde los que no pueden soportar a los niños hasta los que quieren ser padres por encima de todo. Entre esos dos extremos hay miles de escalas de sentimientos.

El personal de los Institutos, que ha pasado la mayor parte de sus horas hábiles con padres y niños, *lucharía* con uñas y dientes por el derecho de los adultos a sentir por los niños lo que mejor les parezca, porque, en general, todos los adultos *deberían* comportarse con los niños como lo sientan. Eso es lo que mejor funciona.

Las personas que no pueden soportar a los niños (con muy pocas y raras excepciones) no deberían *tenerlos*, sobre todo porque acabarán siendo unos malos padres.

Las personas que creen que los niños son lo mejor que hay en el mundo (con muy pocas y raras excepciones) *deberían* tenerlos, sobre todo porque serán unos buenos padres.

Y también está el caso de las personas que están en medio de ambas posturas.

Primero hablemos de las personas que no pueden soportar a los niños. Nuestro consejo en general para este grupo es que eviten a los niños. Es lo mejor tanto para los niños como para los adultos. Hemos visto excepciones a esta regla en un hombre o una mujer jóvenes a los que no le gustan los niños pero que, siguiendo el curso natural de los acontecimientos, cae en lo que alguien ha denominado «la trampa de la ternura» y, como consecuencia, un tiempo después se queda mirando la cara de un bebé recién nacido en su papel de padre recién estrenado. El desagrado y el cinismo se ven reemplazados por el sobrecogimiento y la contemplación en un solo instante.

También se da el caso de las personas a las que les encantan los niños, pero que no tienen mucho respeto por su potencial y que consecuentemente les dan a los niños mucho cariño, muchos juguetes y una cantidad enorme de órdenes. O, si no les dan órdenes, hacen exactamente lo contrario: creer que el niño es incapaz de hacer nada de forma independiente.

Y está la gente que ama y respeta a los niños, pero que no los ve como la cosa más importante del mundo. Estos son buenos padres que simplemente tienen un conjunto de prioridades en las que los niños están muy arriba, pero no los primeros.

Sin embargo, los padres que creen que los niños son lo mejor del mundo son los que prefieren ser padres antes que cualquier otra cosa en el mundo, porque creen que la familia y los niños les proporcionan más diversión, placer, alegría y felicidad que cualquier otra cosa. Esos padres simplemente han decidido otorgarles a los niños la prioridad principal en sus vidas, sobre todo en esos años tan importantes que van desde el nacimiento hasta los seis años. Nosotros los llamamos *padres y madres profesionales*. Sus profesiones van desde médicos, obreros de la siderurgia, abogados, profesores, conductores de camión o secretarias, hasta astronautas. Hay padres ingenieros, ejecutivos, carpinteros y otros que son médicos y astronautas. Los padres que se describen en este libro son personas con orígenes y trayectorias de todo tipo, con un enorme abanico de intereses. Solo se caracterizan porque sus hijos son el primero de esos intereses. Y tienen niños encantadores con capacidades excelentes.

¿Y cómo lo han logrado?

Todos los niños del Instituto Evan Thomas empezaron en la vida como cualquier otro niño. Muchos de ellos estaban registrados en los Institutos antes de que nacieran, lo que significa que eran física e intelectualmente estándar. Todo apunta a que estos niños de padres normales deberían cubrir todo el espectro de los recién nacidos, desde los que tienen una competencia alta y parecen tener una salud de hierro a los bebés con mala salud y con poca competencia a nivel fisiológico.

¿Y entonces cómo consiguen convertirse en unos niños tan extraordinarios en términos físicos, intelectuales y sociales al alcanzar los seis años de edad? ¿Es eso producto de la enseñanza de los mejores entrenadores de atletismo en pista, gimnasia y natación y de los mejores profesores de arte, ciencias y literatura que el mundo pueda ofrecer, es decir, la educación que recibiría un príncipe o una princesa?

No.

¿Son el producto de un conjunto de padres muy ambiciosos decididos a conseguir que su hijo sea una superestrella les cueste lo que les cueste a ellos y a sus hijos?

No.

> Los padres que se describen en este libro son personas con orígenes y trayectorias de todo tipo, con un enorme abanico de intereses. Pero no todos los padres quieren que sus hijos se conviertan en la prioridad número uno de la vida familiar; todos los padres del mundo tienen derecho a poder tomar esa decisión.

¿Son hijos de padres que los han criado como niños que iban a estar expuestos constantemente a una multitud de atletas olímpicos y profesores superestrellas reunidos con un coste astronómico para formar el colegio más caro del mundo para niños precoces?

Nada de eso.

El Programa de Desarrollo Temprano y la Escuela Internacional del Instituto Evan Thomas son totalmente gratuitos y los padres no pagan nada ni directa ni indirectamente para ser formar parte de ellos.

¿Entonces cómo consiguieron estos niños alcanzar la excelencia física, intelectual y social que demuestran ahora? Obviamente la razón número uno son sus maravillosos padres. Y la segunda razón es el Instituto Evan Thomas.

Michelle, de 5 años, y Chip, de 6.

4

El Instituto
Evan Thomas
y las oportunidades

En esta tierra no hay seguridad, solo oportunidad.

LA madre de Ellen se acercó al pie de las escaleras a llamarla para que bajara. Ellen, de tres años, llevaba uno de esos pijamas con pies y suelas brillantes y por eso se resbaló en el escalón de arriba. Cayó rodando por las escaleras y aterrizó bocabajo ante los pies de su madre horrorizada. Y de repente Ellen se levantó de un salto, elevó los brazos por encima de la cabeza, se colocó de puntillas y adoptó la posición de saludo olímpico. Su madre, muy rápida en reaccionar, la aplaudió tranquilamente.

Cuando alguien del personal me contó esta historia, lo primero que pensé fue: «Qué inteligentes han sido tanto Ellen como su madre; han convertido una derrota en una victoria».

Eso es lo que habían conseguido. Pero nos llevó un largo tiempo darnos cuenta de que Ellen había hecho algo mucho más importante que ver una victoria en una derrota. Ellen no ve el aprendizaje de la forma en que lo ven los adultos. Ni tampoco lo hacen los otros niños. Los niños que tienen la oportunidad de aprender todas las cosas que se pueden aprender en este mundo gracias a padres que disfrutan mucho enseñándoles no ven el aprendizaje de la misma forma que el resto de nosotros.

¿Y cómo *ve* Ellen, una niña pequeña, el aprendizaje?

Los niños pequeños prefieren aprender a comer, prefieren aprender a jugar, y creen que *todo aprendizaje es un juego*. Pero *no* creen que todos los juegos sirvan para aprender, como creen la mayoría de los profesio-

¿Cómo *ve* Ellen, una niña pequeña, el aprendizaje?

nales, porque muchos de lo que los adultos consideran juegos adecuados para los niños son tonterías. Y nadie puede engañar a los niños con una tontería.

Los niños pequeños creen que aprender es una necesidad de supervivencia, quieren aprender todo lo que se pueda aprender y quieren hacerlo ya.

Los niños pequeños creen que aprender es lo mejor del mundo. Y cuanto *más pequeños* son, *más creen* que aprender es divertido.

Cuanto *más pequeños* son, *más fácil* es que aprendan algo. Cuanto *más crecen, menos creen* que aprender es divertido. Nosotros los adultos creemos que aprender es difícil y que cuesta trabajo. De hecho creemos que si no cuesta, no se aprende.

Pero los niños pequeños no.

Nosotros los adultos vemos el aprendizaje dividido en temas como música, geografía, historia, biología, matemáticas, zoología, etcétera. Si alguno de nosotros pasa en una conversación de un tema histórico a algo de matemáticas sin avisar seguro que se le acusa de «cambiar de tema».

Los niños pequeños no ven las cosas así. Ellos oyen notas musicales en los sonidos de los frigoríficos y en los cláxones del tráfico. Donde nosotros vemos matemáticas, ellos ven solución de problemas. Nosotros vemos la gimnasia como una asignatura y ellos ven cómo se mueve el cuerpo humano. Eso es precisamente lo que vio Ellen; al haber movido el cuerpo al caer por las escaleras le pareció adecuado adoptar la posición de saludo final después. Sorprende descubrir lo bien que hacen los niños al ver el mundo de una forma integral, divertida, sana.

> Sorprende descubrir lo bien que hacen los niños al ver el mundo de una forma integral, divertida, sana.

¿Cómo Ellen y los demás niños han llegado a una visión tan sana, creativa y holística del mundo? La respuesta es que son el producto de sus dos padres y del personal de los Institutos.

A todos estos niños les enseñaron en casa sus padres durante sus cinco primeros años de vida con lo que denominamos el Programa de Desarrollo Temprano del Instituto Evan Thomas. Los padres habían inscrito a sus niños a diferentes edades que van desde el día de su nacimiento hasta una edad tan avanzada como los cuatro años y medio. A los cinco años los niños se graduaron en el Programa de Desarrollo Temprano de la Escuela Internacional del Instituto Evan Thomas y sus padres y ellos empezaron a recibir clases impartidas por el personal de los Institutos. Estos niños vivían en casa, pero iban a la escuela en nuestro campus.

Ninguno de los padres de estos niños físicamente excelentes era gimnasta. Ninguno de los padres de los niños que tocaban el violín había tocado el violín antes. Ninguno de los padres de estos niños americanos que ahora podían leer y escribir bastante japonés sabía una palabra de japonés antes de empezar el programa. Pero a estos niños agradables, muy competentes, físicamente excelentes y encantadores han sido sus padres los que les han enseñado a convertirse en esos niños espléndidos e inteligentes.

¿Cómo han aprendido los padres a hacerlo? Fue el personal del Instituto Evan Thomas quien les enseñó.

El Instituto Evan Thomas es uno de los mayores institutos que forman parte de los Institutos para el Logro del Potencial Humano. Todos ellos están situados en el campus que tenemos a las afueras de Filadelfia, en Wyndmoor, Pensilvania.

Los padres vienen a los Institutos desde todos los continentes de la tierra (excepto la Antártida) para asistir a un curso de siete días sobre cómo multiplicar la inteligencia de su bebé. Después se certifica a estos padres para registrar a sus bebés en los programas en el campus o en la Asociación de Alumnos.

Decenas de miles, tal vez cientos de miles, de padres han enseñado a sus bebés a leer libros escritos por nuestro personal. Hasta la publicación de este libro en 1988, el número de padres que tenían los conocimientos específicos sobre *cómo enseñar a sus bebés a alcanzar la excelencia física* estaba limitado a las más de diez mil familias de todo el mundo que habían asistido al curso de siete días de los Institutos.

Pero con la publicación de *este* libro esa información está disponible para millones de padres que no han asistido a este curso, pero que han leído los otros libros escritos por el personal de los Institutos y que han animado amable pero insistentemente al personal de los Institutos para el Logro de la Excelencia Física a escribir este libro.

La posesión material más importante de los Institutos son las miles de cartas de padres que hemos recibido en las que nos informan orgullosa y alegremente de lo que ocurrió cuando hicieron con sus hijos las cosas que les habíamos enseñado en persona o a través de nuestros libros. Todos los años llegan miles de cartas o correos electrónicos de ese tipo. Esas cartas constituyen la mayor acumulación de pruebas en la historia del mundo de que los bebés son capaces de alcanzar la excelencia física y social y es importante recordar que la gran mayoría de los padres que nos escriben han conocido el trabajo de los Institutos *solo* a través de los libros y otros materiales que ha escrito el personal de los Institutos. ¿Cómo se ha enseñado a decenas de miles de niños a leer, a hacer operaciones matemáticas, a lograr un conocimiento enciclopédico o a aumentar claramente su inteligencia solo con eso? Lo han logrado los padres dándoles a sus hijos la más alta prioridad en sus vidas.

Muchos padres (más de diez mil) pasaron una semana haciendo el curso «Cómo multiplicar la inteligencia de su bebé» en los Institutos. Tuvieron la oportunidad de ver a niños pequeños del Instituto Evan Thomas hacer en vivo ejercicios de gimnasia y otras actividades físicas extraordinarias y volvieron a sus casas con la seguridad de que podrían darles a sus hijos la oportunidad de alcanzar la excelencia física. Todavía nos escriben desde sus casas para contarnos sus éxitos.

De los padres que hicieron ese curso, más de mil solicitaron la admisión y fueron aceptados en la Asociación de Alumnos de los Institutos, derecho que se habían ganado al recibir su certificado como «Padres Profesionales» en el curso «Cómo multiplicar la inteligencia de su bebé».

Estos padres viven por todo el mundo y, con los conocimientos que adquirieron en el curso intensivo de siete días en los Institutos y con la ayuda de todos los materiales creados por el personal de los Institutos, están en una situación espléndida para volver a sus casas y enseñar a sus hijos a alcanzar la excelencia física, intelectual y social bajo la guía constante del personal de los Registros del Instituto Evan Thomas, donde se mantienen almacenados los resultados precisos de los niños de los que informan los padres por correo electrónico, correo postal o por teléfono. Y esos resultados son impresionantes.

También hay un número relativamente pequeño de niños (unos cuarenta) que estudian en los programas internos en el campus del Instituto Evan Thomas. Esos niños son los que viven cerca de los Institutos o que tienen un contacto muy cercano con el personal.

Los niños extraordinariamente capaces del Instituto Evan Thomas no son producto de la riqueza, los privilegios, una genética especial o la extraordinaria educación de sus padres.

Son productos sin adulterar de padres que les han dado un número ilimitado de oportunidades. Y cuanto antes les dieron esas oportunidades, más fácilmente y mejor aprendieron.

Se puede enseñar a un niño de dos años a esquiar en la nieve, y muchos padres lo han hecho.

Se puede enseñar a un niño de dos años a hacer esquí acuático, y muchos padres lo han hecho.

Se pueden enseñar a un niño de dos años cinco idiomas.

Se puede enseñar a un niño de dos años a leer japonés.

Se puede enseñar a un niño de dos años a tocar el violín.

La excelencia física, intelectual y social de los niños la han logrado los padres dándoles a sus hijos la más alta prioridad en sus vidas.

Los niños extraordinariamente capaces del Instituto Evan Thomas no son producto de la riqueza, los privilegios, una genética especial o la extraordinaria educación de sus padres.

Se puede enseñar a un niño de dos años a hacer *cualquier cosa* si se le presenta de una forma sincera y objetiva.

Y *cuanto más pequeño* sea el niño, *más fácil* es enseñarle. Solo hay que darle muchas oportunidades de aprender de forma divertida y llena de cariño... y apartarse para dejarle paso.

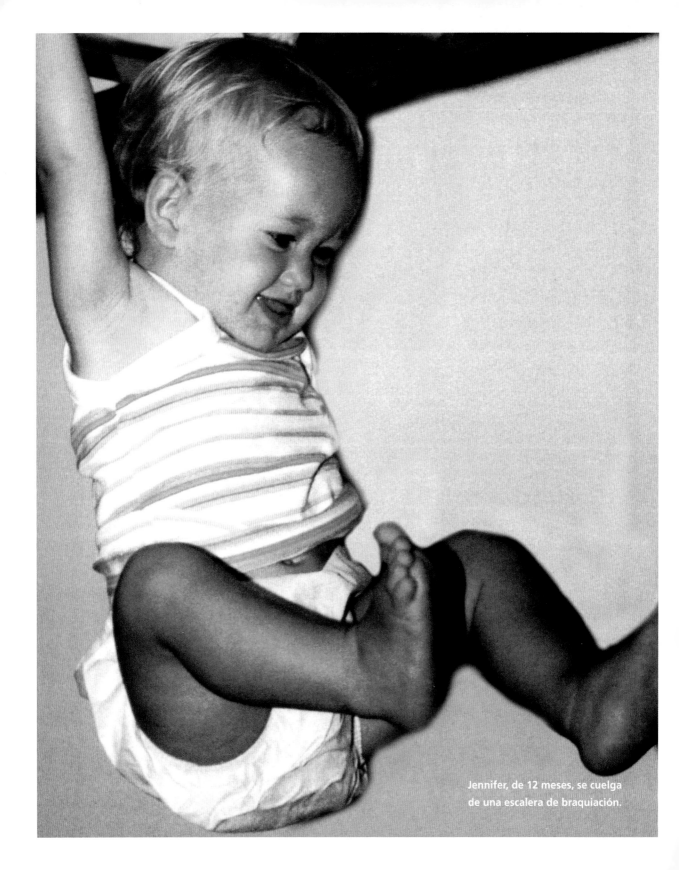

Jennifer, de 12 meses, se cuelga de una escalera de braquiación.

5

Los principios para medir la inteligencia física

H AY siete estadios importantes en la vida de un niño entre el nacimiento y los seis años que son el resultado de los siete niveles del cerebro del niño que entran en juego sucesivamente según se va desarrollando el cerebro.

Estos siete estadios cerebrales controlan las funciones del niño con respecto a cada una de las seis capacidades humanas únicas.

Por facilitar las cosas lo más posible hemos denominado a estos siete estadios con números del I al VII.

Hemos descubierto que estas siete etapas se dan en los niños estándar aproximadamente al mismo tiempo y a las edades que se muestran en la figura 5.1 de la página 39.

El cerebro humano se divide anatómicamente en cuatro secciones separadas y bien definidas (véase el diagrama del Perfil de Desarrollo de los Institutos que se incluye en el interior de las cubiertas).

Estas cuatro secciones anatómicas bien definidas son, empezando por la parte baja del diagrama:

ESTADIO 1: TRONCO ENCEFÁLICO TEMPRANO Y MÉDULA

El *tronco encefálico temprano y la médula* constituyen la porción más baja del cerebro humano, situada *bajo* las áreas subcorticales tempranas. El tronco encefálico temprano y la médula están divididos en dos partes continuas: por un lado el tronco encefálico temprano y la médula espinal y por el otro el tronco encefálico temprano y la médula oblonga, que es la parte más baja del cerebro que queda totalmente en el interior del cráneo.

Estas dos partes del tronco encefálico temprano y de la médula operan casi a la vez y se consideran como una sola en términos funcionales. El tronco encefálico temprano y la médula aparecen en rojo en el diagrama del cerebro humano y las funciones que son responsabilidad principal del tronco encefálico temprano y la médula están coloreadas en rojo en el Perfil de Desarrollo.

ESTADIO II: TRONCO ENCEFÁLICO Y ÁREAS SUBCORTICALES TEMPRANAS

El *tronco encefálico y las áreas subcorticales tempranas* son las porciones del cerebro que se sitúan *encima* del tronco encefálico temprano y la médula y *debajo* del tronco encefálico medio y las áreas subcorticales. El tronco encefálico y las áreas subcorticales tempranas contienen haces de fibras que conectan el tronco encefálico temprano y la médula con el cerebelo y las porciones superiores del cerebro.

El tronco encefálico y las áreas subcorticales tempranas están coloreados de naranja en el diagrama del cerebro humano. El tronco encefálico y las áreas subcorticales tempranas ejercen su control principal sobre las funciones humanas que aparecen en naranja en el Perfil de Desarrollo.

ESTADIO III: CEREBRO MEDIO Y ÁREAS SUBCORTICALES

El *cerebro medio y las áreas subcorticales* son partes del cerebro que se sitúan *encima* del tronco encefálico y las áreas subcorticales tempranas y *debajo* de la corteza, conectando el tronco encefálico y las áreas subcorticales tempranas con la corteza.

El cerebro medio y las áreas subcorticales son las partes del dibujo esquemático que están coloreadas de amarillo y ejercen su control principal sobre las funciones que aparecen en amarillo en el Perfil de Desarrollo.

ESTADIO IV: CORTEZA INICIAL

La *corteza inicial* es la capa superior o más externa del cerebro que está compuesta principalmente de neuronas. Las neuronas son las células nerviosas que constituyen las unidades estructurales y funcionales del sistema nervioso.

Nivel	Estadio de desarrollo	Edad
VII	Niño	72 meses
VI	Niño pequeño	36 meses
V	Niño muy pequeño	18 meses
IV	Bebé	12 meses
III	Bebé pequeño	7 meses
II	Bebé en su primer estadio	2,5 meses
I	Recién nacido	Nacimiento

Figura 5.1. Los siete niveles del desarrollo del cerebro humano.

La corteza humana es una gran sección del cerebro que no está subdividida, anatómicamente hablando, en diferentes partes. Sin embargo, nosotros la hemos dividido en *cuatro estadios funcionales* que, aunque no puedan distinguirse anatómicamente, se distinguen claramente a nivel de desarrollo en los niños.

Para que quede más claro, hemos representado estos estadios esquemáticamente como si se tratara de niveles ascendentes en términos anatómicos, pero hay que tener en cuenta que esto no es así en el sentido anatómico.

El estadio IV (la corteza inicial) es la parte coloreada en verde en el dibujo esquemático del cerebro, y ejerce principalmente control sobre aquellas funciones que aparecen en verde en el Perfil de Desarrollo.

ESTADIO V: CORTEZA TEMPRANA

El estadio V es la parte del dibujo esquemático del cerebro humano que está coloreada de azul. La *corteza temprana* ejerce su control principal sobre aquellas funciones que aparecen en azul en el Perfil de Desarrollo. Son esencialmente las funciones de un niño estándar de dieciocho meses.

ESTADIO VI: CORTEZA PRIMITIVA

El estadio VI es la parte del dibujo esquemático del cerebro humano que está coloreada de añil. La *corteza primitiva* ejerce su control principal sobre aquellas funciones que aparecen en añil en el Perfil de Desarrollo. Son esencialmente las funciones de un niño estándar de tres años.

ESTADIO VII: CORTEZA SOFISTICADA

El estadio VII es la parte del dibujo esquemático del cerebro humano que está coloreada de violeta. La *corteza sofisticada* ejerce su control principal sobre aquellas funciones que aparecen en violeta en el Perfil de Desarrollo. Son esencialmente las funciones de un niño estándar de seis años.

Descubrimos que, aunque todos estos niveles cerebrales existen en un bebé recién nacido en el momento de su nacimiento, se van haciendo funcionales en orden sucesivo desde el nivel cerebral más bajo (el tronco encefálico temprano y la médula) en el momento del nacimiento, hasta el más alto (la corteza sofisticada) a los seis años de edad (siempre teniendo en cuenta que hablamos de un niño *estándar*).

LOS ELEMENTOS DEL PERFIL

Con estos conocimientos pudimos crear un gráfico que contenía las seis funciones humanas vitales y únicas que necesitábamos medir, los niveles del cerebro necesarios para esas funciones y las edades en las que esas funciones se dan en un niño estándar. Es el gráfico de la figura 5.2, en esta misma página.

Al añadir los siguientes elementos a nuestro gráfico, pudimos desarrollar el que en la actualidad es conocido como Perfil de Desarrollo de los Institutos® en todo el mundo. Si desea más información sobre el Perfil y cómo evaluar con precisión a un bebé desde el nacimiento hasta los

Nivel	Etapa de desarrollo	Edad	Estadio cerebral	CAMINAR	HABLAR	ESCRIBIR	LEER	OÍR	SENTIR
VII	Niño	72 meses	Corteza sofisticada						
VI	Niño pequeño	36 meses	Corteza primitiva						
V	Niño muy pequeño	18 meses	Corteza temprana						
IV	Bebé	12 meses	Corteza Inicial						
III	Bebé pequeño	7 meses	Cerebro medio y áreas subcorticales						
II	Bebé en su primera etapa	2,5 meses	Tronco encefálico y áreas subcorticales tempranas						
I	Recién nacido	Nacimiento	Tronco encefálico						

Figura 5.2. Los siete estadios de desarrollo y las seis funciones humanas.

doce meses puede leer el libro *Sí, su bebé es un genio*. Este libro lo escribieron el fundador de los Institutos, Glenn Doman, y la directora de los mismos, Janet Doman, y incluye un programa exhaustivo para el desarrollo completo de cada una de los estadios cerebrales.

Los elementos que añadimos son:

1. Un diagrama del cerebro humano con representación de los estadios sucesivos de desarrollo.
2. La función cerebral real en sí misma en cada uno de los cuarenta y dos bloques.
3. Un código de colores para distinguir cada una de los estadios y funciones cerebrales. Como hay siete, decidimos utilizar siete colores sucesivos del espectro de la luz visible, empezando en la parte inferior con el de los rayos visibles más largos (el rojo) y terminando en la parte superior con el de los rayos visibles más cortos (el violeta). Ningún artista ha superado al arco iris en lo que se refiere a la belleza pura del color.

El Perfil de Desarrollo de los Institutos aparece en las cubiertas interiores del libro. El Perfil ha sido utilizado por el personal de los Institutos para el Logro del Potencial Humano y muchos otros profesionales para medir a decenas de miles de niños que iban desde los que tenían lesiones cerebrales graves a los superdotados.

El Perfil mide la *edad cronológica* (EC) de un niño, que se representa mediante una línea que se dibuja horizontalmente en el Perfil hasta la edad exacta del niño en meses. Esa línea indica dónde *debería* estar el niño, asumiendo que fuera un niño estándar.

Después se miden en el niño cada una de las seis funciones en el nivel en que realmente están. Esto se denomina *edad neurológica* (EN).

El Perfil se ha utilizado con niños de muchas naciones con el propósito de medir su capacidad en un momento en el tiempo para poder compararla con su capacidad en otro punto temporal diferente.

¿Y cómo hacemos eso?

Imaginemos que en el tercer cumpleaños de sus bebés, tres padres oyen hablar del programa de los Institutos y deciden que quieren que sus hijos sean intelectual, físicamente y socialmente excelentes.

Cada padre, después de aprender cómo hacerlo, mide a su hijo con el Perfil de Desarrollo de los Institutos antes de comenzar el programa.

Primero, cada uno de los padres dibuja una línea horizontal de izquierda a derecha del Perfil cruzando la casilla del estadio VI (la corteza primitiva), que representa a los niños *estándar*. Esa línea es la representación de su *edad cronológica* (treinta y seis meses).

Ahora cada uno de los tres padres mide a su hijo en cada una de las seis funciones y dibuja una línea que refleja exactamente dónde está el niño en cada una de las funciones.

Para que el ejemplo resulte claro vamos a suponer que a todos los padres les sale una línea recta que cruza el Perfil (algo muy poco común, porque los niños tienden a crecer a *diferentes velocidades* en cada una de las áreas dependiendo de la *cantidad de oportunidades* que tengan en cada una de ellas. Pero para que el ejemplo resulte claro vamos a asumir que todas las líneas son totalmente rectas de izquierda a derecha por todos los niveles). Esta línea representa la *edad neurológica* de cada niño.

La línea del niño A cruza el perfil en el estadio VI. La línea neurológica coincide exactamente con la línea cronológica; por ello la edad neurológica del niño (treinta y seis meses) está en consonancia perfecta con su edad cronológica (treinta y seis meses). El niño es exactamente igual que otros niños de solo treinta y seis meses. Se puede decir que el niño es estándar en todos los aspectos que tienen importancia para los seres humanos. Por decirlo de otra forma, la capacidad funcional del niño o su cociente de inteligencia es exactamente 100. (Véase Fig. 5.3.)

Edad	Estadio	Competencia visual	Competencia auditiva	Competencia táctil	Movilidad	Competencia lingüística	Competencia manual
72 meses	**VII**						
Niño «A» **Edad cronológica y edad neurológica 36 meses**	**VI**						
18 meses	**V**						

Figura 5.3. El niño «A» es promedio, con una edad neurológica que cuadra con precisión con su edad cronológica.

Ahora supongamos que *la línea del niño B cruza el perfil por el estadio V.* Si ese es el caso, la línea de este niño coincide exactamente con la línea de un niño estándar de dieciocho meses y, por tanto, el niño B tiene una edad neurológica de dieciocho meses. La *edad neurológica* del niño B (dieciocho meses) es exactamente la mitad de su *edad cronológica* (treinta y seis meses). Por decirlo de otra forma, la capacidad funcional del niño o su cociente intelectual es de 50. (Véase Fig. 5.4.)

Edad	Estadio	Competencia visual	Competencia auditiva	Competencia táctil	Movilidad	Competencia lingüística	Competencia manual
72 meses	VII						
Niño «B» Edad cronológica 36 meses	VI						
Niño «B» Edad neurológica 18 meses	V						

Figura 5.4. El niño «B» está por debajo de la media, con una edad neurológica que es exactamente la mitad de su edad cronológica.

Finalmente, imaginemos que *la línea del niño C cruza el estadio VII del Perfil*. Si ese fuera el caso, la línea de este niño coincide exactamente con la línea de un niño estándar de setenta y dos meses y por ello el niño C tiene una *edad neurológica* de setenta y dos meses. La *edad neurológica* del niño C (setenta y dos meses) es exactamente el doble de su *edad cronológica* (treinta y seis meses). O dicho de otra forma, la capacidad funcional del niño o su cociente intelectual es de 200. (Véase Fig. 5.5.)

Edad	Estadio	Competencia visual	Competencia auditiva	Competencia táctil	Movilidad	Competencia lingüística	Competencia manual
Niño «C» Edad neurológica 72 meses	VII						
Niño «C» Edad cronológica 36 meses	VI						
18 meses	V						

Figura 5.5. El niño «C» está por encima de la media, con una edad neurológica de exactamente el doble que su edad cronológica.

En este punto cada uno de los padres sabe *con exactitud* dónde está cada uno de sus hijos en relación con los demás niños de la misma edad. Si se examina el Perfil con atención es fácil darse cuenta de que cada una de las etapas representa un *área* de amplitud considerable. El niño estándar pasará un mes en las áreas de función controladas por el tronco encefálico temprano y la médula, un mes y medio en las de función controladas por el tronco encefálico y las áreas subcorticales tempranas, tres meses y medio en las áreas de función controladas por el cerebro medio y las áreas subcorticales, cinco meses en las áreas de función controladas por la corteza inicial, seis meses en las áreas controladas por la corteza temprana, dieciocho meses en las áreas controladas por la corteza primitiva y treinta y seis meses en las áreas controladas por la corteza sofisticada. Logradas todas las funciones de la corteza sofisticada, el niño pasará el resto de su vida mejorándolas.

Es importante apuntar que cada vez que un niño logra un nivel mayor de función cerebral, los niveles inferiores del cerebro continuarán controlando las funciones de las que son responsables. El resultado es que el niño adquiere nuevas funciones y alcanza cada nuevo nivel cerebral sin perder las funciones ya adquiridas. Como ejemplo, el niño que es capaz de caminar con un patrón cruzado (una función de la corteza primitiva) en el estadio VI no perderá la capacidad de gatear (una función del cerebro medio y las áreas subcorticales desarrollada en el estadio III).

Ahora los padres comprenden el principio de que mediante la comparación de la *edad neurológica* del niño en movilidad con su *edad cronológica* en la misma capacidad se determina por su *inteligencia de movilidad*.

Eso nos proporciona:

1. La capacidad de comparar la competencia de movilidad de un niño con la de niños semejantes a él y así determinar si el niño está en la media, por debajo o por encima de ella.
2. La capacidad de comparar la inteligencia de movilidad en un momento con la inteligencia de movilidad en otro posterior y así determinar si el niño crece más lentamente, a la misma velocidad o más rápido que en una etapa anterior de su desarrollo.

Ahora que ya comprenden los *principios para medir* estas funciones, irán aprendiendo en capítulos posteriores los detalles sobre cómo hacer las mediciones y aumentar su precisión al hacerlas. Y lo más importante: ahora que comprenden los principios de la medición (sin los que no podría haber ciencia), podrán explorar la forma de *multiplicar* la inteligencia física.

	ESTADIO CEREBRAL	EDAD		MOVILIDAD
VII	CORTEZA SOFISTICADA	Superior Promedio Lento	36 Meses 72 Meses 144 Meses	Habilidad de usar una pierna que concuerda con el hemisferio dominante *Expresión humana sofisticada*
VI	CORTEZA PRIMITIVA	Superior Promedio Lento	18 Meses 36 Meses 72 Meses	Camina y corre con el patrón cruzado completo *Expresión humana primitiva*
V	CORTEZA TEMPRANA	Superior Promedio Lento	9 Meses 18 Meses 36 Meses	Camina con los brazos libres propios del equilibrio primario *Expresión humana temprana*
IV	CORTEZA INICIAL	Superior Promedio Lento	6 Meses 12 Meses 24 Meses	Camina usando los brazos en el papel de equilibrio primario, sosteniéndolos por encima del nivel de los hombros *Expresión humana inicial*
III	CEREBRO MEDIO Y ÁREAS SUBCORTICALES	Superior Promedio Lento	3.5 Meses 7 Meses 14 Meses	Gatea con manos y rodillas y culmina en patrón cruzado de gateo *Respuesta significativa*
II	TRONCO ENCEFÁLICO Y ÁREAS SUBCORTICALES TEMPRANAS	Superior Promedio Lento	1 Meses 2.5 Meses 5 Meses	Se arrastra bocabajo, culminando en patrón cruzado *Respuesta vital*
I	TRONCO ENCEFÁLICO TEMPRANO Y MÉDULA	Superior Promedio Lento	0,5 Meses 1 Mes 2 Meses	Movimiento de brazos y piernas sin movimiento del cuerpo *Respuesta refleja*

GLENN DOMAN y el personal de los Institutos

LOS INSTITUTOS PARA EL LOGRO DEL POTENCIAL HUMANO®

8801 STENTON AVENUE
WYNDMOOR, PA 19038 (EE.UU.)

Figura 5.6. La escala de desarrollo de la movilidad de los institutos.

6

Multiplicar
la inteligencia física

¿**P**ODEMOS *multiplicar* realmente la inteligencia física?

Claro que sí.

¿Cómo?

Se puede multiplicar la inteligencia física de un bebé haciendo lo siguiente:

1. Asegurándose de que el bebé tenga *todas* las oportunidades posibles de aprender todos las cosas maravillosas que se pueden aprender en cada una de los siete estadios del viaje a través del desarrollo cerebral.
2. Asegurándose de que el bebé no *desperdicie* ni un momento de su vida sino que *disfrute al máximo* del viaje hacia la madurez.

¿Y cómo exactamente podemos hacer eso por nuestro bebé?

Eso es lo que este libro trata en detalle. Primero le echaremos un vistazo rápido al mapa del territorio que el niño cubrirá durante la odisea de seis años que comenzará con el nacimiento y que terminará cuando el crecimiento cerebral esté virtualmente completo con la llegada del sexto año de vida del bebé.

Lo que acabamos de ver en la Escala de Desarrollo de la Movilidad de los Institutos es un mapa del viaje del niño a través de las diferentes etapas de movilidad. Las situaciones posibles son:

1. El viaje del niño puede ser estándar, es decir, que el niño completará el viaje tras haber hecho las cosas normales en el tiempo normal y habrá pasado los primeros seis años de su vida haciéndolo. El niño entrará en el estadio VII a los setenta y dos meses de edad

y permanecerá con unas habilidades físicas estándar durante el
resto de su vida a menos que una necesidad física, ocupacional,
social o de algún otro tipo requiera que el niño esquíe, escale montañas, salte en paracaídas o realice alguna otra función física que
supere las estándar. Si en una fase posterior se le presentara esta
situación, el tiempo que necesitará para aprender esa nueva función, el grado de dificultad con el que se encuentre, la cantidad
de determinación que muestre y el nivel de habilidad que logre,
estarán determinados por el nivel físico (estándar, por debajo
del estándar o por encima del estándar) que el niño haya logrado
en esos importantísimos seis años de vida.

2. El largo viaje del niño puede estar por debajo de la media si, por
desconocimiento de los padres o alguna otra circunstancia, el niño tiene menos oportunidades de movilidad de lo normal; este
niño realizará menos funciones físicas que la media de los niños
y le llevarán más tiempo. Si ese fuera el caso, el niño llegará al
final de su sexto año de edad sin haber *completado* todas las capacidades físicas requeridas para un niño de esa edad. Si eso ocurre,
el niño seguirá su vida con menos habilidad y facilidad en términos
físicos. Si se le presentan requisitos especiales de naturaleza física
cuando sea adulto, le costará más realizarlos y le llevará más tiempo, determinación y voluntad aprenderlos y, en último término,
nunca realizará esas actividades físicas igual de bien. Es poco probable que ese niño se convierta en un atleta o que destaque en
los deportes y, de hecho, tenderá a evitarlos.

3. El viaje de un niño puede ser excelente, un peregrinaje hacia los
más altos niveles de la corteza humana, una expedición a la gran
aventura. Disfrutará infinitamente del viaje; el niño aprenderá *todo*
lo que se puede aprender y en *todas* las áreas que se le presentan
y terminará el viaje en un tiempo récord, llegando al estadio VII
del cerebro antes de los setenta y dos meses de edad. Si ese es el
caso, el niño seguirá su vida con grandes habilidades y facilidades
en el sentido físico. Cuando llegue a la edad adulta no tendrá que
preocuparse por aprender actividades como el buceo, el esquí
acuático, el salto con esquís, el paracaidismo, correr maratones,
jugar el tenis o hacer saltos mortales; ya era capaz de hacer todo
eso a los cinco años de edad. Si siendo un niño no realiza alguna
actividad que después quiera realizar, como adulto podrá hacerla
con rapidez y sin esfuerzo. El niño será tan hábil como quiera y
disfrutará de las actividades físicas.

¿Y cómo podemos *asegurarnos* de que el niño haga el viaje bien, con facilidad y rapidez? Dándole *oportunidades*. ¿Qué oportunidades? Hablaremos en detalle de las oportunidades concretas que harán que un niño alcance la excelencia física en cada una de las etapas cerebrales y en cada una de las áreas que contribuyen a la inteligencia física: la movilidad, la competencia manual y el equilibrio.

También señalaremos las cosas que pueden entorpecer el progreso de un niño hacia la excelencia física y que por tanto deben evitarse.

Y les mostraremos a los padres la forma de medir el crecimiento en movilidad e inteligencia manual del niño *de forma precisa, detallada y en todos los puntos a lo largo del camino.*

Heather, de 4 años; Paul de 18 meses y su madre se arrastran y gatean en familia.

Multiplicar la inteligencia física del bebé

Por Douglas Doman, Bruce Hagy y Glenn Doman

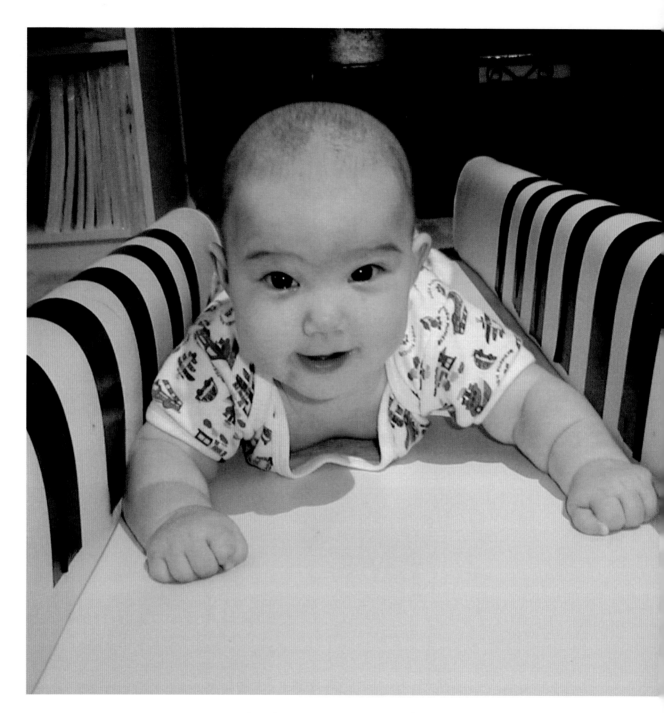

Ana, de cuatro meses, en su pista de arrastre.

7

Recién nacidos, ¿bocarriba o bocabajo?

Todos los recién nacidos y los bebés pasan la mayor parte del tiempo tumbados en alguna superficie. Para la mayoría de ellos esta superficie es un cochecito de bebé, una trona, una cuna, un tacatá, un columpio, una sillita de paseo o un corralito de juegos, todos ellos lugares restrictivos que los encierran como en una prisión, evitan que los bebés se muevan libremente (en los casos de los cochecitos o las cunas) o restringen mucho el espacio para los movimientos de los bebés (en caso de los corralitos).

Cierto es que esto se convierte en un problema menor si lo comparamos con otro tipo de problemas que les hemos creado a nuestros bebés sin darnos cuenta. El detalle más importante es que siempre, de forma casi invariable, mantenemos al niño *bocarriba*. Los recién nacidos que están tendidos sobre sus espaldas con las caritas mirando al techo están *al revés*. Están en una posición de indefensión total.

La restricción casi universal de la capacidad del recién nacido para moverse es el resultado de algún error en origen. Si alguien empieza cometiendo un error básico, ese error puede perpetuarse en todo tipo de procedimientos que habrían sido correctos si no hubiera sido por el error original.

La mayoría de los bebés de 0 a 1año se pasan todas sus horas de sueño y la mayoría de sus horas despiertos bocarriba, en una posición que les deja indefensos e inútiles. Los seres humanos somos las únicas criaturas que cometemos ese error.

Donde mejor se ve esto es en el nido de un hospital. Observando a los recién nacidos tumbados bocarriba se da uno cuenta de los movimientos aleatorios, inútiles y sin sentido que hacen con los brazos y las piernas. Si el recién nacido tiene las uñas suficientemente largas, a veces las utiliza para arañarse la cara o los ojos con ellas. Seguro que ni la naturaleza ni el bebé tenían esa intención, ¿entonces por qué ocurre? La respuesta es simple: porque el recién nacido está al revés e indefenso igual que lo estaría un Rolls-Royce recién comprado en la misma posición.

¿Cómo cometimos originalmente el error de poner a nuestros niños al revés? Si le preguntáramos a una enfermera por qué se tumba a los bebés sobre la espalda, bocarriba, nos dirá que es para que las enfermeras y los médicos puedan decir con un solo vistazo si el bebé respira o no. ¿Y por qué *no* iban a estar respirando?

Si todo empieza con un error original, ¿cuál es ese error?

En el momento del nacimiento, el bebé emerge después de haber vivido durante los anteriores nueve meses en un entorno que tiene una temperatura de 37 grados centígrados. Traemos a los bebés al mundo en habitaciones que tienen una temperatura de unos 20 grados por la simple razón de que esa es la temperatura que mejor nos viene a nosotros. *Ese* es el error original.

Un recién nacido se muere de frío con esa temperatura. Para evitar que nuestros bebés se pongan azules en una temperatura más de 15 grados más fría que el entorno en el que han crecido y se han desarrollado durante nueve meses, tenemos que envolverlos en ropa calentita y mantas.

Ahora tenemos otra complicación: los recién nacidos se pueden asfixiar por culpa de todas las mantas en las que los hemos envuelto para evitar que se enfríen. Por eso ahora tenemos que ponerlos bocarriba para tener su carita visible y así poder asegurarnos de que no se ahogan, aunque en esa posición los bebés estén indefensos. Estar bocarriba es la posición clásica de indefensión, de exposición y de vulnerabilidad.

Todo por un error en el origen.

¿Y cómo ha podido suceder? Depende principalmente de si consideramos la habitación donde están los bebés como un lugar para bebés o para adultos. Si es una habitación para adultos, entonces lo estamos haciendo bien y debemos seguir haciéndolo así. Pero si es una habitación para recién nacidos y bebés, entonces tenemos que adaptarla a sus necesidades.

Una habitación que realmente sea adecuada para bebés debería estar a unos treinta grados, para que la temperatura le resulte natural al bebé. También debería tener más humedad para que su piel no se reseque. Así no tendría que verse limitado por ropa y mantas y podría practicar el movimiento desde la posición correcta, es decir, bocabajo. Así la habitación resultará un lugar más feliz y más productivo para los recién nacidos.

Los bebés humanos son las únicas criaturas que se *colocan* bocarriba. ¿Ha visto alguien alguna vez un potro, un ternero, un cervatillo o una

El recién nacido está al revés e indefenso igual que lo estaría un Rolls-Royce recién comprado en la misma posición.

En esa posición los bebés están indefensos. Estar bocarriba es la posición clásica de indefensión, de exposición y de vulnerabilidad.

ardilla tumbada sobre la espalda y con las patas en el aire? ¿Cómo va a mejorar la movilidad de los bebés si aceptamos esos métodos sofocantes como si fueran la norma? ¿No será mejor que en vez de eso empecemos a tratar a nuestros bebés con cabeza desde su nacimiento?

¿Queremos ver como situaciones inverosímiles como arañarse los ojos dejan de producirse? Bien, pues pongamos a nuestros bebés bocabajo en vez de bocarriba y contemplemos como todo empieza a tener sentido. Cuando el recién nacido está tumbado bocabajo, con la parte blanda del vientre protegida por el suelo y la espalda protegida por el esqueleto de huesos que la naturaleza creó para eso, podremos ver las razones de esos movimientos de los brazos y las piernas. Ahora, bocabajo, la posición natural del bebé, con todos los mecanismos cerebrales en su posición correcta, podremos ver que todos los movimientos de los brazos y las piernas son movimientos propulsores de gran potencia que tienen la intención de mover el cuerpo hacia delante. Es tan natural y tiene tanto sentido como lo que ocurre cuando ponemos a una tortuga bocarriba, con las patas en el aire, y cuando volvemos a ponerla en su posición natural.

¿Pero seguro que la posición natural del bebé es bocabajo en vez de bocarriba? Pongan al bebé bocabajo y miren cómo todos esos movimientos de brazos y piernas que parecían aleatorios se convierten en movimientos de inicio del arrastre. Puede que nos encante ver al bebé bocarriba, pero el *bebé* quiere ir *avanzando* por la antigua senda que empieza aquí y que le llevará a caminar dentro de un tiempo. También es precisamente el hecho de estar bocabajo en el suelo lo que les crea a los bebés

Es precisamente el hecho de estar bocabajo en el suelo lo que les crea a los bebés la necesidad de desarrollar la función de levantar la cabeza para ver y por tanto de ir formando la estructura necesaria para hacerlo.

Papi muestra palabras de lectura a Ana, de 4 meses, y Samuel, de 3.

Angelo, de 4 meses, se arrastra por la pista de arrastre inclinada para llegar hasta la mariposa monarca.

la necesidad de desarrollar la función de levantar la cabeza para ver y por tanto de ir formando la estructura necesaria para hacerlo.

¿Hay *alguna* sociedad en la que los bebés tengan la oportunidad de moverse libremente en el momento del nacimiento? Glenn Doman describe una de estas sociedades:

«Recuerdo la primera vez que visité a los inuit del Ártico a finales de los 60. Me sentía muy aventurero y un poco heroico al verme a una temperatura de 50 grados bajo cero. Después, por primera vez en varios años pensé en mi «tía» Gussie Mueller, que era la mejor amiga de la infancia de mi madre. En 1920 o 21 la tía Gussie se fue a Point Barrow, en Alaska, y pasó varios años trabajando allí como enfermera en un hospital. Creo que eso es lo más cerca del Polo Norte que ha estado una mujer que no sea inuit. Recuerdo que hasta que crecí creía que la tía Gussie tenía pelo largo por todo su cuerpo excepto en los ojos, la nariz y la boca. Mi único recuerdo de ella era por las fotos de ella en Point Barrow con una enorme parka de piel y las tradicionales botas de piel llamadas «mukluks», toda cubierta de un pelo que a mí me parecía que crecía en su cuerpo.

La tía Gussie visitó los Institutos a mediados de los 70 y yo tuve la genial idea de grabar en cinta lo que nos contó sobre sus experiencias como enfermera con los inuit de Point Barrow a principios de los años 20. Esta es la historia que nos contó:

En esta tribu de inuits en concreto era costumbre que las mujeres inuit tuvieran a sus hijos cuando estaban siguiendo un rastro. Los iglúes que se usaban para seguir el rastro mientras se cazaba estaban muy calentitos en el interior. Cuando una madre iba a tener un bebé lo hacía de rodillas y el bebé nacía sobre las cómodas y calientes alfombras de piel que cubrían el suelo del iglú.

Las mujeres de las sociedades «no desarrolladas» de todo el mundo tienen a sus hijos de rodillas, en cuclillas o sentadas a horcajadas sobre una hamaca. Esa posición para tener un bebé tiene mucho más sentido que la posición «civilizada» de estar tumbada con las piernas en alto, una postura más dolorosa y más difícil para madre y bebé. Esta posición obstaculiza la musculatura necesaria para el proceso del nacimiento y no permite que la gravedad ayude.

Cuando llegó el equipo del hospital de los EE.UU. insistimos en que abandonaran esas prácticas «primitivas» y que las mujeres inuit tuvieran a sus hijos en el hospital que habíamos construido de la manera tradicional y «civilizada». Las mujeres inuit accedieron a regañadientes pero insistieron en que, en el momento del nacimiento, el bebé recién nacido fuera colocado desnudo y bocabajo sobre la cadera desnuda de la madre. Así el recién nacido iría arrastrándose por el cuerpo de la madre hasta encontrar su camino hacia el pecho de esta donde poder alimentarse.»

En nuestra sociedad, el bebé estándar, si se le dan las suficientes oportunidades, no empieza a arrastrarse hasta los dos meses y medio de edad. Con estos datos podemos concluir o que los recién nacidos de los inuit son genéticamente superiores a otros bebés en lo que respecta a la movilidad o que a los bebés no inuits les negamos la oportunidad de moverse a una edad más temprana. Evitamos que se muevan envolviéndolos en ropa que hace que el movimiento sea difícil o imposible. Prolongamos ese error metiendo a los bebés en cochecitos, cunas y corralitos que no son más que prisiones para bebés, y lo peor de todo, los ponemos bocarriba para que el movimiento les resulte del todo imposible.

¿Y qué es lo que *deberíamos* hacer?

Deberíamos crear un entorno de movilidad ideal para ellos en cada estadio de desarrollo de la movilidad. Se describe detalladamente cómo hacerlo en los siguientes capítulos.

El Síndrome de Muerte Súbita Infantil (SMSI)

Para obtener más información sobre este tema pueden consultar el importante artículo del doctor Ralph Pelligra publicado en la revista *Scientific World Journal* sobre el Síndrome de Muerte Súbita Infantil, que incluimos en el Apéndice B en la página 259. El doctor Pelligra es el Presidente de la Junta de Revisión Médica e Institucional de los Institutos.

Joia, de 16 días, mueve
sus brazos y sus piernas
como un recién nacido.

8

Estadio I: El tronco encefálico temprano y la médula

PROGRAMA DE COMPETENCIA EN MOVILIDAD

ETAPA DE DESARROLLO: Recién nacido.

ETAPA CEREBRAL: Tronco encefálico temprano y médula.

COLOR DEL PERFIL: Rojo.

FUNCIÓN: Movimiento de los brazos y las piernas sin movilidad.

EDAD MEDIA: Esta función se presenta en un recién nacido estándar en el momento del nacimiento, aunque no de forma completa.

DESCRIPCIÓN: Empieza en el nacimiento y mejora hasta que el niño alcanza el primer mes de edad. El recién nacido estándar es capaz de mover las extremidades y el cuerpo en una amplia gama de movimientos. También al colocarlo bocabajo, el recién nacido puede mover los brazos y las piernas, pero no puede desplazarse entre el punto A y el punto B.

El recién nacido puede mover las extremidades, pero no tiene movilidad real.

OBJETIVO: El objetivo de la capacidad del bebé para mover los brazos y las piernas sin una verdadera movilidad es perfeccionar esta capacidad refleja y conseguir controlarla para poder mover las extremidades por voluntad propia, un requisito previo indispensable antes de poder empezar a arrastrarse.

Por decirlo de otra forma, el objetivo es fomentar el crecimiento cerebral del tronco encefálico temprano y la médula hasta el punto en el que el siguiente nivel cerebral superior, el tronco encefálico y las áreas subcorticales tempranas, puedan tomar el relevo y comenzar su función: el arrastre.

UANDO colocamos al recién nacido en el suelo bocabajo, el movimiento aleatorio de los brazos y las piernas empezará casi inmediatamente. Esos movimientos aleatorios son de naturaleza refleja y se producen sin pensar.

Esos movimientos reflejos implican la flexión y extensión de los brazos y las piernas y el movimiento de las manos y los pies. El cerebro del recién nacido está aprendiendo cuál es la sensación de mover los brazos y las piernas. Al colocarlo en el suelo bocabajo (decúbito prono) en vez de bocarriba (decúbito supino), el recién nacido empujará contra el suelo con las manos y los pies inevitablemente.

Con repetición y práctica, el recién nacido perfeccionará estos movimientos de los brazos y las piernas, que empezarán a adquirir naturaleza propulsora y al empujarse contra el suelo el bebé irá descubriendo que esos movimientos antes aleatorios ahora pueden impulsar su cuerpo hacia delante o hacia atrás, a la derecha o a la izquierda. Como la cabeza y los ojos están en la parte delantera del cuerpo, resulta conveniente reproducir los movimientos que resultan en que el cuerpo se vea impulsado hacia delante. El bebé ya ha aprendido cómo se siente al moverse hacia delante. Saber cuál es la sensación que *siente* al realizar cualquier acto, del más simple al más complejo, es un requisito previo para llegar a hacerlo bien.

El recién nacido ya ha aprendido la lección más importante en cuanto al movimiento y ha hecho todos los deberes necesarios para empezar a arrastrarse y pasar al estadio II.

Algunos bebés aprenderán esto y pasarán al siguiente estadio muy rápido, ya que habrán aprendido todo lo que hay que aprender aquí en muy poco tiempo. Esos bebés tendrán una inteligencia de movilidad muy alta. Otros recién nacidos irán desarrollando esta área del crecimiento cerebral muy lentamente, aprendiendo todo lo que hay que aprender con dificultad. Esos bebés tendrán una baja inteligencia de movilidad.

¿Qué es lo que marcará esta diferencia tan importante?

> Saber cuál es la sensación que siente al realizar cualquier acto, del más simple al más complejo, es un requisito previo para llegar a hacerlo bien.

EL CEREBRO CRECE CON EL USO

El crecimiento y el desarrollo son producto del uso. Cuando mayor sea el uso de las vías motoras y sensoriales del cerebro durante un periodo de tiempo concreto, mayor será el crecimiento físico del cerebro que se producirá. *El cerebro crece con el uso exactamente igual que lo hacen los músculos.*

Ha habido un gran número de brillantes experimentos neurofisiológicos con animales que prueban esta afirmación más allá de toda duda. Llaman la atención entre ellos los realizados por Boris Klosovskii hace un siglo, los de David Krech en décadas más recientes, y los de Marian Diamond y muchos otros en años posteriores. El trabajo de los Institutos con miles de niños muestra claramente que lo que han demostrado los neurofisiólogos con los animales también es cierto en un contexto práctico para los seres humanos.

El cerebro crece con el uso porque *la función determina la estructura* (y la falta de función resulta en falta de estructura). La rapidez con que un niño aprende a mover los brazos y las piernas con un propósito y no de manera aleatoria determinará lo rápido y lo bien que se desarrollará la musculatura que el bebé utiliza para hacerlo. Y lo que es más importante, determinará lo rápido y lo bien que se desarrollarán las áreas sensoriales y motoras del cerebro que *controlan* esas funciones.

Y todo esto es resultado de la *frecuencia* con que el recién nacido tenga la oportunidad de hacer la actividad. Es fascinante e importante darse cuenta de que, cuanto más pequeño sea el bebé cuando se le proporcione el entorno de suelo ideal para moverse, menos oportunidades necesitará para conseguir el crecimiento y el desarrollo cerebral necesario para alcanzar el siguiente nivel de función cerebral.

Esto queda demostrado de forma trágica pero concluyente por esas historias demasiado comunes en las que un bebé ha sido secretamente encadenado por unos padres psicóticos a la pata de una cama en una buhardilla, donde ha permanecido durante años. Cuando al fin ha sido descubierto, ese niño no presentaba capacidad de habla, intelecto o funciones físicas. Estos problemas son síntomas de lesiones cerebrales. Hubo un caso en el que una niña de nueve años había sido confinada en un armario durante toda su vida y cuando al fin la descubrieron, no solo encontraron que no podía hablar y que no tenía capacidad intelectual, sino que además tenía el tamaño físico de una niña de dos años. Pero no estaba encerrada en el armario *porque* tuviera una lesión cerebral, sino que había desarrollado la lesión cerebral *a causa* de estar encerrada en el armario.

Los padres psicológicamente sanos no encadenan a la cama en una buhardilla a sus hijos con lesión cerebral; buscan ayuda.

El cerebro crece a una velocidad impresionante entre el momento de la concepción hasta el nacimiento, a una velocidad tremenda entre el nacimiento y los treinta meses, a velocidad alta entre los treinta meses y los seis años, y muy lentamente de ese momento en adelante. Con cada

Con cada año de vida que pasa entre el nacimiento y los seis años la tasa de crecimiento del cerebro disminuye.

año de vida que pasa entre el nacimiento y los seis años la tasa de crecimiento del cerebro disminuye.

No parece necesario señalar que los primeros días, semanas y meses son los más preciosos de todos. ¿Cómo pueden asegurarse los padres de que sus bebés tienen las mejores oportunidades para utilizar esas capacidades tan pronto y con tanta frecuencia como sea posible?

La rapidez con que un recién nacido perfeccione el movimiento de los brazos y las piernas y pase al siguiente estadio de desarrollo de la movilidad es producto de la cantidad de tiempo que el recién nacido pase con el vientre pegado al suelo. Si aumentamos el número de horas que un bebé está libre sobre el suelo cuando es recién nacido, reduciremos el número de días que el bebé estará en el suelo cuando crezca un poco más. Y lo que es más importante, aceleraremos el crecimiento y el desarrollo cerebral del bebé. El crecimiento del cerebro es resultado del uso, algo que puede ser glorioso si se da y trágico en caso contrario.

Y esto es cierto no solo en el primer bloque de la Escala de Desarrollo de la Movilidad de los Institutos, sino que lo es igualmente en cada uno de los siete bloques.

Podría decirse que esta es la información más importante que se ha descubierto en el mundo hasta la fecha. Como resultado de este conocimiento inestimable, los padres de miles de niños de todo el mundo han aumentado el crecimiento cerebral de sus hijos y, como consecuencia han multiplicado, literalmente, la inteligencia y la competencia de sus hijos.

¿Cómo lo han hecho? De una forma muy simple: poniendo a sus bebés en el suelo con más frecuencia y durante más tiempo que los otros padres ponen a sus bebés estándar.

Cuanto menos esté en el suelo un bebé, más difícil se resultará moverse.

El problema se agrava por el hecho de que los bebés ganan peso rápidamente. Si lo vemos de forma matemática, lo que le ocurre a los bebés es sorprendente. A los dos meses de edad, un bebé estándar ha ganado más de un kilo, lo que supone un 34% de aumento de peso desde el nacimiento; eso sería lo mismo que si una mujer estándar de 56 kilos hubiera ganado 20 kilos en dos meses. ¿Cómo se sentiría al salir a correr o a dar un largo paseo después de pasar de los 56 kilos a los 76 en solo dos meses? ¿Creen que tendría ganas de moverse mucho dadas esas circunstancias?

Nuestra cultura nos dice que un bebé gordito es un bebé sano. Pero nuestros bebés son grandes y pesan, pero no están gordos porque se les

Nuestra cultura nos enseña que un bebé gordito es un bebé sano.

ha dado la oportunidad de moverse desde el momento de nacimiento. Si se coge a uno de nuestros bebés por los brazos o las piernas lo que se nota es músculo, nada de michelines alrededor de los muslos, la tripita o los brazos. Porque nuestros bebés se mueven desde el principio y toda la leche materna que toman se convierte en músculo, no en grasa. El resultado unos bebés guapos y más capaces.

No hay ningún problema en que un recién nacido se pase incluso las veinticuatro horas del día en el suelo. Al contrario: lo cierto es que es una gran idea.

Arnold Gesell, una de las primeras personas en estudiar a los bebés, dijo hace mucho tiempo: «El suelo es el campo atlético de los niños». Bien dicho. Gesell, que veía el suelo como el medio primario para el máximo desarrollo físico de los niños, nunca supo (ni tampoco tenía elementos para saberlo entonces) que incluso más importante que el crecimiento físico que esto producía, era el crecimiento y el desarrollo cerebral que producía.

Por todo ello es especialmente importante que los recién nacidos tengan la oportunidad de moverse ya desde inmediatamente después del nacimiento.

En los Institutos todas nuestras madres ponen a sus recién nacidos sobre sus vientres en cuanto nacen (algo que aprendimos de los inuit y de la tía Gussie). Independientemente de dónde se produzca el nacimiento (en una sala de partos, en la unidad de maternidad de un hospital o en casa), nuestras madres acuerdan con antelación con sus ginecólogos o comadronas que, justo después del nacimiento, estos coloquen a sus bebés desnudos sobre sus vientres. Los bebés ya en ese momento tienen la oportunidad de moverse sobre la superficie cálida, suave y flexible del vientre de su madre hasta su pecho. Docenas de padres nos han descrito la alegría que les ha producido ver a sus recién nacidos moviéndose ya en ese momento.

Este proceso no es tan asombroso como puede parecer. A las ocho semanas de vida fetal el embrión tienen piernas y brazos bien definidos. Y no solo eso: el feto mueve los brazos y las piernas como si «nadara» en el útero materno (el libro complementario a este, *Cómo enseñar a nadar a su bebé*, escrito por Douglas Doman, explica la importancia de que los *«bebés de suelo»* sean también *«bebés acuáticos»*). Aunque la madre no empiece a notar que el bebé se mueve hasta los cuatro meses o cuatro meses y medio de vida fetal, todas las madres saben que cada día del embarazo los movimientos del bebé se van haciendo más aparentes hasta que ya se nota cómo el bebé empieza a darle patadas y puñetazos. A las

Por todo ello es especialmente importante que los recién nacidos tengan la oportunidad de moverse ya desde inmediatamente después del nacimiento.

madres y los padres les encanta colocar las manos sobre el vientre de la madre y sentir que el bebé se mueve constantemente como si estuviera diciendo: «¡Dejadme salir de aquí!».

En el momento del nacimiento, los bebés han estado entrenándose para empezar a arrastrarse durante siete meses. Todos los movimientos intrauterinos de brazos y piernas preparan al bebé para moverse en el momento del nacimiento. El desarrollo estructural y de la musculatura dentro del útero, asociados con el sistema de control neurológico, le proporcionan a los bebés la capacidad de moverse en el momento del nacimiento. Es una línea previa al nacimiento que continúa después de él.

Por supuesto no es tan fácil como puede parecer darle a un recién nacido la oportunidad de empezar a arrastrarse justo después del nacimiento. Ponerle sobre el vientre de su madre al nacer es la parte fácil.

Si los padres tienen que quedarse en el hospital es difícil que el recién nacido tenga oportunidades de moverse. Las enfermeras tienden a mantener a los recién nacidos cerca de ellas en el nido. ¿Y por qué no? ¿Quién no querría estar rodeado de algo tan adorable? Pero los padres deben encontrar la forma de burlar a esas enfermeras tan amables.

El hecho es el siguiente: los bebés nacen con todo lo que necesitan para moverse. Cuanto antes se les dé la oportunidad de utilizar sus capacidades, más rápido las desarrollarán. Cada día que pasa en que se les niega la oportunidad de moverse, más tiempo les llevará después hacerlo.

Ahora veamos cómo crear las oportunidades ideales para que un recién nacido aprenda a moverse y así desarrolle el cerebro utilizando las tres vías sensoriales y las tres vías motoras.

Para crear las oportunidades ideales hay tres palabras que definen las claves para el éxito: *frecuencia, intensidad* y *duración*.

> **Frecuencia:** Con qué frecuencia se realiza la actividad a lo largo del día.
>
> **Intensidad:** En lo que respecta a la movilidad, esto significa lo lejos que se mueve el bebé. En lo que respecta a la competencia manual, significa cuánto peso puede soportar el niño colgándose de los pulgares de sus padres. En cuanto al equilibrio, significa el grado de vigorosidad con que se hace cada actividad.
>
> **Duración:** El tiempo durante el que se realiza la actividad.

¿Ven lo fácil y lo sensata que es esta receta para lograr un desarrollo físico excelente en su bebé? Simplemente hay que *aumentar* la fre-

Para crear las oportunidades ideales hay tres palabras que definen las claves para el éxito: frecuencia, intensidad y duración.

cuencia, la intensidad y la duración con las que se realizan las actividades físicas con el bebé y pronto su hijo tendrá un alto nivel de competencia física.

LOS INGREDIENTES DEL ÉXITO

Empezaremos creando un entorno ideal para el bebé, uno en el que el movimiento de los brazos y las piernas pueda producirse libremente, y dándole el mayor número posible de oportunidades para convertir el movimiento aleatorio de las extremidades en una propulsión hacia delante.

Este entorno ideal es el suelo. Pero no cualquier suelo, sino un suelo que sea:

1. Seguro.
2. Limpio.
3. Cálido.
4. Liso.
5. Flexible.
6. Plano.

Seguro

Puede hacer que el entorno de su bebé sea *seguro* procurando que no haya accesos a tomas de corriente eléctrica sin tapar que podrían provocar potencialmente una descarga eléctrica. Compruebe que no haya lámparas u otros elementos que el niño podría agarrar y tirar de ellos sin que nadie se diera cuenta y que los muebles, los suelos u otras superficies no tengan astillas que el bebé podría clavarse. Obviamente tampoco deberá haber ningún tipo de aparato de calefacción sin protección con el que el bebé podría quemarse.

Es aconsejable acostumbrarse a comprobar la seguridad del entorno en el que se encuentra el bebé mientras todavía esté haciendo movimientos aleatorios para que ya se haya adquirido la costumbre cuando el bebé comience a moverse a propósito.

Limpio

Para que el entorno del bebé esté limpio friegue la superficie por la que se va a arrastrar con un desinfectante que no irrite la suave piel del bebé. El mejor producto de limpieza siempre es un jabón suave y agua. Limpiar la superficie con alcohol suele ser suficiente para desinfectar.

Cálido

Si queremos darle libertad a los recién nacidos para que muevan las piernas y los brazos no podemos envolverlos en mantas o ropas que les restrinjan el movimiento. *Tendremos que calentar el entorno inmediato.*

En climas fríos habrá que sellar cuidadosamente puertas y ventanas para eliminar todas las corrientes. La propia superficie del suelo debe estar templada. Si el suelo está frío, coloque una o más bombillas de luz infrarroja en la habitación tan alto como sea posible para cubrir el mayor espacio del suelo (así como para proteger al niño y evitar que se queme). Aunque tienen un número alto de vatios, las bombillas infrarrojas son mucho menos caras y funcionan con más eficiencia que los calefactores, porque calientan la superficie sobre la que proyectan la luz en vez del aire. Las bombillas calentarán tanto el suelo como al bebé.

Liso

El suelo donde coloquemos al recién nacido debe ser *liso*. Esto es especialmente importante porque queremos que le resulte lo más fácil posible aprender a moverse. Cuanto más lisa sea la superficie en la que se coloque al bebé, más fácil le será moverse como resultado de los movimientos reflejos de sus brazos y sus piernas, porque el cuerpo del bebé se deslizará fácilmente en respuesta a esos movimientos que hará para impulsarse.

Las superficies cubiertas con vinilo, piel sintética o materiales similares son lisas, lo que minimiza la fricción y hace que los movimientos sean más fáciles. Además proporcionan una superficie similar a la piel que permite que los codos y las rodillas del recién nacido adquieran tracción. Los materiales similares al vinilo hay que estirarlos bien encima de una superficie dura como un trozo de contrachapado y después pegarlos o graparlos para que no se plieguen cuando el niño mueva los brazos y las piernas, porque esos pliegues crearían «montañitas» sobre las que el recién nacido no podría pasar.

Flexible

Hasta el momento del nacimiento los bebés han estado viviendo en un mundo flexible que cedía cuando ellos se movían y cuando dobla-

---

Si queremos darle libertad a los recién nacidos para que muevan las piernas y los brazos no podemos envolverlos en mantas o ropas que les restrinjan el movimiento. Tendremos que *calentar el entorno inmediato.*

ban y estiraban los brazos y las piernas dentro del útero. Ahora les resultará más fácil moverse en una superficie igualmente *flexible*. Un vinilo flexible o algún material similar puede estirarse y asegurarse directamente encima de las alfombras y ofrece dos ventajas: primera, que la alfombra proporciona el aislamiento necesario para mantener el suelo caliente y segunda, que la alfombra está mullida y eso proporciona suficiente flexibilidad para facilitar la tracción sin crear «valles» o «montañitas» que molestarían al bebé.

Plano

Como el objetivo es hacer el movimiento lo más fácil posible para el recién nacido, *el suelo tiene que ser plano*. El recién nacido no debería intentar moverse por una superficie inclinada, porque es muy difícil para él y le desanimaría a la hora de hacer esfuerzos para moverse.

Una forma perfecta para hacer que el movimiento sea fácil para su bebé es utilizar una pista de arrastre para bebés.

Como el objetivo es hacer el movimiento lo más fácil posible para el recién nacido, el suelo tiene que ser plano.

La pista de arrastre para bebés

Con los años hemos desarrollado un entorno que incorpora todos los requisitos que acabamos de describir, así como algunas ventajas adicionales. Lo llamamos «pista de arrastre para bebés». La pista tiene la anchura suficiente para permitir a los bebés mover los brazos y las piernas con libertad, aunque también es lo bastante estrecha para darles la oportunidad de apoyar los pies en los lados para tomar impulso. Eso les ayudará a moverse.

Como la pista es recta, los bebés se mueven hacia delante y no pierden el tiempo haciendo círculos hacia la derecha o hacia la izquierda, algo común en los bebés pequeños. Esos movimientos circulares pueden frustrarlos, porque no son capaces de predecir ni controlar adonde van.

La pista está hecha de contrachapado o madera, con 2,5 centímetros de gomaespuma cubriendo el interior del suelo y los lados. La gomaespuma está cubierta con un material de vinilo y el resultado es una superficie bien aislada y flexible.

Las protecciones laterales también crean una barrera contra las corrientes y protegen al bebé de golpes accidentales de otros niños o de adultos mientras están en el suelo. La superficie es fácil de limpiar y permanece limpia por más tiempo gracias a los laterales, que evitan que entre la suciedad.

María, de tres días, utiliza el lateral de la pista para darse impulso.

La rapidez con que su bebé aprenda a arrastrarse y por tanto a desarrollar su cerebro es producto de lo bueno que sea el entorno dedicado a su movilidad y de la cantidad de tiempo que el bebé pase en ese entorno.

Las instrucciones para construir una pista de arrastre se incluyen en el Apéndice C en la página 267 en la sección llamada «Equipamiento que puede construir para usted y su bebé».

La rapidez con que su bebé aprenda a arrastrarse y por tanto a desarrollar su cerebro es producto de lo bueno que sea el entorno dedicado a su movilidad y de la cantidad de tiempo que el bebé pase en ese entorno.

Es importante que la madre o el padre se ocupen de construir la pista de arrastre antes de que llegue el bebé (muchos padres han lamentado haber esperado hasta el último momento. Una vez que ha nacido el bebé, normalmente ya no tienen tiempo de ponerse manos a la obra o de buscar un carpintero).

Una ventaja adicional de la pista de arrastre es su portabilidad. Todos nuestros padres hacen que una sección de la pista sea corta y portátil para que se pueda llevar con facilidad a cualquier habitación de la casa o meter en el maletero del coche si se hacen salidas. Así pueden llevar con ellos adonde quieran su propio suelo limpio, cálido y seguro. Una de las mujeres japonesas de nuestro personal tuvo a su bebé en un hospital de Filadelfia y se llevó con ella su pista portátil de casi un metro. La mañana después del nacimiento ya tenía la pista colocada en su cama a su lado con su hijo, Yuuki, arrastrándose por ella. Las enfermeras se quedaron asombradas ante la innovación. Miki explicó que los japoneses «viven» en el suelo y que las pistas son una antigua costumbre japonesa. Seguro que a cualquiera le puede resultar útil descubrir y adoptar la antigua costumbre de la pista para su bebé.

Como todos los recién nacidos se arrastran al nacer, la cantidad que se arrastran cada día va aumentando constantemente. Cuantas más oportunidades tienen los recién nacidos de arrastrarse, más cerca estarán de utilizar el arrastre como medio de transporte.

La distancia que se arrastran nuestros recién nacidos aumenta *unos treinta centímetros al día*.

En otras palabras, nuestros niños se arrastran un total de treinta centímetros el primer día después de su nacimiento, un total de sesenta centímetros el segundo día, tres metros el décimo día y así sucesivamente. Esta progresión gradual de la distancia ha funcionado bien y ha sido de lo más efectiva.

> Cuantas más oportunidades tienen los recién nacidos de arrastrarse, más cerca estarán de utilizar el arrastre como medio de transporte.

Isolda, de tres meses, se arrastra por la pista inclinada mientras su madre la anima y la espera.

Si quiere *acelerar* el proceso aún más o si el recién nacido es un poco más lento, cosa que ocurre en ocasiones y que puede deberse a muchas razones, puede considerar echarle una mano a su bebé utilizando la gravedad: ponga una sección de la pista como suelo inclinado.

Empezamos a utilizar el *suelo inclinado* en los años cuarenta, cuando el personal de los Institutos lo inventó para acelerar el desarrollo de la movilidad de bebés con una parálisis total. Si los bebés no pueden moverse suele ser porque la gravedad es demasiado fuerte para que ellos puedan desafiarla. La fuerza de la gravedad tira de nosotros hacia abajo, hacia la superficie de la tierra, durante todos los minutos de nuestras vidas creando fricción y peso. El suelo inclinado que proporciona la pista de arrastre al levantar un extremo se alía con esa fuerza de la gravedad para ayudar al bebé en vez de entorpecerle en sus movimientos.

Podemos utilizar una sección de la pista de arrastre como suelo inclinado elevando un extremo para producir una leve inclinación. Así la gravedad tirará del bebé hacia la parte baja de la pista, convirtiéndose en una amiga en vez de en una enemiga. El más leve movimiento de los brazos o las piernas creará un impulso hacia delante. Los movimientos de las extremidades que antes no producían ningún avance, ahora se convertirán en movimientos propulsores con un objetivo. Como resultado se va desarrollando el arrastre hacia delante de una forma más rápida que la usual.

Mantenga la pista inclinada hasta que el recién nacido empiece a arrastrarse sobre el suelo plano, momento en que la inclinación ya dejará de ser necesaria. Ajustar el ángulo de la pista es importante. El objetivo es conseguir el éxito en el movimiento. Obviamente, si uno de los extremos se eleva demasiado, el bebé simplemente se deslizará hacia delante sin tener que hacer ningún movimiento; esto no es aconsejable porque solo asustará al bebé, no le enseñará nada. El ángulo debe ser el adecuado para producir un leve impulso hacia delante cuando el recién nacido utilice los brazos y las piernas para propulsarse.

El objetivo es conseguir el éxito en el momento.

Tanto si utilizan el suelo inclinado como añadido a la pista de arrastre, como si hacen uso de la pista de arrastre sobre el suelo por sí sola, el recién nacido aprenderá a mover los brazos y las piernas con un objetivo y así empezará a arrastrarse.

Dormir en el suelo

También hemos descubierto que los recién nacidos se mueven mucho mientras duermen, lo cual no tiene por qué resultar sorprendente teniendo en cuenta que los recién nacidos duermen muchas horas al día (algu-

Ana, de 4 meses, duerme
en su pista.

nos incluso lo hacen durante la mayor parte del día…). *Los momentos en que más se arrastran los bebés son justo antes de quedarse dormidos, durante el sueño, y cuando acaban de despertarse.*

¿Cuántas veces han entrado unos padres en la habitación de su bebé y se han encontrado al niño pegado al cabecero de la cuna? ¿Y cómo ha llegado allí el bebé? Lo ha hecho arrastrándose.

Hace años que los padres y el personal de los Institutos se dieron cuenta de eso. Ahora cada vez es más común que las parejas pongan los colchones en el suelo. En los Institutos los padres colocan la pista de arrastre de su recién nacido en el suelo al lado de su cama. Aunque el propósito principal es darle al bebé más oportunidades de arrastrarse, los padres han encontrado que esta disposición también les conviene a ellos. El recién nacido está a la vista de sus padres y no hace falta lanzarse de un salto para comprobar que el bebé esté bien. La lactancia durante la noche se ve muy simplificada: solo hay que girarse, coger al bebé y darle el pecho. Después solo queda incorporarse, cambiarle el pañal y volver a poner al bebé en la pista.

Es más fácil, más seguro y *excelente* para la movilidad del bebé. Durante los primeros meses de su vida no era raro que Marlowe Doman (el hijo de Douglas Doman y nieto de Glenn Doman) se arrastrara entre un metro y medio y tres metros por la noche.

En los Institutos los padres colocan la pista de arrastre de su recién nacido en el suelo al lado de su cama.

La pequeña Isolda
duerme en su pista
en el suelo, junto a sus
padres, Federica y José.

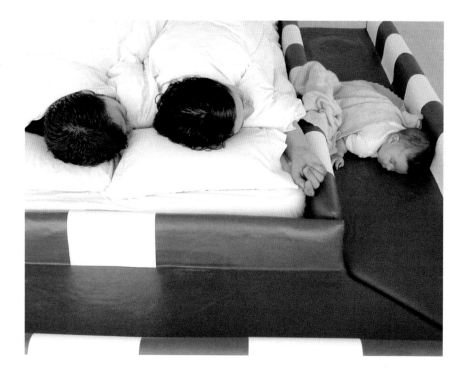

Qué debe llevar puesto un bebé *móvil*

Los bebés envueltos en muchas capas de ropa tienen muy difícil (si no imposible) mover las piernas y los brazos. Una situación como esa es justo la contraria de la que estamos proponiendo: las oportunidades ilimitadas para que los bebés muevan los brazos y las piernas y así desarrollen la movilidad de su cuerpo.

El recién nacido debe llevar la cantidad mínima de ropa para que los movimientos de brazos y piernas se vean restringidos lo mínimo posible. Los bebés necesitan recibir la estimulación táctil que se produce al sentir su piel contra la superficie de la pista o sus cuerpos moviéndose sobre el suelo.

El recién nacido debe
llevar la cantidad
mínima de ropa para
que los movimientos
de brazos y piernas
se vean restringidos
lo mínimo posible.

Un pañal y una camiseta de manga corta son lo más adecuado para esta actividad. Al llevar solo estas dos cosas la consistencia «elástica» de la piel del bebé se verá expuesta a la superficie lisa del suelo, lo que le dará cierta tracción y permitirá que el bebé se deslice sobre el suelo. La fuerza del arrastre se produce cuando aprieta los dedos de los pies y las rodillas contra el suelo y empuja y cuando clava los codos y las manos y tira de su cuerpo hacia delante. Por esta razón es esencial que los dedos de los pies, las rodillas, los codos y las manos del bebé no estén cubiertos.

Dar ejemplo; «vivir» en el suelo

La actitud del recién nacido en cuanto al suelo será un reflejo directo de la de sus padres.

Si los padres consideran el suelo un lugar extraño para su bebé, al bebé también se lo parecerá. Es más, si el niño se da cuenta de que su padre y su madre no están nunca en el suelo, el bebé empezará a asociar el suelo con la soledad y el aislamiento.

Usted lo es todo para su bebé: el amor, el calor, el alimento, la protección, la felicidad y la información. Por ello, si el recién nacido está en el suelo, los padres tendrán *que estar también. Si no demuestra que a usted le gusta el suelo, no puede esperar que al bebé le guste.* Póngase en el suelo con su bebé. Coma, duerma, juegue y enséñele cosas en el suelo. Hágalo todo en el suelo. Si usted se muestra convencido de que su bebé debe estar en el suelo y que ese es el mejor lugar para que se desarrolle físicamente, entonces su bebé se contagiará de esa actitud. Hay muchas culturas por todo el mundo en las que estar en el suelo es algo común. Por ejemplo la japonesa, en la que durante siglos las familias han dormido en el suelo, han comido en mesas bajas junto al suelo y han trabajado y socializado en el suelo.

Cuando los movimientos reflejos del bebé produzcan un movimiento hacia delante de unos tres o cinco centímetros en el suelo, podrá emocionarse al haber podido ser testigo de cómo se ha movido su bebé independientemente por primera vez. Coja al bebé en brazos como expresión de celebración feliz para que la reacción del bebé sea: «Qué bien. Estoy deseando volver al suelo y hacerlo otra vez para que vuelvan a premiármelo así».

ARRIBA: Angelo, de 4 meses, preparándose para rodar.
CENTRO: Angelo ya está rodando.
ABAJO: Angelo acaba de terminar el movimiento de rotación.

Libertad para moverse

¿Recuerda cuando, en su infancia, su madre le vestía para salir a jugar en la nieve? Primero los calzoncillos largos, después los pantalones de pana y la camisa de franela. Dos pares de calcetines, un jersey de lana y el mono de nieve. La bufanda alrededor del cuello, el gorro de lana con la capucha del mono de nieve por encima y bien atada debajo de la barbilla. Los zapatos y las botas de goma que eran tan difíciles de poner. Y finalmente los mitones con enganches que se sujetaban a la chaqueta.

Al salir al exterior caminaba como el Abominable Hombre de las Nieves. Necesitaba media hora solo para aprender a moverse con todo eso puesto.

No hagamos eso con nuestros bebés que están en el suelo. Mantengamos el ambiente cálido para que se vean libres para moverse y explorar el mundo del que tan desesperadamente quieren aprender todas las cosas que puedan.

Esta hazaña heroica es el primer paso hacia el siguiente estadio del desarrollo de la movilidad de su bebé.

Sin embargo, *si usted no se siente cómodo poniendo a su bebé en el suelo* (ni siquiera después de todo lo que acabamos de explicar), *no debería hacerlo*.

Los padres y madres nunca deberían hacer nada con sus bebés de lo que no se sientan completamente seguros. Los padres deben seguir sus instintos y no hacer nada que no quieran con sus bebés, porque *en ese caso no va a funcionar*. Los bebés son listos y notan cuándo sus padres están cómodos y cuándo no. Incluso los recién nacidos pueden sentirlo y no disfrutarán de la actividad que están haciendo si sus padres no están cómodos con ella. Sea lo que sea, si mamá o papá están incómodos, el bebé no lo hará bien ni estará contento de hacerlo.

Tampoco deberían proporcionarle al bebé la oportunidad de moverse en una superficie inadecuada como una cama blanda o una alfombra gruesa, porque no solo es perder el tiempo, sino que también le enseñará al recién nacido la lección incorrecta: que el movimiento es más difícil de lo que realmente es.

Pero asumamos que, como la gran mayoría de los lectores de este libro, ustedes se sienten cómodos teniendo al bebé en el suelo (y de hecho están

> Los padres y madres nunca deberían hacer nada con sus bebés de lo que no se sientan completamente seguros.

deseando empezar a probar todas estas cosas con su bebé). Entonces la mejor forma de empezar es combinar todos los elementos que garantizan que el bebé va a tener éxito: un entorno de suelo que sea cálido, limpio, flexible, liso, plano y seguro; vestir al bebé con una camiseta y un pañal para permitir la movilidad ideal; un suelo en el que los padres estén con el bebé; y lo más importante: disfrutar. Al añadir estos ingredientes para el éxito a los básicos: *frecuencia*, *intensidad* y *duración*, obtendremos un programa ideal para enseñar a su bebé a aprender a moverse.

Frecuencia: Proponemos que usted se acomode en el suelo o al lado de la pista de arrastre inclinada con su bebé al menos diez veces al día y que le anime a moverse y celebre cada uno de sus movimientos.

Intensidad: Observe la rapidez y la distancia que se arrastra su bebé por el suelo. Es una buena idea hacer marcas en los laterales de la pista de arrastre cada quince centímetros, por ejemplo, para medir el progreso en el movimiento.

Duración: Un recién nacido debe pasar *como mínimo* cuatro de las horas que pasa despierto al día, repartidas a lo largo del mismo, moviéndose en la pista o sobre el suelo. Y lo ideal sería que el recién nacido pasará todas sus horas de sueño en la pista.

Los hermanos y hermanas mayores pueden crear un entorno maravilloso y estimulante para los recién nacidos en el suelo o en el suelo inclinado. A los niños el suelo les resulta un lugar lógico para jugar.

A este nivel el objetivo es que el recién nacido tenga movimiento en el torso, el cuello, la cabeza y las extremidades. El recién nacido debería moverse al menos unos cuantos centímetros sobre el suelo llano o poder bajar arrastrándose toda la longitud de la pista inclinada.

CONCLUSIÓN

Recuerde que el paso al estadio II del crecimiento cerebral es producto de la frecuencia con la que el recién nacido tenga la oportunidad de intentar arrastrarse y de la recompensa, es decir el amor, que obtenga por el esfuerzo realizado.

También hay que recordar que para poder determinar la inteligencia de movilidad de un recién nacido debemos comparar su competencia en movilidad con la de otros bebés de la misma edad. Si su bebé a las cinco semanas de edad tiene una competencia en el sentido físico como

Maria, de 2 meses, sale de su pista, arrastrándose y saluda a su abuela, Beatriz.

la de un bebé estándar de diez semanas, entonces podremos decir que su bebé tiene una inteligencia de movilidad de 200.

¿Les parece increíble que un proceso tan simple como el que acabamos de describir pueda, en un tiempo tan corto, producir un resultado tan espectacular? Si se lo parece les interesará saber que al utilizar exactamente el mismo proceso y aumentando solo la frecuencia y la duración, miles de nuestros padres han conseguido sacar a sus hijos con lesión cerebral de la parálisis total producida por la lesión y ayudarles a pasar al estadio II de la competencia en movilidad.

Cuantas más oportunidades de moverse le dé a su bebé, mayor competencia física adquirirá el recién nacido, una mayor inteligencia de movilidad tendrá, más se desarrollará su cerebro y más pronto pasará al estadio II y empezará a utilizar el tronco encefálico y las áreas subcorticales tempranas.

Cuando un bebé empieza a utilizar el arrastre como medio de transportarse, o lo que es lo mismo, cuando el arrastre pasa de ser una simple función física a un medio para desplazarse, los días de bebé recién nacido habrán acabado. El bebé habrá aprendido todo lo que hay que aprender sobre la movilidad en lo que respecta al tronco encefálico y la médula.

Un buen indicador de esta progresión es el momento en que el bebé es capaz de arrastrarse entre sesenta centímetros y un metro solo con breves descansos y eso le lleva unos diez minutos. Cuando llegue a este punto podrá colorear la parte naranja del Perfil de su bebé y registrar el hecho de que su hijo ya está utilizando el nivel cerebral que nosotros denominamos «tronco encefálico y áreas subcorticales tempranas». Estas son todas las credenciales que necesita para continuar con la nueva función del arrastre hasta que la perfeccione.

Si el bebé tiene exactamente un mes de edad, su inteligencia de movilidad será de 100. Aunque, independientemente de la edad que tenga el bebé, conseguir arrastrarse por primera vez es un logro enorme. *Su bebé ha conseguido el mayor logro individual en materia de movilidad que va a hacer en su vida.* Celebre ese logro de movilidad de su bebé como se merece.

Recuerde que el paso al estadio II del crecimiento cerebral es producto de la frecuencia con la que el recién nacido tenga la oportunidad de intentar arrastrarse y de la recompensa, es decir el amor, que obtenga por el esfuerzo realizado.

El recién nacido debe utilizar en este momento el reflejo de agarre muchas veces. Cuanto más utilice el reflejo de agarre, más rápido pasará el bebé al siguiente nivel de función cerebral. Ese nivel cerebral está en su sitio, esperando que el sistema de circuitos se complete.

¿Cuántas veces tiene que usar un recién nacido el reflejo de agarre para producir el crecimiento cerebral y el paso al siguiente estadio?

No lo sabemos, pero influyen estas dos variables:

1. La *frecuencia* con que lo hace el recién nacido.
2. Lo *pronto* que empieza a hacerlo el recién nacido.

Sabemos que cuanto más pronto empiece un recién nacido a utilizar el reflejo de agarre, menos veces será necesario que lo use. Ahora veamos lo que le ocurre a un recién nacido *estándar*. ¿Qué cosas provocan que un recién nacido estándar utilice el reflejo de agarre?

Hay varias. Siempre que la mano del bebé esté abierta y algo le roce la palma, se activará el reflejo de agarre y la mano del bebé se cerrará alrededor del objeto. El pelo de su madre es un buen ejemplo. Todas las madres saben que cada vez que su pelo cae por casualidad en manos de su bebé, él les da un tirón. También las mantas de las camas o la ropa pueden inducir el reflejo de agarre, o incluso los padres, a los que les encanta meter los dedos en la manita de su bebé. A los padres les parece un milagro (que lo es), pero sus acciones están provocando sin darse cuenta que crezca el cerebro de su bebé.

Otras visitas o miembros de la familia también pueden meter los dedos en las manitas del bebé por la misma razón que lo hacen los padres. Siempre que ocurre, el recién nacido está un paso más cerca de lograr el crecimiento cerebral y avanzar a un nivel superior, pero todo por accidente, por muy lleno de amor que esté ese accidente.

Está claro que los recién nacidos muy queridos por sus padres, su familia y sus amigos son los que más atención reciben. Por eso estos bebés experimentan ese «accidente» más a menudo y por tanto se convierten en los bebés «más brillantes». También es obvio que los recién nacidos menos queridos reciben menos atención y como resultado experimentan ese «accidente» menos veces. Eso bebés son los «más torpes».

Ahora veamos lo que está ocurriendo desde el punto de vista del recién nacido. Para desarrollar el tronco encefálico temprano y la médula por completo y pasar al siguiente nivel de función cerebral (el tronco encefálico y las áreas subcorticales tempranas), el accidente debe ocurrir con relativa frecuencia. Para pasar del nivel inferior, el tronco encefálico tem-

El recién nacido debe utilizar en este momento el reflejo de agarre muchas veces.

Bebé en forma, bebé inteligente

	ESTADIO CEREBRAL	EDAD		COMPETENCIA MANUAL
VII	CORTEZA SOFISTICADA	Superior	36 Meses	Uso de una mano para escribir, mano que concuerda con el hemisferio dominante
		Promedio	72 Meses	
		Lento	144 Meses	*Expresión humana sofisticada*
VI	CORTEZA PRIMITIVA	Superior	18 Meses	Función bimanual con una mano en el papel dominante
		Promedio	36 Meses	
		Lento	72 Meses	*Expresión humana primitiva*
V	CORTEZA TEMPRANA	Superior	9 Meses	Oposición cortical bilateral simultánea
		Promedio	18 Meses	
		Lento	36 Meses	*Expresión humana temprana*
IV	CORTEZA INICIAL	Superior	6 Meses	Oposición cortical en cualquiera de las dos manos
		Promedio	12 Meses	*Expresión humana inicial*
		Lento	24 Meses	
III	CEREBRO MEDIO Y ÁREAS SUBCORTICALES	Superior	3.5 Meses	Agarre prensil
		Promedio	7 Meses	*Respuesta significativa*
		Lento	14 Meses	
II	TRONCO ENCEFÁLICO Y ÁREAS SUBCORTICALES TEMPRANAS	Superior	1 Meses	Reflejo de soltar (vital)
		Promedio	2.5 Meses	*Respuesta vital*
		Lento	5 Meses	
I	TRONCO ENCEFÁLICO TEMPRANO Y MÉDULA	Superior	0,5 Meses	Reflejo prensil
		Promedio	1 Mes	*Respuesta refleja*
		Lento	2 Meses	

GLENN DOMAN
y el personal
de los Institutos

LOS INSTITUTOS PARA EL LOGRO DEL POTENCIAL HUMANO®

8801 STENTON AVENUE
WYNDMOOR, PA 19038 (EE.UU.)

Figura 8.1. La escala de desarrollo manual de los Institutos.

COMPETENCIA MANUAL

ESTADIO DE DESARROLLO: Recién nacido.

ESTADIO CEREBRAL: Tronco encefálico temprano y médula.

COLOR DEL PERFIL: Rojo.

FUNCIÓN: Reflejo de agarre.

EDAD MEDIA: Esta función se presenta en un recién nacido estándar en el momento del nacimiento, aunque no de forma completa.

DESCRIPCIÓN: En el momento del nacimiento las manos del recién nacido casi siempre están cerradas en forma de puños y las abre o las cierra de forma completamente aleatoria.

Si alguien mete el dedo índice de una mano en la de un recién nacido y el otro índice en la otra mano, el recién nacido agarrará los dedos con fuerza. Esto se conoce como «reflejo de agarre».

Si ahora levantara lentamente las manos, el recién nacido seguiría agarrando sus dedos; es posible levantar completamente al bebé de la cama o del suelo así. Los recién nacidos se agarran a los dedos como un bebé gorila se agarra al pelo o al cuerpo de su madre. *Su* bebé lo hace por la misma razón. Pero, como dijo W. S. Gilbert hace más o menos un siglo: «Las cosas pocas veces son lo que parecen». Parece que el bebé está decidido a no soltarle, pero la verdad es que el bebé es *incapaz* de soltarle.

¿Es que el reflejo de agarre no persigue ningún objetivo? Por supuesto que no. Como todos los reflejos, tiene una gran importancia.

OBJETIVO: El recién nacido está funcionando dentro del nivel reflejo del tronco encefálico temprano y la médula porque el nivel superior de control cerebral necesita que realice acciones útiles a un nivel consciente que aún no ha logrado. Por eso existe el reflejo de agarre.

Se trata precisamente de que el recién nacido pueda agarrarse a sus padres sin pensarlo conscientemente, exactamente como los pájaros se agarran a la rama en la que duermen; como el pájaro está dormido se agarra a la rama de forma refleja, no consciente.

La importancia del reflejo de agarre no reside en la capacidad de agarrarse a un objeto, sino en la incapacidad de soltarlo.

Es un reflejo de desarrollo, lo que significa que cuando el bebé madure y pase a etapas cerebrales superiores, el reflejo de agarre quedará reemplazado por la capacidad de agarrar y después soltar.

prano y la médula, al nivel superior, el tronco encefálico y las áreas subcorticales tempranas, el recién nacido debe poder «soltarse». Y hacerlo a propósito.

Todas las veces que a los recién nacidos se les da la oportunidad de utilizar este reflejo agarrando el pelo, una manta, los dedos o cualquier otra cosa, ellos estarán desarrollando el tronco encefálico temprano y la médula y así acercándose al nivel del tronco encefálico y las áreas subcorticales tempranas. Y lo que es más; cada vez que el bebé agarra estos objetos, en algún momento alguien se los quita de los dedos, y eso le dice a su cerebro cómo se siente el hecho de «soltar».

Así el recién nacido va progresando hacia un nivel cerebral superior todo el tiempo al utilizar el reflejo de agarre y practicar la forma de soltar. Todo lo que hace falta es darle al recién nacido un número ilimitado de oportunidades de utilizar el reflejo de agarre.

Supongamos que quiere dedicar diez minutos al día a hacer de su bebé un genio a nivel manual. Es fácil de hacer: coja a su bebé en sus brazos y pase un minuto dándole oportunidades de utilizar el reflejo de agarre, diez veces al día durante un minuto cada vez.

Vuelva a tumbar al bebé bocarriba sobre una superficie plana, como por ejemplo una cama, y meta sus pulgares en las manos del bebé. Deje que el bebé se los agarre bien y manténgalos ahí durante cinco segundos. Lleva unos tres segundos meter los pulgares en las manitas del bebé, además de los cincos segundos que el bebé los estará agarrando, así que podrá hacerlo unas siete u ocho veces en un minuto.

Eso significa que el bebé tendrá unos setenta u ochenta reflejos de agarre al día *a propósito*, *además de todos los «accidentes»*.

María, con seis meses, cuelga sobre una colchoneta de gimnasia de buena calidad que la protegerá en caso de caída accidental.

La segunda generación:
Recordamos a Beatriz, la madre de la foto, cuando su madre la trajo al Instituto Evan Thomas con dos años. Tras criarse con nuestro programa, Beatriz se fue para hacer un MBA a la London School of Economics. Con el tiempo se convirtió en una madre profesional como antes lo fue la suya. Su madre, Beatriz, y abuela de María, aparece en la pág. 76.

PREPARACIÓN PARA LA BRAQUIACIÓN

Hay algo más que puede hacer. Puede comenzar un programa de competencia manual ya desde el nacimiento que lleve al desarrollo de una capacidad que llamamos «*braquiación*». La palabra viene de la palabra latina *brachio* que significa brazo. «Braquiación» significa moverse utilizando los brazos.

Braquiar, es decir, colgarse por los brazos de una escalera suspendida a cierta altura y pasar de travesaño a travesaño, es un ejercicio espléndido para los seres humanos. Pero no solemos hacerlo nada bien. A Glenn Doman, cuando fue oficial de la infantería paracaidista en la II Guerra Mundial, le ordenaban a menudo que cruzara un arroyo colgando de una escalera suspendida pasando de travesaño a travesaño con los brazos. Él recuerda bastante compungido que inevitablemente siempre acababa sentado «en aquellos malditos riachuelos».

Sin embargo, los niños de dos años del Instituto Evan Thomas pueden braquiar de un lado a otro de una escalera de tres metros y medio alegremente.

En los estadios I y II, el Programa de Competencia Manual para la braquiación es el mismo exactamente: estimula el reflejo de agarre en el estadio I y desarrolla la capacidad de soltar en el estadio II. Esta es la parte del programa que más les gusta hacer a los padres.

EL PROGRAMA DE COMPETENCIA MANUAL
ESTADIO I: INGREDIENTES PARA EL ÉXITO

En este momento tenemos una tarea especialmente para el padre; una tarea que empezará un proceso que llevará más adelante a la braquiación y ahora le proporcionará al bebé la oportunidad de utilizar el reflejo de agarre. El padre deberá conseguir con antelación una vara de madera fuerte de uno o dos centímetros de diámetro y unos 45 centímetros de largo.

Para este momento los padres ya estarán preparados para levantar al recién nacido con los pulgares. Algunos bebés prefieren agarrar una vara de madera y otros los pulgares de sus padres; independientemente de lo que prefiera el bebé, esté atento y vuelva a bajar al bebé si empieza a resbalarse.

Con el recién nacido tumbado en una cama bocarriba, la madre o el padre debe colocar los pulgares o la vara de madera en las manos del bebé y tirar de la parte superior del cuerpo del bebé para levantarla unos centímetros de la cama.

Otra forma de estimular el reflejo de agarre; tumbe al bebé bocarriba y, mirándolo, coloque su pulgar izquierdo en la mano derecha del bebé

Todo lo que hace falta es darle al recién nacido un número ilimitado de oportunidades de utilizar el reflejo de agarre.

Los niños de dos años del Instituto Evan Thomas pueden braquiar de un lado a otro de una escalera de tres metros y medio sin problema.

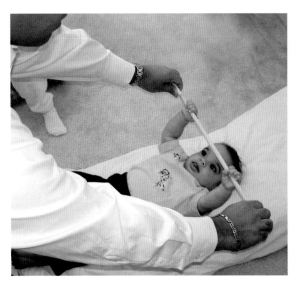
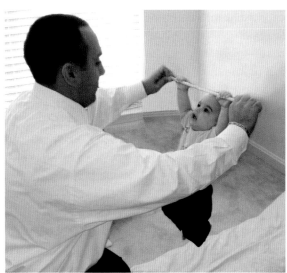

IZQUIERDA: Angelo, de 4 meses, se agarra a una vara de medio centímetro de diámetro aproximadamente. DERECHA: Angelo se cuelga de forma totalmente independiente con su padre.

y el pulgar derecho en la mano izquierda del bebé para finalmente tirar con suavidad de las manos del bebé hasta subirlas por encima de su cabeza. Si lo ha hecho bien y con cuidado, sentirá que el bebé le agarra los pulgares con más fuerza. Si sigue tirando de las manos un poco más, él todavía le apretará con más fuerza. Ahora, sin dejar de tirar suavemente, levanté al bebé y colóquelo sentado. Cuando este método empiece a funcionar correctamente, conseguirá poner de pie al bebé e incluso elevarlo hasta que no toque el suelo con los pies.

Frecuencia:	Haga un *mínimo* de diez sesiones al día con su bebé.
Intensidad:	Después de una o dos semanas de ir levantando al recién nacido cada vez más alto y separándolo de la superficie sobre la que está tumbado, el bebé empezará a ser capaz de aguantar parte de su peso.
Duración:	Vuelva a bajar el bebé hasta la cama en cuanto note que está aflojando la presión sobre sus dedos o que su expresión facial cambia de diversión a preocupación. Cuando lo haya intentado unas cuantas veces ya será un experto a la hora de determinar cuánto tiempo está bien. Cuando el bebé empiece aguantar su propio peso colgando de sus pulgares, el recién nacido ya habrá dado el primer paso hacia la braquiación.

Las sesiones deben durar solo un minuto. En un minuto pueden hacer siete u ocho reflejos de agarre con los pulgares o la vara de madera, porque al principio cada vez que el bebé se agarre solo podrá aguantar cinco o diez segundos.

Recuerde que el programa que está empezando debe desarrollarse en un entorno limpio, cálido y seguro para su bebé, así que no hace falta que el bebé lleve más ropa que una camiseta y un pañal. Un recién nacido que intenta desesperadamente soportar el peso de su cuerpo por primera vez debería tener todas las facilidades para poder lograrlo; una camiseta y un pañal son cosas ligeras y que no restringen el movimiento y eso le permitirá al bebé aprender más fácilmente a colgarse mientras se lo pasa bien.

Debe buscar una vara de madera con el tamaño y la textura adecuados: lo suficientemente estrecha para que las manos del bebé la rodeen completamente, no demasiado rugosa, lo que dañaría las manos del bebé, ni demasiado lisa, lo que las haría resbalar. Cualquier vara que pueda encontrar en una ferretería normalmente debería tener la textura correcta.

Y lo más importante, asegúrese de decirle al bebé con una voz orgullosa y alegre lo bien que lo está haciendo todas las veces que consiga colgarse. *Usted* es quien establece la reacción de su bebé en cuanto a colgarse de los pulgares o la vara de madera, así que no debería mostrar miedo ni preocupación.

Su *objetivo* es ayudar a su bebé a desarrollar un fuerte reflejo de agarre en ambas manos hasta que *el bebé pueda colgarse de sus pulgares durante diez segundos soportando al menos el 50% de su peso.*

CONCLUSIÓN

Si ha hecho todas estas cosas con su bebé recién nacido y ambos las han disfrutado todas las veces, su bebé habrá desarrollado el tronco encefálico temprano y la médula rápida y excelentemente y pronto conseguirá pasar al siguiente nivel cerebral: el tronco encefálico y las áreas subcorticales tempranas.

Esto sucede porque cada vez que el niño tiene la oportunidad de agarrar (una función refleja del tronco encefálico temprano y la médula), en algún momento y necesariamente también tiene que soltar (una función consciente del tronco encefálico y las áreas subcorticales tempranas).

Y lo más importante, asegúrese de decirle al bebé con una voz orgullosa y alegre lo bien que lo está haciendo todas las veces que consiga colgarse.

Niños con lesión cerebral e inteligencia física

Miles de millones de niños estándar han seguido el camino ancestral desde la inmovilidad del nacimiento hasta poder caminar, correr y saltar con patrón cruzado a los seis años de edad. Y lo han hecho por instinto y sin la más mínima noción de los efectos profundos que eso tendría en todas las fases de sus vidas.

Para una minoría de ellos (aproximadamente uno de cada veinte), ese viaje no es feliz e instintivo, sino heroico y angustioso y va desde lo difícil a lo simplemente imposible. Me refiero a los niños con lesión cerebral que, si se les da la oportunidad, luchan con una determinación infinita y un coraje único para lograr conquistar las siete etapas de la movilidad y el desarrollo manual que los niños estándar consiguen fácil y alegremente.

Pero son los niños con lesión cerebral que empezaron nuestro programa paralizados los que nos han demostrado con toda claridad que cualquiera puede ser físicamente excelente.

Como hemos dicho con anterioridad, si su hijo es mayor cuando usted empiece a leer este libro o se trata de uno de estos niños «enfermos», no espere que su hijo encaje exactamente con los estadios que nosotros marcamos a las edades mínimas que indicamos. Tal vez incluso su hijo ni siquiera encaje de ninguna forma. Si el niño es mayor, está sano y quiere aprender, haga que el niño le ayude a enseñar a otros niños más pequeños a arrastrarse, gatear y braquiar; su hijo mejorará gracias a eso.

Si su hijo tiene lesión cerebral, el niño se beneficiará de todo esto más que cualquier niño «estándar». Pero le recomendamos que lea el importante libro *Qué hacer por su hijo con lesión cerebral* antes de poner en práctica un programa en su casa. También puede escribirnos para pedirnos información adicional sobre la frecuencia, la intensidad y la duración del programa que necesitará su hijo. Usted siempre tendrá una razón de mayor peso para tener todo esto en mente: su hijo puede beneficiarse mucho más que los demás de la información que le estamos presentando. Estamos seguros de que sabrá utilizarla de forma sabia y sensata.

Al principio el bebé no suelta nada nunca; otra persona o alguna fuerza externa tiene que arrancarle de las manos el objeto que está agarrando. Según el recién nacido vaya utilizando el reflejo de agarre más y más y este se vaya relajando, el objeto empezará a caer de su mano por accidente.

Con el aumento de oportunidades para *utilizar* el reflejo de agarre y también el mayor número de oportunidades de *soltar* el objeto que agarraba, el bebé empezará a comprender la sensación de soltar y empezará a reproducir la sensación de *abrir* la mano. Cuando el bebé *abra* la mano a propósito (en vez de solo dejar que el objeto se caiga), habrá cruzado la línea que separa la función del tronco encefálico temprano y la médula y la función del tronco encefálico y las áreas subcorticales tempranas. Solo observando al bebé la madre o el padre podrán ver claramente que el bebé *abre* la mano a propósito para soltar las cosas.

Cuando eso ocurra ya podrá colorear de naranja el estadio cerebral de su bebé; el niño ya está operando en el nivel cerebral del tronco encefálico y las áreas subcorticales tempranas en lo que respecta a su competencia manual.

En todos los capítulos siguientes habrá una sección sobre competencia manual similar a la que hay en este explicándole exactamente cómo continuar desarrollando esta habilidad de su bebé y a la vez también su inteligencia manual. Cuantas más oportunidades le dé a su bebé de realizar la función, mejor y más rápidamente lo conseguirá.

Si su bebé tiene *exactamente* un mes, entonces tendrá una inteligencia manual de 100 *exactamente*. Si su bebé ya ha superado esta edad a la hora de empezar el programa, usted tendrá que leer todos los estadios y colocar a su hijo en el nivel más alto de función cerebral del que sea capaz.

PROGRAMA DE EQUILIBRIO PARA RECIÉN NACIDOS

El pionero neurofisiólogo ruso Boris Klosovskii demostró hace un siglo que los cachorros de perro y de gato recién nacidos aumentaban en gran medida su crecimiento cerebral entre los diez y los veinte primeros días de vida cuando se les exponía a una estimulación vestibular muy moderada. Estos cachorros tenían entre un 22,8 y un 35 por ciento más de crecimiento cerebral en las áreas del equilibrio de sus cerebros que sus hermanos de camada que no habían recibido esa estimulación moderada*.

Estas actividades son extremadamente moderadas y bastante placenteras para los recién nacidos. Mi hijo Marlowe Doman siempre dejaba de llorar en las primeras semanas de vida si su madre o yo empezábamos a hacer ciertas actividades vestibulares con él; nos quedó claro desde el principio cuáles eran sus favoritas. Todas las actividades que vamos a describir a continuación se pueden hacer con total seguridad para el bebé, que seguro que las disfrutará.

Obviamente usted tendrá que tener *un cuidado extremo* y asegurarse de que la zona que utilice para estos ejercicios esté libre de obstrucciones. *Sea muy delicado* con su bebé y obsérvelo todo el tiempo. *Sujete muy bien*

---

* *Klosovskii, B. N., The Development of the Brain (El desarrollo del cerebro),* traducido del ruso al inglés y editado por Basil Haigh, Editorial Macmillan, Nueva York, 1963.

Isolda, de 3 meses de edad, disfruta del suave giro sobre el hombro de su padre.

Su padre sube y baja a Isolda en el aire.

Las actividades vestibulares son extremadamente moderadas y bastante placenteras para los recién nacidos.

al bebé en todas las actividades en que sea necesario. *Empiece gradual, lenta y tranquilamente* y vaya desarrollando las actividades por etapas, es decir, vaya aumentando gradualmente la duración de la actividad.

Dígale al bebé lo que van a hacer antes de hacerlo siempre. Explíquele lo que están haciendo a la vez que lo hacen. Y pare siempre antes de que el bebé quiera parar. Así el niño siempre estará deseando empezar la siguiente sesión.

Puede ponerle al niño toda la ropa que necesite dependiendo del ambiente, pero asegúrese de que puede agarrar bien al bebé lleve lo que lleve.

La mejor parte del programa de equilibrio de su bebé es que les va a resultar muy divertido tanto al padre como al bebé. Hemos observado a padres o madres (sobre todo padres) por todo el mundo mientras desarrollaban el equilibrio de sus bebés en las capitales más sofisticadas del mundo y en las junglas y desiertos más primitivos. En ambos extremos de la civilización los padres y los niños lo disfrutaban con igual intensidad. Los padres lanzaban a los bebés al aire y los recogían. Las madres hacían saltar a los bebés en sus rodillas. Ambas actividades, tan simples y tan fáciles de hacer, estimulan las áreas vestibulares del cerebro, es decir las áreas del equilibrio.

Todos los padres tienen sus actividades favoritas con las que saltan y forman alboroto con el bebé. Aquí he incluido quince actividades específicas que estimulan las áreas del equilibrio del cerebro al reconocer las tres dimensiones en las que vivimos todos:

1. *Llevar en brazos a su bebé por el lugar.* Sujete bien a su bebé de la siguiente manera: con ambas manos con las palmas hacia arriba, coloque una mano para sujetar la parte de atrás de la cabeza del bebé y con la otra su culito. Ahora solo tiene que llevar a su bebé de aquí para allá moviéndolo con cuidado por el aire: arriba y abajo, adelante y atrás y de lado a lado. Lleve a su bebé por toda la casa contándole cuáles son las diferentes habitaciones y los objetos que están viendo. Deje que el bebé mire por alguna ventana.

2. *Tumbado sobre la espalda, hacer volar al niño por el aire.* Esta es otra actividad que no hemos tenido que inventar; solo la hemos observado en padres de todo el mundo. Túmbese en la cama bocarriba y coloqué al bebé bocabajo sobre su estómago. Coja al bebé con firmeza con una mano en cada costado, justo debajo de las axilas. Suba al bebé justo sobre su pecho de forma que ambos queden mirándose. Dígale al bebé que está volando. Muévalo suavemente de derecha a izquierda y súbalo y bájelo varias veces antes de hacer que «aterrice» sobre su pecho otra vez.

3. *Mecer al bebé en una mecedora.* Otra técnica de toda la vida para calmar a los bebés. Siéntese en una mecedora y coja al recién

Isolda disfruta cuando su padre la coge en brazos y la mueve en todas direcciones.

La mamá mece a Isolda de lado a lado.

nacido en posición vertical (el bebé debe estar mirándole a usted). Mézase adelante y atrás. Después coloque al bebé bocabajo encima de su regazo mientras se sigue meciendo en la silla.

4. *Rodar sobre una almohada.* Rodar y caer «en picado» encima de una almohada (consulte el apartado siguiente) eran algunas de las actividades favoritas de Marlowe Doman cuando era recién nacido. Era fácil hacerlo (con la ayuda de su madre o su padre) sobre una cama de agua, pero también puede hacerse con una almohada. Coloque a su bebé bocabajo sobre una almohada grande (el bebé puede estar de cara a usted o mirando en otra dirección). Después levante un lado de la almohada con la mano izquierda para que el bebé se vea empujado hacia el lado contrario. Seguidamente levante el otro lado de la almohada con la mano derecha y el bebé volverá a rodar hacia el otro lado.

5. *Caer «en picado».* Gire a su bebé (todavía sobre la almohada) 90 grados de forma que quede mirando una de sus manos y sus pies estén estirados en dirección a la otra mano. Vuelva a levantar alternativamente ambos extremos de la almohada; el bebé se verá «cayendo en picado» primero hacia la cabeza y después hacia los pies.

La madre y el bebé haciendo una demostración de las actividades de equilibrio.

La madre hace rodar a Isolda de lado a lado sobre una almohada.

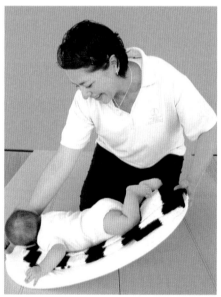

La madre hace que Isolda caiga «en picado» hacia la cabeza.

6. *Acelerar sobre una colchoneta adelante y atrás.* Esta era la actividad favorita del Marlowe. Además del movimiento le encantaba el sonido que la colchoneta hacia sobre la alfombra. Hacer esto garantizaba que dejara de montar escándalo. Compre una colchoneta para cambiadores barata (están cubiertas de plástico, tienen un acolchado de gomaespuma y son muy útiles para cambiar al bebé mientras está en el suelo). Dóblela por la mitad para que sea más rígida y colóquela en el suelo. Sitúe al bebé bocabajo sobre la colchoneta. El cuerpo del bebé debe quedar perpendicular al suyo, con su cabeza junto a su mano derecha y los pies junto a la izquierda. Con la mano derecha tire de la colchoneta hacia la derecha. El bebé se moverá hacia delante; después con la mano izquierda tire de la colchoneta hacia la izquierda y el bebé irá hacia atrás.

7. *Acelerar hacia la derecha y la izquierda.* Gire la colchoneta 90 grados para que el bebé quede mirándole a usted. Mueva la colchoneta con su mano izquierda para el que bebé se desplace hacia la derecha y después muévala con la mano derecha para que el bebé se desplace hacia la izquierda.

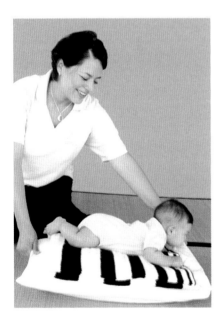

La mamá acelera hacia delante y atrás en una almohada.

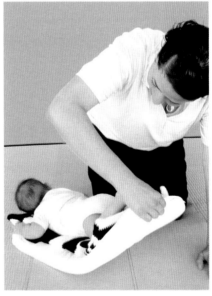

La madre hace rotar a Isolda en el sentido de las agujas del reloj, mientras la niña está tumbada sobre una almohada.

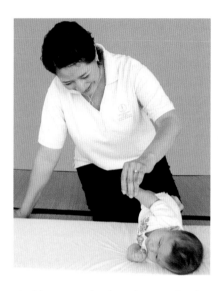

Isolda agarra el pulgar de su madre de forma independiente y su madre la hace rodar para pasar de estar tumbada bocarriba a estar tumbada bocabajo.

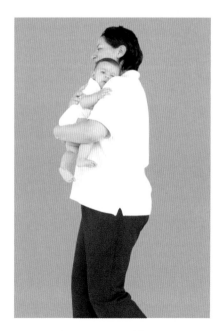

La madre agarra a Isolda contra su cuerpo y trota con ella por la casa.

8. *Rotación horaria horizontal.* Coloque al bebé bocabajo sobre la colchoneta a lo largo. La cabeza del bebé debe quedar cerca del borde de la colchoneta. Usted coja el otro extremo de la colchoneta y gírela en el sentido de las agujas del reloj.

9. *Rotación antihoraria horizontal.* Haga lo mismo que en la actividad anterior, pero gire la colchoneta en el sentido contrario al de las agujas del reloj.

10. *Girar sobre sí mismo con el bebé horizontal y bocabajo.* Póngase de pie con el bebé bocabajo apoyado en su hombro y gire sobre sí mismo. Tenga cuidado de no marearse y perder el equilibrio. Alterne los giros hacia la derecha (en la dirección de las agujas del reloj) y hacia la izquierda (en la dirección contraria a las agujas del reloj). Para ver una imagen de esta actividad consulte la página 137.

11. *Girar sobre sí mismo con el bebé horizontal sobre el costado izquierdo.* Haga lo mismo que en la actividad anterior, pero colocando el costado izquierdo del bebé sobre su hombro derecho, de forma que el estómago del bebé quede contra su cuello. Gire sobre sí mismo hacia la derecha y hacia la izquierda.

12. *Girar sobre sí mismo con el bebé horizontal sobre el costado derecho.* Repita la actividad anterior pero colocando el costado derecho del bebé sobre su hombro izquierdo. Gire sobre sí mismo hacia la derecha y hacia la izquierda.

13. *Subir y bajar de cabeza.* De pie o de rodillas con el bebé bocarriba, sujete cuidadosamente con una mano la cabeza y con la otra el culito del bebé. Ahora el bebé estará en posición semivertical. Suba poco a poco al bebé hasta que quede al nivel de sus ojos y baje lentamente la cabeza del bebé. El recién nacido pasará de la posición vertical a la horizontal y después a una posición en la que la cabeza quede por debajo de los pies. Repita toda la actividad.

14. *Rodar.* Esta es una actividad excelente para el equilibrio que puede combinarse fácilmente con una actividad para el desarrollo de la competencia manual. Primero coloque al bebé bocarriba en el suelo. Arrodíllese junto

a los pies del bebé, que debe estar situado de forma que los dedos de los pies del bebé toquen las rodillas de su padre o madre. Deje que el bebé coja el dedo índice de su mano izquierda con la mano derecha. Diga «¡a rodar!» y tire poco a poco de la mano derecha del bebé con su mano izquierda para el bebé ruede y quede sobre su costado izquierdo y después sobre su estómago. Ahora permita que el bebé agarre su índice derecho con la mano izquierda. Mantenga la mano del bebé por encima de su cabeza y tire del niño para que ruede sobre el costado derecho y después quede sobre la espalda. Al hacer esto *tenga cuidado de no colocar el brazo izquierdo del bebé en una posición incómoda*. Repitan esta secuencia varias veces, primero hacia la izquierda y después hacia la derecha.

15. *Trotar con el bebé.* Agarre firmemente al bebé contra su cuerpo y trote con cuidado por la casa. El bebé notará su cuerpo que se mueve arriba y abajo mientras lo lleva en brazos. Cuando el bebé vaya desarrollándose y ganando control sobre la cabeza y la espalda usted podrá a empezar a correr más rápido y variar la posición en la que sujeta al bebé. Así el recién nacido podrá ver el mundo de otra forma.

REALIZAR EL PROGRAMA DE EQUILIBRIO BÁSICO CON SU RECIÉN NACIDO

Frecuencia: Un buen programa diario consistiría en hacer cada una de las quince actividades al menos una vez al día.

Intensidad: Pase lenta y cuidadosamente de una actividad a otra. Si el bebé no disfruta alguna actividad o si usted se cansa, probablemente signifique que lo está haciendo demasiado rápido. Intente hacerlo más lentamente

Duración: Empiece con quince segundos para cada actividad y gradualmente vaya aumentando el tiempo hasta llegar a cuarenta y cinco segundos cada actividad.

Tiempo total para el programa diario: diez minutos.

A su bebé seguro que le encantan estas actividades; recuerde siempre parar antes de que el bebé se canse y quiera parar.

ESTADIO I

Lista de comprobación diaria para padres

Oportunidades de movilidad

Oportunidad de mover los brazos y las piernas tumbado en el suelo:

Pista inclinada: mínimo 10 veces al día durante entre 10 y 30 segundos

☐ ☐ ☐ ☐ ☐ ☐ ☐ ☐ ☐ ☐

Tiempo total: De 1 minuto 40 segundos hasta 5 minutos

Pista sin inclinación: De 3 a 4 horas diarias

Tiempo total hoy: _____

Objetivo: Que su bebé tenga una gama completa de movimientos y que sea capaz de arrastrarse entre sesenta centímetros y un metro sobre una superficie plana o sobre la pista.

Oportunidades de desarrollo manual

Oportunidades de utilizar el reflejo de agarre:

10 veces diarias durante 10 segundos, hasta un máximo de 60 segundos

☐ ☐ ☐ ☐ ☐ ☐ ☐ ☐ ☐ ☐

Tiempo total: De 1 minuto 40 segundos hasta 10 minutos.

Objetivo: Que el recién nacido se cuelgue de los pulgares o de la vara de madera durante diez segundos soportando al menos el 50% de su peso.

Cambios percibidos hoy: _____

_____

_____

Fecha: _____

ESTADIO I

Lista de comprobación diaria para padres

Lista de comprobación diaria para padres

Actividades de equilibrio

Oportunidad de moverse por el espacio de diferentes maneras.

Nota: sólo 1 actividad por sesión.

15 sesiones diferentes al día de unos 45 segundos cada una.

Tiempo total: Hasta un máximo de 11 minutos 15 segundos.

1. Llevar en brazos a su bebé por el lugar ☐ ☐

2. Tumbado sobre la espalda, hacer volar al niño por el aire ☐ ☐

3. Mecer al bebé en una mecedora ☐ ☐

4. Rodar sobre una almohada ☐ ☐

5. Caer «en picado» ☐ ☐

6. Acelerar sobre una colchoneta adelante y atrás ☐ ☐

7. Acelerar hacia la derecha y la izquierda ☐ ☐

8. Rotación horaria horizontal ☐ ☐

9. Rotación antihoraria horizontal ☐ ☐

10. Girar sobre sí mismo con el bebé horizontal y bocabajo ☐ ☐

11. Girar sobre sí mismo con el bebé horizontal sobre el costado izquierdo ☐ ☐

12. Girar sobre sí mismo con el bebé horizontal sobre el costado derecho ☐ ☐

13. Subir y bajar de cabeza ☐ ☐

14. Rodar ☐ ☐

15. Trotar con el bebé ☐ ☐

Duración de cada actividad: _____

Cambios percibidos hoy: _____

_____

_____

Fecha: _____

Isolda, de tres meses, se arrastra con patrón cruzado.

9

Estadio II:
El tronco encefálico
y las áreas subcorticales
tempranas

COMPETENCIA EN MOVILIDAD

ESTADIO DE DESARROLLO: Bebé en su primer estadio.

ESTADIO CEREBRAL: Tronco encefálico y áreas subcorticales tempranas.

COLOR DEL PERFIL: Naranja.

FUNCIÓN: Arrastrarse bocabajo para culminar arrastrándose con patrón cruzado.

EDAD MEDIA: Dos meses y medio.

DESCRIPCIÓN: En algún momento durante los primeros meses de vida el bebé sano debería aprender a utilizar la movilidad de los brazos y las piernas (que ya habrá desarrollado anteriormente) con el fin de impulsarse hacia delante con el estómago pegado al suelo. A esto es lo que llamamos «arrastre».

Seguramente el bebé todavía se moverá en círculos o hacia atrás muchas veces, pero va avanzando hacia la movilidad. En otras palabras: su bebé aún está lejos de ser un experto en el arrastre, pero ya se ha ganado el título de aprendiz.

OBJETIVO: Arrastrarse es puro movimiento y el movimiento sirve para crear más movimiento.

Cuando el niño empiece a arrastrarse ya habrá aprendido una de las lecciones más importantes que la vida tiene que enseñarle: habrá cruzado el umbral de la movilidad. El bebé ya podrá ir del punto A al punto B, aunque estos puntos solo estén separados por un par de metros y aunque le lleve un cierto tiempo hacerlo.

Arrastrarse es una habilidad vital. Los movimientos del estadio I son completamente reflejos, lo que significa que el bebé no puede avanzar distancias importantes ni siquiera para salvar su vida. Ahora en el estadio II el bebé puede alejarse en caso de que haya un fuego o si se da alguna otra circunstancia que ponga en peligro su vida.

Ahora el bebé necesita tanta experiencia como sea posible. La cantidad de experiencia que tenga un bebé es producto directo de la cantidad de oportunidades que el bebé tenga para practicar en un entorno ideal.

Cuando el bebé se dé cuenta de que puede ir de un sitio a otro arrastrándose, aprenderá que ir hacia delante es la forma más eficaz de conseguirlo y eso es lo que hará.

CUANDO el bebé se dé cuenta de que puede ir de un sitio a otro arrastrándose, aprenderá que ir hacia delante es la forma más eficaz de conseguirlo y eso es lo que hará. Al principio el niño no se moverá con un patrón reconocible; se arrastrará moviendo los brazos a la vez hacia delante mientras empuja con las piernas o puede que apoye el peso en los brazos empujando hacia delante con las piernas en un movimiento parecido al de una rana. Esto se denomina patrón de movimiento *homólogo*.

También puede que el bebé se mueva estirando hacia delante el brazo y la pierna derechos simultáneamente mientras empuja con el brazo y la pierna izquierdos a la vez y viceversa. A esto lo llamamos patrón de movimiento *homolateral*.

Los niños sanos al final abandonarán todos estos patrones iniciales para pasar al patrón de movimiento definitivo: el *patrón cruzado*. En este patrón más sofisticado el bebé se mueve utilizando el brazo derecho y la pierna izquierda para impulsarse hacia delante; simultáneamente el brazo izquierdo y la pierna derecha se mueven hacia delante cuando el bebé apoya su peso en ellos en preparación para el siguiente movimiento hacia delante. El niño entonces utilizará el brazo izquierdo y la pierna derecha para impulsarse a la vez que mueve simultáneamente el brazo derecho y la pierna izquierda. Este patrón cruzado es la forma más eficaz de movimiento hacia delante sobre el suelo.

INGREDIENTES PARA EL ÉXITO

La *calidad* del movimiento del bebé depende de la naturaleza del entorno. La superficie tendrá que ser como describimos anteriormente:

1. Segura.	3. Cálida.	5. Flexible.
2. Limpia.	4. Lisa.	6. Plana.

La idoneidad de la superficie del suelo unida a la cantidad de oportunidades de arrastrarse determinará lo bien que el bebé conseguirá arrastrarse y, como consecuencia, el hecho de que vaya haciéndolo con los diferentes patrones (sin ningún patrón, con patrón homólogo, homolateral y finalmente cruzado) de forma hábil y sincronizada.

Ya se habrá dado cuenta de que nuestros bebés no desperdician ni un solo día, hora o minuto de sus vidas entretenidos sin ningún objetivo encerrados en un corralito, una cuna o alguna otra cárcel parecida durante el precioso tiempo que pasan desarrollando las funciones vitales gobernadas por el tronco encefálico y las áreas subcorticales tempranas. Si el bebé tiene que estar rodeado de algo que sea de los brazos de su madre o su padre (a no ser que hablemos de una sillita para el coche, que eso sí es una buena idea). Cualquier otro de esos lugares restrictivos que vemos tan a menudo (corralitos, tronas, columpios, aparatos para saltar y tacatás) son terribles para los bebés y los niños pequeños. Todos ellos son *prisiones* de un tipo u otro, porque *inmovilizan* deliberadamente a los niños.

Los niños de nuestra Escuela Internacional suelen corretear por el precioso Parque Fairmount, que queda cerca de los Institutos. Mientras nosotros corremos con ellos siempre nos encontramos con la singular imagen de un bebé atado en una sillita de paseo con los ojos como platos mirando a todas partes y estirando los brazos de pura frustración. El bebé quiere soltarse de ahí, ver los árboles, sentir las hojas y vivir. Deberíamos darle la vuelta a la situación: liberar a los niños para que puedan aprender y sentar a los adultos en las sillas de paseo para que descansen.

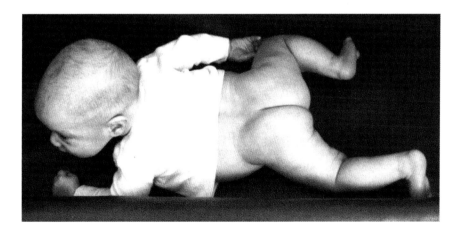

Antes de cumplir 3 meses Spencer Doman (segundo hijo de Douglas) ya se arrastraba en patrón cruzado. En la foto se ve que su brazo izquierdo está hacia delante y su pierna derecha se está adelantando. En este punto Spencer ya se arrastraba una media de más de 30 metros al día, tanto sobre el suelo como sobre la pista de arrastre.

Si el único problema con estos dispositivos fuera su naturaleza restrictiva, puede que fueran tolerables, pero estos aparatos presentan muchos más problemas. Los bebés que no pueden caminar están «diseñados» para vivir en un mundo horizontal paralelo a la superficie de la tierra, es decir, el suelo. No tienen la estructura muscular para soportar sus huesos, la estructura ósea para soportar su peso corporal, ni el mecanismo cerebral necesario para mantener el equilibrio de sus cuerpos en posición vertical.

Pero los adultos viven en un mundo vertical, de pie, perpendiculares a la superficie de la tierra. A nosotros nos resulta *cómodo* sacar a los bebés de su mundo horizontal para colocarlos en una posición vertical con nosotros. Sentarse es una posición vertical, no horizontal.

El problema es la gravedad. La gravedad es una fuerza poderosa y ubicua que no debería afectar a los suaves y flexibles huesos de un bebé y literalmente *doblarlos hasta que adopten posiciones anormales*.

En la actualidad a los niños que ya van al colegio se les hacen exámenes regulares en busca de escoliosis, es decir, una columna curvada y deformada. Nuestro personal cree que la incidencia de la escoliosis está aumentando porque todos los días vemos cada vez más bebés cuyos movimientos están limitados por algún dispositivo restrictivo. La próxima vez que salga a la calle mire la posturas que adoptan los bebés en las sillitas, los columpios y cosas similares; tienen los estómagos hacia fuera, los hombros inclinados hacia delante y las espaldas curvadas. Pero los problemas no acaban ahí: todos los dispositivos restrictivos *niegan* y *limitan* las oportunidades de los bebés de arrastrarse y gatear. No solo se les niega la *movilidad*, sino también el *arrastre* y el *gateo,* que son vitales para el desarrollo del tronco encefálico temprano y la médula, del tronco encefálico y las áreas subcorticales tempranas, y del cerebro medio y las áreas subcorticales. Estas partes del cerebro se desarrollan menos y más lentamente debido a que a los bebés se les niega el movimiento. Y esto acaba afectando a las oportunidades de desarrollar la convergencia en la visión y, en último término, a la lectura, porque esa convergencia visual no se ha desarrollado completamente.

Manos, codos, rodillas y pies descubiertos

Igual que en el estadio I, las manos, los codos, las rodillas y los pies del bebé deben quedar descubiertos para conseguir la mejor tracción posible contra el suelo liso sobre el que debe estar el bebé. Que las extremidades no lleven ropa es esencial para que el cerebro sienta la informa-

> Los bebés que no pueden caminar están «diseñados» para vivir en un mundo horizontal paralelo a la superficie de la tierra, es decir, el suelo.

ción de entrada sensorial y táctil y envíe la respuesta motora adecuada. Por eso recomendamos que las manos, los pies y las extremidades estén descubiertos en todos los estadios de la movilidad, siempre que sea posible. Vestir demasiado a un bebé solo limitará los movimientos de los brazos y las piernas y reducirá su capacidad para conseguir la tracción que necesita. La combinación de una camiseta de manga corta y el pañal es el atuendo ideal del bebé para el desarrollo de la movilidad.

Usted también debería estar en el suelo

Su bebé tiene dos deseos ahora mismo: primero, estar con usted, y segundo, utilizar esa nueva forma de transporte que acaba de descubrir (arrastrarse) para explorar el mundo. Usted debería utilizar estos dos deseos para ayudar a su bebé a ampliar la cantidad de oportunidades de arrastrarse que le puede proporcionar. Recuerde que para que su bebé se sienta cómodo en el suelo usted tendrá que estar ahí con él.

Una de las cosas que más disfrutará su bebé será arrastrarse para seguirle a usted adonde quiera que vaya. Y le encantará arrastrarse hasta usted para recibir felicitaciones y abrazos. Ese es el mejor método de expandir el mundo por el que se arrastra su bebé. Y es algo de lo que se beneficiará usted también.

> Recuerde que para que su bebé se sienta cómodo en el suelo usted tendrá que estar ahí con él.

Darle al bebé la oportunidad de explorar

Puede mejorar la habilidad de arrastre de su bebé dándole objetos hacia los que acercarse arrastrándose. Es obvio que si coloca al bebé en el suelo y le rodea de cosas interesantes que estén al alcance de su mano, el niño no tendrá incentivos para moverse.

Hace tiempo ese gran genio que era el doctor Temple Fay nos escribió una carta en la que incluía la que es probablemente la afirmación neurológica más clara y más importante que se ha hecho en un solo párrafo. Puede aplicarse a cualquiera de los niveles de desarrollo de la movilidad que se describen en este libro y si la aplica, usted será un padre sabio.

«¿Qué fue primero, el huevo o la gallina?», preguntaba Temple Fay. «Lo que es seguro es que primero hubo una necesidad y después una facilidad. La naturaleza es oportunista. ¿Y se la puede culpar por querer ponerle letra a una canción y no conformarse solamente con poner sonidos en armonía?».

Probablemente no hay una afirmación neurofisiológica más grande contenida en una frase con tan pocas palabras como las que usa Fay: «Primero hubo una necesidad y después una facilidad». Nosotros debemos asegurarnos de que les proporcionamos a nuestros hijos las necesidades para que ellos puedan desarrollar sus cerebros y con ellos las facilidades apropiadas para satisfacer esas necesidades.

Proporcionarle *necesidades* al bebé

Puede hacerlo así: coja los objetos favoritos de su bebé e inicialmente colóquelos en el suelo a unos centímetros del niño, donde pueda verlos fácilmente. Colóquelos a una distancia que sepa que el bebé es capaz de recorrer en un tiempo razonable (por ejemplo diez o quince minutos). Cuando el bebé vaya mejorando su habilidad de arrastre, aumente la distancia.

Coloque siempre los objetos que le resulten atractivos al bebé *fuera de su alcance*, pero *nunca en un lugar al que no pueda llegar*. De esta forma podrá ir aumentando la distancia que va arrastrándose su bebé para hacerla mayor cada día.

Procure siempre que el premio haga que le merezca la pena el esfuerzo. Asegúrese de que el bebé pueda disfrutar del objeto que ha logrado alcanzar arrastrándose durante al menos un breve periodo de tiempo. El bebé debe recibir siempre un premio por su esfuerzo y está claro que los abrazos, los besos y unas alabanzas entusiastas acompañadas de caricias y felicitaciones por parte de su familia son cosas que significan para su bebé mucho más que ninguna otra cosa.

Pero aquí tenemos que añadir una advertencia: tenga cuidado de no caer en una hábito que ha atrapado incluso a los padres más entusiastas. La escena se desarrolla así: todo el mundo está en el suelo y todo va muy bien. Su bebé se lo está pasando en grande. Se arrastra hasta un oso de peluche y, justo antes de alcanzarlo, su madre o su padre se lo alejan unos centímetros. El bebé se esfuerza para arrastrarse hasta donde está ahora y cuando casi ha llegado hasta él, mamá o papá se lo retiran de nuevo para alejarlo otro metro. Al bebé, que es listo, no le llevará mucho tiempo darse cuenta de lo *poco satisfactorio* que es el juego y al final dejará de jugar. Tienen que establecerle un objetivo, animar a su bebé a conseguirlo y luego *dejarle* el objeto (en este caso el osito de peluche) para que pueda disfrutarlo.

El tiempo que le lleve a su bebé desarrollar adecuada y completamente su tronco encefálico y sus áreas subcorticales tempranas será consecuencia directa de las oportunidades de arrastre que le proporcione. Cuanto más se arrastre el bebé, más cerca estará de poder gatear.

Procure siempre que el premio haga que le merezca la pena el esfuerzo.

La oportunidad ha sido el factor clave hasta este momento. Ahora que ya le ha proporcionado a su bebé el máximo número de oportunidades, la distancia cobra una importancia fundamental. Cuanto más movimiento acumule el bebé, más definido será su arrastre y más rápido y más pronto adquirirá la fuerza y el equilibrio para incorporarse sobre manos y rodillas.

En este estadio a veces los bebés lloran mientras se arrastran. Eso no es malo, es *bueno*. Lloran por una razón: la respiración rápida y profunda del llanto les proporciona el oxígeno adicional que necesitan para mover los brazos y las piernas al arrastrarse. Para un bebé arrastrarse es el equivalente a correr una cierta distancia para los adultos; si la respiración no es lo suficientemente rápida y profunda al correr, no podrá hacerlo. Los bebés también necesitan una respiración más profunda y más rápida para poder arrastrarse, y llorar les ayuda en ese proceso.

Si observa atentamente a los bebés se dará cuenta de que empiezan a respirar más profundamente cuando están tumbados en el suelo y ven un objeto que quieren. Los bebés necesitan esta respiración aumentada para hacer arrancar a sus manos y sus piernas. La mayoría de nuestros bebés lloraban en ese momento. Los recién nacidos y los bebés van llorando cada vez menos cuando su movimiento se hace más decidido.

Los objetivos en este momento son:

Frecuencia: Su bebé debería tener un mínimo de quince oportunidades de moverse al día. Obviamente, según vaya mejorando el arrastre, el bebé querrá más independencia para moverse y explorar el mundo.

Intensidad: La intensidad queda determinada por lo lejos que pueda desplazarse el bebé en este momento. Las distancias que se arrastra su bebé irán aumentando y pasando de unos centímetros a varios metros. Su juicio correcto a la hora de colocar objetos siempre fuera de su alcance, pero no en un sitio al que no pueda llegar, es esencial en este momento.

Duración La duración de cada sesión puede variar: de los pocos minutos que tardará el bebé en lograr su objetivo las primeras veces, a posiblemente incluso media hora cuando ya esté arrastrándose por su cuenta. En general, recomendamos un *mínimo de cuatro horas al día en el suelo* y *un máximo de dieciocho* si el bebé duerme en el suelo o en la pista de arrastre.

Arrastrarse para tener una cadera sana

En el momento del nacimiento, el recién nacido prácticamente no tiene fosa en la cadera; la cabeza del fémur (el hueso largo de la parte superior de la pierna) descansa contra una depresión poco profunda en la cadera que con el tiempo se convertirá en la fosa. Cuando el bebé se arrastra sobre el estómago, sus piernas, que están pegadas al suelo, provocan que la cabeza del fémur se hunda en el hueso de la cadera, lo que hunde a su vez la fosa de la cadera lateralmente. Cuando el bebé se eleva sobre las manos y las rodillas y empieza a gatear, la cabeza del fémur se hunde en el hueso de la cadera verticalmente, lo que abre la fosa de la cadera para formar la articulación universal que permitirá que la pierna se mueva en las direcciones habituales.

En las culturas que les proporcionan a los bebés oportunidades ilimitadas para moverse se dan muy pocos casos o ninguno de cadera dislocada congénita y casi nunca es necesaria una cirugía de cadera. Esto puede suceder porque los bebés tienen oportunidades ilimitadas de arrastrarse y gatear (como en el caso de nuestros bebés aquí en los Institutos) o porque las madres llevan a los bebés en la cadera, como en el caso de los xinguanos de Brasil, los bosquimanos del desierto del Kalahari y muchos otros grupos.

Hemos encontrado un portabebés similar al que utilizan estas tribus africanas; permite al bebé ir sobre la cadera de su madre y elimina el sobreesfuerzo de la espalda de esta. Estos portabebés son más seguros porque la madre puede verse los pies y tiene los brazos libres. Además las piernas del bebé quedan a horcajadas alrededor de la cadera de su madre, excelente posición para mejorar la estructura de la cadera del niño. (Consulte el Apéndice A en la página 255 si desea pedir este portabebés).

En culturas en las que a los bebés se les da un número muy limitado de oportunidades de arrastrarse o de gatear, o en las que se lleva a los bebés en mochilas, portabebés delanteros o asientos infantiles (que no permiten que las piernas del bebé se muevan constantemente) es menos probable que se formen una fosas de la cadera bien desarrolladas.

OBJETIVO: *En esta etapa de la movilidad, un buen objetivo diario es que el bebé consiga arrastrarse treinta centímetros más que el día anterior.*

El objetivo a largo plazo es que el bebé se arrastre unos 45 metros al día. La mayoría de los niños se incorporarán sobre sus manos y rodillas antes de llegar a los 30 metros al día, pero si su hijo no lo hace, haga que siga trabajando hasta llegar a los 45 metros y finalmente el bebé acabará incorporándose.

Para acelerar la progresión de su bebé hacia el siguiente nivel de desarrollo cerebral en el que conseguirá gatear, ahora deberemos alterar gradualmente la superficie en la que se arrastra. Es fácil arrastrarse por una superficie lisa, por eso colocamos a los bebés en esa superficie al principio, pero es más difícil arrastrarse sobre una superficie con una textura no muy pronunciada, y mucho más difícil arrastrarse sobre una superficie con una textura muy marcada.

Cuándo dejar de utilizar la pista de arrastre

¿Cómo saber cuándo dejar de utilizar la pista de arrastre? Su bebé habrá «superado» oficialmente la pista cuando pueda arrastrarse por toda ella y salir por un extremo o cuando la vea como un obstáculo y se arrastre por encimas de los laterales para salir. Una de nuestras niñas se escapó tantas veces de ella por uno de los laterales que su padre finalmente tuvo que dejar de usarla con ella. Si el bebé quiere echar una siesta o pasar la noche en ella, simplemente se arrastrará para meterse en la pista y se dormirá dentro.

Por ello:

Ahora debemos colocar al bebé en una superficie menos lisa para que se arrastre sobre ella, por ejemplo una alfombra con el pelo muy corto. El bebé se dará cuenta de que arrastrarse con el estómago pegado a una superficie con textura es difícil, pero es más fácil si el peso lo soportan los brazos y las piernas, así que pronto aprenderá que eso le conviene más para poder moverse por esa superficie con la misma velocidad y las mismas distancias que por la lisa.

Por ello:

Como lo que queremos es animar al bebé a pasar al siguiente nivel de función cerebral tan pronto como sea posible, cuando consiga esto le daremos una superficie con mayor textura sobre la que arrastrarse, por ejemplo una alfombra gruesa. Cuando logre arrastrarse por una superfi-

Arrastrarse y la convergencia de la visión

Existe una relación muy estrecha entre la capacidad de arrastrarse o gatear y la convergencia de la visión en un punto cercano.

Los xinguanos son unos pueblos indígenas que viven a lo largo del río Xingu en la región de Mato Grosso en Brasil. En los años 60 algunos miembros del personal de los Institutos fueron las primeras personas ajenas a esa comunidad que entraron en contacto con este pueblo. Hasta ese momento el resto del mundo ni siquiera los conocía.

Los bebés xinguanos no tienen la oportunidad de arrastrarse o gatear por el suelo porque es peligroso para ellos estar ahí, y debido a ello no desarrollan la visión convergente en un punto cercano, pero crecen con una aguda visión en cuanto a puntos lejanos.

En otras palabras, el bebé xinguano puede controlar sus ojos para fijar ambos en un objeto que está a quince metros, formando un triángulo visual con una base de unos seis centímetros y medio (distancia entre los ojos) y una altura de quince metros (la distancia desde los ojos hasta un tucán en un árbol a quince metros, por ejemplo), que le ayudará más avanzada su vida a conseguir derribar al pájaro con una flecha. Pero estos bebés no desarrollan un punto cercano de visión, o lo que es lo mismo, no tienen la capacidad de formar un triángulo visual con una base de seis centímetros y medio (la distancia entre los ojos) y una altura de cuarenta y cinco centímetros.

cie como esa, usted podrá empezar introducirle una alfombra con más textura y otra superficie similar para que se arrastre sobre ella.

Incorporarse sobre manos y rodillas

Ahora el bebé ya estará experimentando a menudo con la posición a cuatro patas (incorporado sobre manos y rodillas). El bebé aprenderá a moverse hacia delante y hacia atrás, hacia la derecha y hacia la izquierda. Y se caerá ocasionalmente mientras realiza estos «experimentos»; ¿no es una suerte que la alfombra con gran textura sobre la que está practicando le mulla la caída? Así el bebé podrá volver a incorporarse e intentarlo de nuevo. Para este momento ya podrá arrastrarse libremente por toda la casa, desde el suelo liso de la cocina hasta las gordas alfombras del salón.

La visión a un punto cercano, a la que contribuyen materialmente la capacidad de arrastrarse y gatear, significa ser capaz de converger la visión dentro de la distancia que hay desde el ojo a la mano. Esa es la distancia que utilizamos para leer, escribir, esculpir o escribir música. También es la distancia que hay de los ojos al escritorio. Por eso podríamos decir que las sociedades desarrolladas son sociedades de «una distancia de cuarenta y cinco centímetros».

No es difícil hacer una relación entre la falta de suelo de una sociedad y su nivel de desarrollo. Si una sociedad no tiene suelos, entonces los bebés no podrán arrastrarse y gatear, lo que evitará que desarrollen un buena visión a un punto cercano. Eso, a su vez, probablemente significará que no podrán desarrollar un lenguaje escrito, una característica identificativa de las sociedades modernas. Por eso es por lo que nosotros decimos a menudo que una cultura sin suelos es una cultura que seguramente no es muy «moderna» en términos de industrialización. Pero si lo que tenemos delante es una cultura con suelos, probablemente podremos hablar de un nivel avanzado de desarrollo. Es interesante notar que los suelos de las civilizaciones antiguas (Egipto, Grecia, Sudamérica, China o Japón) han llegado intactos hasta nuestros días. No es sorprendente que esas cmivilizaciones antiguas pudieran realizar cirugías cerebrales y crear bellísimas obras de arte.

Hay varias ramificaciones neurológicas adversas que se producen por no haber tenido la oportunidad de arrastrarse y gatear, y la visión se ve afectada negativamente por una de esas ramificaciones.

Entre los dos y tres meses de edad, Marlowe Doman empezó a despegarse gradualmente del suelo. Primero se apoyó en los codos, después pudo hacerlo en las manos y finalmente, cuando se le fueron fortaleciendo los brazos, los codos se le enderezaron. Más o menos al mismo tiempo empezó a arrastrarse a propósito cuando sonaba una música o para coger un gato de cerámica muy colorido que le había regalado un amigo.

Una noche, tras su sesión de natación en la bañera, dejamos justo el agua suficiente para que le cubriera los hombros y Marlowe se tumbó bocabajo en el fondo de la bañera. Esa noche en concreto estaba muy activo. Yo mantenía su cabeza fuera del agua mientras Marlowe, con gran esfuerzo, se alzaba sobre las rodillas y estiraba del todo los brazos. Así consiguió mantenerse a cuatro patas. Le hizo tanta ilusión que esa noche lo hicimos varias veces. Al día siguiente cuando estaba tumbado sobre la alfombra, se incorporó y se puso a cuatro patas una y otra vez. Y todo esto antes de cumplir tres meses de edad.

Después de eso sacamos la pista de arrastre de su habitación. Ya había superado esa etapa.

Niños mayores y oportunidades

Cuando los padres leen estos primeros capítulos sobre arrastrarse y gatear, suelen preocuparse por sus niños mayores. Se les pasa por la cabeza que tal vez sus hijos mayores no tuvieron las oportunidades suficientes en el suelo cuando eran bebés. Es un planteamiento vital y muy perceptivo por parte de los padres y cientos de padres nos han planteado esa cuestión.

Una solución espléndida a este problema es que los niños mayores animen a los más pequeños a arrastrarse o a gatear haciendo ambas cosas *con* ellos.

Arrastrarse y gatear tienen un papel fundamental, pero muy pocas veces reconocido, en el desarrollo de la visión, el habla y la inteligencia humanas, algo que aprendimos durante nuestro más de medio siglo tratando niños con lesión cerebral y ayudándoles a desarrollar esas funciones cerebrales.

> Una solución espléndida a este problema es que los niños mayores animen a los más pequeños a arrastrarse o a gatear haciendo ambas cosas *con* ellos.

CONCLUSIÓN

Cuando un bebé puede incorporarse sobre manos y rodillas y asumir una posición a cuatro patas con cierta regularidad, ya habrán acabado sus días de bebé en su primer estadio. Habrá aprendido casi todo lo que el tronco encefálico y las áreas subcorticales tempranas tienen que enseñarle y estará en camino hacia su nueva «escuela»: el cerebro medio y las áreas subcorticales.

Después de adquirir estabilidad en la posición que le llevará a gatear, el bebé empezará a experimentar el movimiento cuando está sobre manos y rodillas. Perderá el equilibrio a menudo y volverá a arrastrarse cuando quiera ir a alguna parte *ahora mismo*. Pero seguirá perseverando en sus intentos de gatear. Antes o después conseguirá el «título de aprendiz de gateo» y conseguirá gatear entre treinta y sesenta centímetros a cuatro patas. Aunque todavía estará empezando, el bebé ya habrá cruzado la línea amarilla hacia las funciones controladas por el cerebro medio y las áreas subcorticales. Esas son las credenciales que necesita su bebé para continuar el desarrollo en la etapa que acaba de alcanzar.

Si empezó su programa el mismo día que nació el bebé y él ha pasado mucho tiempo desarrollando su movilidad, es posible que el bebé tenga ahora tres meses y medio (aunque puede que tenga solo *dos* meses) cuando consiga ponerse a cuatro patas por primera vez y empiece a moverse. Si el bebé tiene exactamente tres meses y medio, su inteligencia de movilidad es de 200 exactamente; si tiene exactamente siete meses, la inteligencia de movilidad del bebé es de 100.

Independientemente de la edad a la que su bebé lo consiga, ponerse a cuatro patas por primera vez es un acontecimiento importantísimo en la vida de su bebé. Y en la suya.

Oportunidades de arrastrarse

El tiempo que le lleve a su bebé desarrollar adecuada y completamente su tronco encefálico y sus áreas subcorticales tempranas será consecuencia directa de las oportunidades de arrastrarse que le proporcione. Cuanto más se arrastre, más cerca estará de poder gatear.

La oportunidad ha sido el factor clave hasta este momento. Ahora que ya le ha proporcionado a su bebé el máximo número de oportunidades, la distancia cobra una importancia fundamental. Cuanto más movimiento acumule el bebé, más definido será su arrastre y más rápido y más pronto su bebé adquirirá la fuerza y el equilibrio para incorporarse sobre manos y rodillas.

COMPETENCIA MANUAL

ESTADIO DE DESARROLLO: Bebé en su primera etapa.

ESTADIO CEREBRAL: Tronco encefálico y áreas subcorticales tempranas.

COLOR DEL PERFIL: Naranja.

FUNCIÓN: Capacidad de soltar.

EDAD MEDIA: Dos meses y medio.

DESCRIPCIÓN: Para el final de la décima semana de vida el bebé promedio ya habrá empezado a soltar los objetos que hasta el momento mantenía agarrados en la palma de la mano como resultado del reflejo de agarre, sobre el que no podía ejercitar ningún control voluntario. Al principio el bebé soltará los objetos esporádicamente, normalmente más por accidente que a propósito. El bebé continuará agarrando objetos de forma refleja y soltándolos conscientemente, y según vaya desarrollando el tronco encefálico y las áreas subcorticales tempranas, las funciones vitales del bebé seguirán mejorando.

OBJETIVO: En el momento del nacimiento el bebé coge cosas totalmente por casualidad cuando la mano se cierra alrededor de ellas de forma refleja. No se trata de que el bebé puede agarrar, sino de que no puede soltar, una función vital que irá desarrollando y mejorando según vaya adquiriendo control sobre las funciones del tronco encefálico y las áreas subcorticales tempranas. Cuando ejerza ese control, el bebé ya podrá soltar un objeto dañino o peligroso (por ejemplo algo afilado o caliente), lo que le pondrá en el camino del control manual, una cualidad únicamente humana.

Es vital recordar que el Perfil de Desarrollo describe cómo *son* realmente las cosas en los niños, mientras que este libro describe cómo *deberían* o *podrían* ser.

Un buen ejemplo de esto es cómo vamos a utilizar las capacidades manuales del bebé de una forma muy práctica para hacer crecer su cerebro y conseguir que alcance la excelencia física. Tenga en cuenta que los bebés nacen con la capacidad de soportar su peso con las manos y los brazos; y no hace ninguna falta que pierdan esa capacidad como hemos hecho los adultos.

INGREDIENTES PARA EL ÉXITO

Su bebé ha alcanzado el estadio II de desarrollo manual. Siga poniendo sus pulgares en las manitas del bebé mientras él está tumbado bocarriba sobre la cama, igual que lo hacía antes. Pero esta vez esté preparado para agarrar las manos del bebé con sus dedos para asegurarse de que *el bebé no le suelta, algo que ya es capaz de hacer.*

Colgar al bebé de los dedos o de una vara de madera

Deje que el bebé se agarre a sus pulgares y después levántelo hasta sentarlo, y posteriormente hasta ponerlo de pie. Si siente que el agarre del bebé se afloja, bájelo gradual pero rápidamente hasta que vuelva a estar tumbado bocarriba. Debe tener los dedos preparados para coger al bebé en caso de que se resbale. Cuando el bebé esté de pie puede que se sorprenda al sentir que el niño está soportando parte de su peso con las piernas, un avance excelente. Si el bebé sigue manteniendo la fuerza de su agarre, levántelo en el aire sobre la cama. ¡Ahora el bebé estará colgando de sus manos sin ayuda!

Usted estará sonriendo y observándole, listo para bajarlo en cuanto sus manitas se aflojen. Finalmente vuelva a colocar al bebé con la espalda sobre la cama. Cuando tenga más confianza en la capacidad de su bebé para sujetarse, podrá usar una vara de madera de aproximadamente medio centímetro de grosor en lugar de sus dedos.

Colgarse de sus manos no solo es un ejercicio magnífico para mejorar la competencia y la coordinación manual (y de esa forma hacer crecer las vías manuales del cerebro), sino que también supone una oportunidad de mejorar el entorno nutricional del cerebro fomentando el crecimiento del pecho, lo que proporcionará al cerebro más oxígeno, su «alimento» principal.

En algún momento puede reemplazar la vara de madera que usted sujeta por una vara fijada en el umbral de una puerta como se puede ver en el Apéndice C, en la página 267. También puede comprar una barra fija horizontal, que no son caras y son fáciles de instalar, aunque ese tipo de barra puede ser demasiado gruesa para la manita del bebé. De una forma u otra, asegúrese de que la vara o la barra son lo suficientemente resistentes para soportar el peso de su bebé. La barra fija cruzando la puerta es una buena solución y podrá utilizarla hasta que el bebé se convierta en un braquiador independiente. Además a los niños les gusta jugar en la barra incluso después de aprender a braquiar.

Los bebés nacen con la capacidad de soportar su peso con las manos y los brazos.

¡Ahora el bebé estará colgando de sus manos sin ayuda!

Angelo, de 4 meses, se cuelga de una vara de forma independiente. Su mamá se prepara para cogerlo. Esto también se puede hacer más cerca del suelo con la mamá de rodillas.

Es muy fácil colocar una vara de madera en el umbral de una puerta. Mida la distancia desde las puntas de los dedos de los pies de su bebé hasta las puntas de los dedos de las manos con los brazos estirados por encima de la cabeza y súmele cinco centímetros para que el bebé tenga que esforzarse para llegar. Atornille un marco de madera fuerte (de dos centímetros y medio de grosor más o menos) al marco de la puerta para afirmar bien la vara. Tendrá que añadir media docena de muescas por encima de la original para adaptar la altura de la vara cuando el bebé vaya creciendo. Esas muescas deberán estar separadas unos siete centímetros y medio unas de otras, medidos desde el centro de la muesca que había al centro de la muesca que se hará más arriba.

Ahora ya estará listo para empezar a enseñar a su bebé a colgarse de sus manos *a propósito*, no porque no sepa soltarse como le ocurría antes.

Primero arrodíllese frente a su bebé. Ponga las manos del bebé alrededor de la vara o la barra que cruza la puerta igual que lo hacía cuando estaban en la cama. Puede que el bebé sea capaz de soportar su peso, pero por su seguridad deberá sujetar al bebé por la cadera con sus manos. Esté atento a los movimientos del bebé para que pueda sujetarle con más fuerza si el agarre del bebé se afloja.

Para empezar deje que el bebé se cuelgue solo durante dos segundos cada sesión. No compare el esfuerzo que le supone a *usted* colgarse de sus brazos con el que necesita su bebé; para los bebés es mucho más fácil. Ellos son expertos en colgarse y además no pesan nada en comparación con usted.

Esta vez también el atuendo ideal es solo una camiseta de manga corta o un polo suelto y un pañal. Esté siempre preparado para sujetar al bebé y evitar que se caiga.

> No compare el esfuerzo que le supone a usted colgarse de sus brazos con el que necesita su bebé; para los bebés es mucho más fácil.

Póngale un poco de emoción

Cuando ambos empiecen a mejorar en este juego y su confianza mutua crezca, puede que la actividad se vuelva un poco aburrida para ambos. Y eso es un pecado mortal. Por eso habrá llegado el momento de añadirle un poco de emoción para los dos. Cuando vea que el agarre del bebé empieza a aflojarse, prepárese para coger al bebé en el aire cuando ya haya caído unos centímetros. Tenga *mucho cuidado* al hacer esto.

Al principio el bebé reaccionará sorprendido y puede que tal vez un poco indignado. O se reirá o llorará. Haga lo que haga, *usted deberá reírse* y llenar al niño de halagos y felicitaciones. Dígale lo divertido que es este juego. Su bebé se va a fijar en usted para imitarle. Si usted chilla de terror, él también lo hará, pero si se ríe, el bebé también se reirá (al menos lo hará después de un momento). Al final, como nunca va a permitir que el bebé esté en ningún peligro verdadero ni siquiera por un instante, la confianza natural de su bebé se hará cada vez mayor.

Ahora van a empezar un programa que les permitirá, como acabamos de explicar, pasárselo bien como «expertos». Para eso deberán incorporar lo siguiente:

Frecuencia: Empiece con una frecuencia alta, unas quince sesiones al día. Esas sesiones se pueden dividir entre colgar de la vara siete u ocho veces y de los pulgares otras siete u ocho. *Es mejor hacer las dos actividades y solo invertirán en ello unos pocos segundos cada vez.* Deje que el éxito de su bebé en cada actividad determine la frecuencia con la que la hacen.

Intensidad: La intensidad de su programa estará determinada por el peso del bebé. Cuanto más pese, más intensamente tendrá que agarrarse. Cuanto más ligero sea el bebé, menos esfuerzo necesitará para sujetarse.

Duración: Empiece dejando colgarse al bebé durante dos segundos cada vez y vaya subiendo hasta los treinta segundos.

Sobre todo al principio, deberá poner más énfasis en la frecuencia, un énfasis gradual en la intensidad y menos énfasis en la duración. Además debe parar siempre antes de que el bebé esté listo para parar, de forma que el niño siempre esté deseando empezar la siguiente sesión. Es esencial que al bebé le *encante* colgarse de sus brazos.

Todo lo que necesita hacer usted es asegurarse de que su bebé tiene éxito. Puede hacerlo diciéndole a su bebé lo bien que está haciendo las actividades, lo bueno que es y cuánto le quiere. No se preocupe por el hecho de que aún no pueda comprender sus palabras; solo tiene que darle un abrazo a su bebé cada vez y el mensaje le llegará alto y claro.

Cómo debe realizar las actividades: suavemente.

Cómo debe tratar a su bebé: dulce y cariñosamente.

Cómo lograrán los bebes realizar las actividades: espléndidamente.

Cuando su bebé vaya mejorando a la hora de colgarse querrá hacerlo cada vez más y usted podrá ir aumentando lentamente la duración a diez segundos o más. Eso le permitirá a su bebé conseguir el mayor premio: su amor, reconocimiento y aprobación.

Pero, independientemente de lo bien que consiga colgarse su bebé, la actividad de colgarse nunca debe durar más de un minuto. Colgarse durante más de un minuto es, incluso para un niño sano, una tarea muy dura, y lo que es peor, algo muy aburrido. Cuando ya lleve quince o trein-

Cuando su bebé vaya mejorando a la hora de colgarse querrá hacerlo cada vez más y usted podrá ir aumentando lentamente la duración a diez segundos o más. Eso le permitirá a su bebé conseguir el mayor premio: su amor, reconocimiento y aprobación.

ta segundos colgado evite que su bebé se aburra diciéndole con entusiasmo lo bueno que es; nadie se aburre de una actividad si un ser querido le anima y le alaba constantemente. Seguro que no le resultará difícil alabar a su pequeño experto en colgarse con todo el calor, alegría y entusiasmo que seguro que siente (y expresa) ante sus esfuerzos. Ese es el premio del bebé por jugar a ese juego con usted, y no hay nada que los bebés deseen más en este mundo que tener la aprobación y el amor de sus padres*.

Objetivo: *Como la capacidad de sujetarse aumenta según usted vaya reduciendo gradualmente el apoyo que le proporciona al niño, el objetivo para su bebé en esta etapa de competencia manual es ser capaz de soportar el 100% de su peso corporal al menos durante diez segundos.*

CONCLUSIÓN

Según avanza este programa práctico de competencia manual, las manos, los codos y los hombros del bebé se verán claramente más desarrollados. El tiempo que ha pasado el bebé en esa extraordinaria etapa del cerebro que llamamos tronco encefálico y áreas subcorticales tempranas ha sido tiempo bien invertido.

La capacidad de colgarse y la oportunidad de hacerlo muchas veces harán que el día pase más rápido para su bebé, sobre todo cuando desarrolle la capacidad de coger objetos usando las manos.

Ahora su bebé tendrá que controlar la manera en que cierra y abre las manos y pronto empezará a utilizar estas dos capacidades para intentar una tercera: la de coger objetos *a propósito*. Esta capacidad se denomina *reflejo prensil* y se produce cuando el bebé abre la mano para

La capacidad de colgarse y la oportunidad de hacerlo muchas veces harán que el día pase más rápido para su bebé, sobre todo cuando desarrolle la capacidad de coger objetos usando las manos.

---

* A los padres que quieran comprender este aspecto en profundidad, les recomendamos que consulten un capítulo del libro de Glenn Doman *Qué hacer por su hijo con lesión cerebral* (Ed. Edaf, Madrid, 2010). Le recomendamos que lean el capítulo 25 titulado «Sobre la motivación». En ese capítulo se habla precisamente de cómo motivar a un niño pequeño para que se cuelgue de una barra. Aunque fue escrito para los padres de niños con lesión cerebral, también puede aplicarse a niños sanos, porque de lo que trata en realidad es de motivar a cualquier niño en cualquier situación.

envolver un objeto con la palma y después cierra los dedos a propósito a su alrededor. No es una función del tronco encefálico y las áreas subcorticales tempranas, sino una del cerebro medio y las áreas subcorticales. En otras palabras, los días de bebé en su primera etapa han terminado.

Si empezó este programa el mismo día que nació su bebé y le han dedicado mucho tiempo al desarrollo de su competencia manual, puede que el niño tenga tres meses y medio (o incluso menos) cuando desarrolle la capacidad de coger objetos. Eso significa que las capacidades manuales de su bebé están muy avanzadas. Pero independientemente de la edad, el momento en que su bebé coja un objeto por primera vez será un gran acontecimiento en su vida.

PROGRAMA DE EQUILIBRIO PARA EL BEBÉ EN SU PRIMERA ETAPA

Su bebé solo tiene unos pocos meses de vida y por ello todavía necesita el programa vestibular (de equilibrio) para recién nacidos que explicamos en detalle en el capítulo anterior. Todos los requisitos para construir el equilibrio de la etapa I (detallados en los capítulos anteriores) se mantienen en la etapa II también.

Sin embargo *el programa ahora deberá realizarse con una frecuencia, intensidad y duración mayores* para ayudar a su bebé que se arrastra para que pase a gatear.

Frecuencia: Hagan quince veces al día como mínimo cada una de las actividades de equilibrio inicial que tratamos en el capítulo 8.

Si tanto usted como su bebé disfrutan de las actividades (lo que es muy probable), háganlas tantas veces como quieran.

Intensidad: Para este momento su bebé ya estará bastante acostumbrado a las actividades. Puede acelerar la velocidad a la que gira, se mece, tira «en picado» o mueve a su bebé en las actividades.

Duración: Aumente el tiempo de cada sesión de cuarenta y cinco segundos a un minuto. Puede hacer sesiones de más de un minuto, pero recuerde parar antes de que el bebé quiera parar.

A menudo padres preocupados nos cuentan que sus bebés de ocho a doce meses llevan arrastrándose varios meses pero que no parecen interesados en gatear. Los bebés ya han conseguido ponerse a cuatro patas, nos dicen los padres, pero no se han movido hacia delante. El programa de equilibrio es lo más indicado en esos casos. En la mayoría de ellos, a las pocas semanas de empezar el programa inicial de equilibrio los bebés empiezan a gatear y poco después ya van gateando a todas partes. Y lo que es más importante, el bebé considerará estas actividades vestibulares como lo mejor de su día. Recuerde que el programa de equilibrio para recién nacidos prepara el equilibrio, la visión y la estructura corporal para el programa de equilibrio más sofisticado que se describe en el siguiente capítulo. Haga que estas actividades sean también lo mejor de su día.

Dé tiempo a su bebé

Mi hija Morgan estuvo arrastrándose por toda la casa hasta los once meses de edad. ¿La razón? Era una niña pequeña y ligera y se arrastraba muy rápido y sin ningún esfuerzo. *No tenía necesidad* de empezar a gatear. Es más, su madre y yo estábamos encantados de que se arrastrara tanto, porque significaba que tenía la extraordinaria oportunidad de desarrollar más las funciones del tronco encefálico y las áreas subcorticales tempranas.

Es cierto que los programas de este libro, si se usan adecuadamente, pueden acelerar el desarrollo de la movilidad y las capacidades manuales. Pero todos los niños son únicos y algunos necesitan más tiempo para desarrollar completamente algunas funciones específicas. Déle a su bebé el tiempo que necesite para cada nivel. El desarrollo completo de cada etapa es esencial y el tiempo resulta comparativamente de poca importancia.

ESTADIO II

Lista de comprobación diaria para padres

Oportunidades de movilidad

Máximas oportunidades de arrastrarse:

Pista de arrastre sin inclinación: el máximo tiempo posible del que el bebé pasa despierto (de 4 a 18 horas)

☐ ☐ ☐ ☐ ☐ ☐ ☐ ☐ ☐ ☐
☐ ☐ ☐ ☐ ☐ ☐ ☐ ☐ ☐ ☐

Cada casilla se corresponde con una hora de arrastre.

Pista sin inclinación y/o suelo liso
15 veces al día durante 60 segundos.

☐ ☐ ☐ ☐ ☐ ☐ ☐ ☐ ☐ ☐
☐ ☐ ☐ ☐ ☐

Tiempo total: 15 minutos. Aumentar el tiempo de la sesión hasta llegar a un minuto.

Objetivo: Que su hijo se arrastre una media de 30 centímetros más de lo que se arrastró el día anterior.

Objetivo a largo plazo: Que su bebé se arrastre 45 metros al día.

Competencia manual

Oportunidades de utilizar la capacidad de soltar:
10 veces diarias durante 6 segundos

☐ ☐ ☐ ☐ ☐ ☐ ☐ ☐ ☐ ☐

Tiempo total: 1 minuto

Empiece con el bebé colgándose durante 2 segundos. Vaya aumentando la frecuencia hasta 15 veces al día. Después aumente gradualmente el tiempo durante el que se cuelga el bebé.

Oportunidad de reforzar el reflejo de agarre:
15 veces al día durante entre 2 y 30 segundos

☐ ☐ ☐ ☐ ☐ ☐ ☐ ☐ ☐ ☐
☐ ☐ ☐ ☐ ☐

Tiempo total: De 30 segundos hasta 7 minutos 30 segundos

Objetivo: Que el bebé pueda soportar el 100% de su peso al menos durante 10 segundos.

Cambios percibidos hoy: _____

_____

Fecha: _____

ESTADIO II

Lista de comprobación diaria para padres

Actividades de equilibrio

Oportunidad de moverse por el espacio de diferentes maneras.

Nota: sólo 1 actividad por sesión.

15 sesiones diferentes al día de unos 1 minuto cada una.

Tiempo total: 15 minutos.

1. Llevar en brazos a su bebé por el lugar ☐ ☐

2. Tumbado sobre la espalda, hacer volar al niño por el aire ☐ ☐

3. Mecer al bebé en una mecedora ☐ ☐

4. Rodar sobre una almohada ☐ ☐

5. Caer «en picado» ☐ ☐

6. Acelerar sobre una colchoneta adelante y atrás ☐ ☐

7. Acelerar hacia la derecha y la izquierda ☐ ☐

8. Rotación horaria horizontal ☐ ☐

9. Rotación antihoraria horizontal ☐ ☐

10. Girar sobre sí mismo con el bebé horizontal y bocabajo ☐ ☐

11. Girar sobre sí mismo con el bebé horizontal sobre el costado izquierdo ☐ ☐

12. Girar sobre sí mismo con el bebé horizontal sobre el costado derecho ☐ ☐

13. Subir y bajar de cabeza ☐ ☐

14. Rodar ☐ ☐

15. Trotar con el bebé ☐ ☐

Duración de cada actividad: _____

Cambios percibidos hoy: _____

_____

_____

Fecha: _____

Olivia, de 8 meses, gatea en patrón cruzado.
Su madre, Colleen, asistió de niña al instituto Evan Thomas.

10

Estadio III:
El cerebro medio
y las áreas subcorticales

COMPETENCIA EN MOVILIDAD

ESTADIO DE DESARROLLO: Bebé pequeño.

ESTADIO CEREBRAL: Cerebro medio y áreas subcorticales.

COLOR DEL PERFIL: Amarillo.

FUNCIÓN: Gatear sobre manos y rodillas culminando en gatear con patrón cruzado.

EDAD MEDIA: Siete meses.

DESCRIPCIÓN: En algún momento anterior al primer año de edad el bebé que se arrastra va a hacer un descubrimiento muy importante: va a descubrir su capacidad de incorporarse sobre sus manos y rodillas y moverse hacia delante con el estómago separado del suelo. A eso lo denominamos «gatear». A menudo el bebé volverá a arrastrarse si quiere llegar con rapidez a alguna parte, porque al principio tendrá mucha más habilidad arrastrándose que gateando.

Durante un periodo corto el bebé gateará moviendo los dos brazos adelante a la vez, apoyando las manos en el suelo al mismo tiempo, y adelantando las dos piernas simultáneamente. Este movimiento que le hará parecer un conejito saltando lo denominamos «gateo homólogo».

El bebé también puede gatear moviendo el brazo y la pierna derechos adelante simultáneamente, apoyándolos y después adelantando el brazo y la pierna izquierdos a la vez. A esto lo denominamos «gateo homolateral».

Y finalmente el bebé aprenderá a moverse con la forma mejor y más eficiente de gateo, apoyándose en la mano izquierda y la rodilla derecha mientras adelanta la mano derecha y la rodilla izquierda. Después descansará en la mano derecha y la rodilla izquierda para empezar el proceso de nuevo. A eso lo llamamos «gateo con patrón cruzado» y es el nivel más alto y más eficiente de gateo.

OBJETIVO: Mientras que arrastrarse es puro movimiento, gatear es una *función dirigida a un objetivo*.

El tronco encefálico temprano y la médula controlan las *funciones reflejas* y el tronco encefálico y las áreas subcorticales tempranas son responsables de las *funciones vitales*. Sin embargo, el cerebro medio y las áreas subcorticales (área que el bebé acaba de alcanzar) son responsables de las *funciones dirigidas a un objetivo*. El bebé pequeño ya no solo irá de un sitio a otro de la habitación, sino que ahora gateará para coger algún objeto (un bloque de juguete o un oso de peluche) que le está esperando como premio.

¿Cómo iba a poder gatear con un objetivo por el suelo el bebé si no viera y reconociera el objeto con claridad (una capacidad visual propia del cerebro medio y las áreas subcorticales)? ¿Y de qué le iba a servir reconocer el objeto y después moverse con éxito por la habitación si no pudiera coger el objeto con la mano cuando llegue hasta él?

Su bebé pequeño acaba de entrar en el mundo del gateo, pero todavía no lo domina. En el mejor de los casos el bebé solo habrá adquirido el «título de aprendiz» en la tarea de gatear.

CÓMO SE PRODUCE EL GATEO

Mi primer hijo, Marlowe, ya dominaba la posición a cuatro patas antes de alcanzar los noventa días de edad. Se incorporaba sobre manos y rodillas, guardaba el equilibrio, arrastraba un poco las manos y las rodillas y avanzaba unos cinco centímetros. Después utilizando el patrón homólogo se lanzaba hacia delante y aterrizaba sobre su estómago. Así se acercaba quince centímetros a su objetivo. Después volvía a levantarse y empezaba otra vez.

Durante la primera semana Marlowe se enfadaba cuando le poníamos en la alfombra de pelo sin cortar de la entrada. Obviamente, no apreciaba el «reto» que suponía esa dura alfombra. Pero así descubrió que necesitaba nuevas habilidades para gatear. Primero necesitaba la habilidad para coordinar las funciones de la parte superior de su cuerpo con las de la parte inferior. Segundo, tenía que aprender a mantener el equilibrio; si quería separar su tripa del suelo tendría que experimentar la gravedad de otra forma. Ahora por primera vez se estaba separando del suelo y por tanto podía caerse. Por eso necesitaba desarrollar un sentido del equilibrio. Y lo consiguió. Marlowe se levantó y empezó a gatear.

Los bebés pequeños se impulsan hacia arriba desde el suelo; los bebés algo más crecidos se mueven en la tercera dimensión. El bebé tiene una *necesidad* de equilibrio y de percepción de la profundidad. Le surge la necesidad de una percepción de profundidad cercana porque puede caerse. La madre naturaleza es lista; hace las cosas para que la percepción de la profundidad se desarrolle cuando el bebé gatea y pone en funcionamiento el cerebro medio. Así, cuando el bebé pequeño ya está listo para ponerse de pie y dar sus primeros pasos, la capacidad visual necesaria ya está en su sitio.

Si le proporciona a su bebé una situación ideal para gatear, mucho ánimo, y un ambiente perfecto en el que poder hacerlo, eso le dará la mejor oportunidad para pasar por el territorio amarillo del cerebro medio y las áreas subcorticales aprendiendo todo lo que hay que aprender en el camino.

EL PROGRAMA DE COMPETENCIA EN MOVILIDAD
ESTADIO III: INGREDIENTES PARA EL ÉXITO

Puede ser difícil *arrastrarse* sobre una alfombra gruesa, pero es fácil *gatear* sobre una alfombra gruesa. Las superficies lisas tienden a resbalar y hacen que el gateo sea difícil. Por ello una alfombra gruesa es la superficie ideal para gatear. Recuerde que el suelo debe estar limpio y ser cálido y *seguro*.

El adjetivo «seguro» ahora tiene mayores implicaciones. Cuando aumente la movilidad de su bebé tendrá que quitar todos los objetos o muebles que no sean estables del ambiente donde gatea el niño. Y el rango de movilidad del bebé aumenta cada día. Ahora tendrá que prepararse para «lo peor»: asegurarse de que todas las mesas, lámparas y otras piezas del mobiliario son seguras y quitar todas las lámparas de mesa de encima de las superficies. También habrá que proteger las escaleras.

Recuerde que el suelo debe estar limpio y ser cálido y *seguro*.

Empieza a hacerse cada vez más importante que el bebé tenga «sitio para desenvolverse». Como ha aprendido que conseguir los *objetos* deseados es posible, el bebé ahora necesitará una oportunidad para aprender que llegar a los *sitios* también es posible. Ahora el bebé está aprendiendo de qué trata la movilidad: es una cuestión de transporte. Para ello tendrá que resolver muchos problemas.

El bebé gateará hasta una pared y tendrá que aprender cómo girar, o gateará hasta una esquina y tendrá que «salir» de ella. Incluso cruzar un umbral gateando y entrar en una habitación diferente es un reto. Deje que su bebé conquiste su propio mundo. Si le da la oportunidad, conseguirá eso en muy poco tiempo.

En este punto es conveniente mencionar algunos escollos. Primero, las superficies de suelo duras (como el linóleo o la madera) no solo pueden hacer que los bebés se hagan daño si resbalan sobre ellas, sino que también ralentizan el gateo de los bebés, y lo que es más importante, reducen su estabilidad. Segundo, las habitaciones pequeñas o llenas de muebles reducen las oportunidades del bebé de gatear distancias más largas. Asegúrese de permitir que su bebé gatee en una habitación con la mínima cantidad de muebles y el máximo espacio abierto.

Los bebés que gatean necesitan pantalones

Ha llegado la hora de ponerle pantalones largos a su bebé para proteger sus rodillas y darle tracción sobre las alfombras. Deje los pies de su bebé descalzos; los pies no se desgastan como los calcetines. Toda la ropa debe ser cómoda y suelta. Esta actividad no es apta para vestiditos: las niñas pequeñas se pueden ver ralentizadas considerablemente en este punto si llevan faldas; hagan lo que hagan, las faldas se les meten bajo las rodillas y las hacen tropezar al gatear.

Animar al bebé a explorar

Si le ha dado a su bebé «espacio para revolverse» y lo ha vestido correctamente, el niño utilizará su deseo natural de explorar y aprender cosas del mundo. Puede fomentar la sed de exploración de su bebé colocando objetos interesantes en rincones alejados de la habitación o, cuando vaya aumentando la distancia de gateo, en otras habitaciones. Finalmente puede situar objetos en rincones alejados de la casa o incluso afuera.

Pronto aprenderá lo que le gusta a su bebé y lo que le resulta irresistible perseguir (pelotas o camiones de juguete, incluso las mascotas de la casa).

Si su bebé llega gateando a algún lugar que no sea *100% seguro*, se verá obligado a decirle al bebé todas las cosas que no puede tocar. Evite esta situación asegurándose de antemano de que el entorno es seguro.

También asegúrese de que el entorno del bebé está limpio. Pero tenga en cuenta que tampoco hace falta que sea estéril. Si se convierte en un «maníaco de la higiene» reducirá el tiempo que el niño pasa en el suelo. No pase tanto tiempo limpiando el suelo que no pueda pasar tiempo con su bebé en él. Tras haber vivido y trabajado cuarenta años en Japón, hemos aprendido hace mucho a quitarnos los zapatos al entrar en un edificio. Le ahorrará mucho tiempo adoptar ese hábito en su casa con su familia. Así el suelo estará mucho más limpio con mucho menos esfuerzo.

> Si le ha dado a su bebé «espacio para revolverse» y lo ha vestido correctamente, el niño utilizará su deseo natural de explorar y aprender cosas del mundo.

Aumentar la distancia

La distancia que gatee su bebé cada día sigue siendo esencial para el rápido desarrollo del cerebro medio y las áreas subcorticales. La cantidad total que gatee su bebé debe crecer cada día. No es difícil; al contrario, cada vez se hace más fácil. El ansia del bebé por aprender constantemente hace que *quiera* ir gateando a todos lados. La velocidad del bebé aumentará constantemente y su respiración se desarrollará a la vez que la movilidad.

> Ana, con 7 meses, gateando por la casa.

Cuando el bebé gatea durante largos periodos sin detenerse la respiración se desarrolla igual que lo hace en los adultos que salen a correr varios kilómetros. La respiración se adapta a la duración de la actividad física y se hace más profunda. Los bebés sin esa adaptación respiratoria no pueden crear la estructura respiratoria necesaria. Y esa respiración mejorada resultará en menos infecciones respiratorias y en una mejor salud general.

Nuestras «reglas de transporte»

Para los recién nacidos los portabebés son muy útiles. Estos elementos sujetan al bebé delante de su madre o padre. Las mochilas para

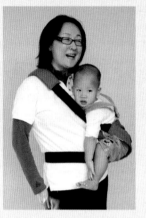

bebés que van a la espalda son peligrosas. Nos han llegado niños con lesión cerebral porque se cayeron de las mochilas. Pero los portabebés que se colocan por delante de la madre o padre también pueden ser un problema, porque los padres no ven sus pies y pueden tropezar y caer.

A nuestros bebés los llevan sus padres sobre la cadera hasta que empiezan a andar. Ya hay disponibles en el mercado unos portabebés que permiten llevar a los bebés en la cadera para que la madre o el padre tengan los brazos libres y puedan verse los pies. Estos portabebés le permiten ver la cara de su bebé, permiten la lactancia y mantienen al bebé caliente. Nosotros recomendamos el modelo «Sara's Ride» que está disponible en la página web www.gentlerevolution.com. Vimos estas soluciones para llevar a los bebés cuando vivimos con una tribu de África. Esta tribu tiene una incidencia muy baja de bebés con caderas dislocadas, a diferencia de las sociedades «modernas».

Si el bebé puede caminar un poco, deje que camine ese poco y después cójalo en brazos. Si puede caminar bien, déjele que camine todo lo que quiera. Para eso aprendió a caminar.

Frecuencia: Empiece con muchas, muchísimas, sesiones breves de gateo: veinte, treinta o más durante el día. Cuando la capacidad del bebé para gatear distancias considerables sin detenerse aumente, también lo hará su habilidad.

Intensidad: Cuando el bebé empiece a gatear, solo se moverá unos centímetros cada vez. Pero cuantas más oportunidades de gatear le dé, aumentará la distancia que podrá gatear sin detenerse.

La intensidad quedará determinada por lo rápido que el bebé sea capaz de gatear y obviamente la velocidad se desarrollará notablemente cuando el bebé se vaya convirtiendo en un gateador experto.

Duración: La frecuencia y la duración están unidas inextricablemente. Cuando la duración aumenta, la frecuencia se reduce. La duración de las sesiones debe ser corta cuando el bebé empiece a gatear y cada vez más larga cuando el bebé demande oportunidades para explorar el mundo.

El bebé debe tener un mínimo de cuatro horas de oportunidades de gatear cada día y un máximo de todas las horas que le pueda proporcionar.

OBJETIVO: *En este nivel, el objetivo es que su bebé alcance un total de 350 metros aproximadamente de gateo al día.*

Sí, 350 metros. Es más de un cuarto de kilómetro. ¿Cómo va a gatear tanto un bebé *tan* pequeño?

Parece mucho, pero llevamos muchos años haciendo registros de los logros de nuestros bebés gateadores. Hemos visto a bebés a los que se les han dado las oportunidades adecuadas que han gateado *cuatro veces* esa distancia.

La siguiente pregunta de los padres es: «¿Cómo se mide la distancia de gateo?». Es una pregunta lógica. Obviamente no va a seguir a su bebé por todas partes con un metro.

Les propongo dos formas de hacerlo: una forma es saber las dimensiones de las habitaciones y los pasillos y llevar una lista del número aproximado de veces que el bebé cruza las habitaciones o recorre los pasillos. Una vez que haya establecido el hábito de medir las distancias, no le resultará difícil llevar un registro. La segunda manera es hacer un esfuerzo coordinado una vez a la semana por ejemplo, para registrar con precisión la distancia diaria media. Así sabrá la distancia aproximada que cubre su bebé en general.

Cuanto más gatee su bebé, más cerca estará del desarrollo total del cerebro medio y las áreas subcor-

Ana, con seis meses, caminando apoyada en el sofá.

ticales. Cuanto más gatee el bebé, más cerca estará de caminar. De hecho no hemos visto nunca un bebé que pueda gatear 350 metros y no pueda ya ponerse de pie agarrándose a un mueble.

CONCLUSIÓN

Su bebé ya tiene confianza con la actividad de gatear. Gatea con patrón cruzado y va adonde quiere. Sus movimientos tienen siempre un objetivo; gatea para coger un trozo de fruta, o va a la cocina para estar con usted mientras cocina. Pero sobre todo el bebé va gateando a todas partes para aprender cosas sobre el fantástico mundo que le rodea, un mundo sobre el que quiere aprenderlo *todo. ¡Y ahora mismo!*

El bebé ya ha gateado todo su camino a través del cerebro medio y las áreas subcorticales y ahora se acerca al nivel de la corteza. Haciéndolo el bebé ha ido ganando conocimientos y una increíble cantidad de capacidades. La capacidad del bebé para gatear ha hecho que complete el desarrollo funcional del cerebro medio y las áreas subcorticales y le ha proporcionado la estimulación requerida para empezar la activación de la corteza.

Ahora que su bebé ha perfeccionado el gateo de forma que ya puede moverse como un experto sobre cualquier superficie con rapidez, facilidad y confianza, es el momento de que intente un experimento nuevo y atrevido.

El cerebro medio y las áreas subcorticales del bebé ya han madurado gracias a todo el gateo que ha hecho. Ahora los ojos del bebé mirarán hacia arriba con una mirada que es a la vez soñadora y determinada. Gateará hasta el sofá, pondrá las manos en el asiento y se pondrá de pie. Los días de solo gateo han terminado y ahora será difícil mantener al bebé exclusivamente en el suelo.

> El cerebro medio y las áreas subcorticales del bebé ya han madurado gracias a todo el gateo que ha hecho.

Su bebé empezará a apoyarse en cualquier mesa, escabel, silla y sofá al que llegue. Pronto llegará el día en que el bebé se agarre con fuerza a la mesa, se ponga de pie y, apoyándose en el borde, camine toda la longitud del mueble.

El bebé está *caminando con un apoyo*. No es un objetivo en sí mismo, pero es un principio: el principio de la actividad de caminar.

Un día, después de mucho caminar con apoyo, el bebé llegará al final de la mesa y mirará el sofá, que solo está a cuatro pasos de distancia. El bebé sentirá el imperativo de caminar que ha heredado de sus ancestros humanos. Esos cuatro pasos de la mesa al sofá constituyen, en algunos aspectos, el viaje más largo que va a hacer en su vida. Y el bebé se embarca en él.

El niño ha cruzado la línea que separa las funciones del área más alta del cerebro medio y las áreas subcorticales y el nivel más bajo de la función cortical.

El bebé ya está caminando.

No es más que un principiante en esto de caminar, pero esos pocos pasos independientes le han permitido ganarse el verdadero y certificado «título de aprendiz». Esas son todas las cualificaciones que el bebé necesitará para continuar el desarrollo de las áreas que tienen que ver con la actividad de caminar de la corteza inicial.

Si el bebé tiene exactamente doce meses de edad cuando empiece a caminar, su inteligencia de movilidad será de exactamente 100. Pero lo haga a la edad que lo haga, alcanzar la etapa de empezar a caminar erguido sobre las piernas es un acontecimiento que merece una celebración enorme. El bebé ha empezado el ascenso hacia un área reservada exclusivamente a los seres humanos.

COMPETENCIA MANUAL

ESTADIO DE DESARROLLO: Bebé pequeño.

ESTADIO CEREBRAL: Cerebro medio y áreas subcorticales.

COLOR DEL PERFIL: Amarillo.

FUNCIÓN: Reflejo prensil.

EDAD MEDIA: Siete meses.

DESCRIPCIÓN: En esta etapa el bebé adquirirá la capacidad de ir más allá de solo agarrarse a las cosas, como hacía en el nivel del tronco encefálico temprano y la médula, o de simplemente soltar, como hacía en el nivel del tronco encefálico y las áreas subcorticales tempranas. Ahora el bebé puede abrir la mano *con el propósito de* cerrarla sobre un objeto y cogerlo. A eso lo llamamos «reflejo prensil». El bebé ha desarrollado las funciones de los codos y los hombros que necesitaba para agarrar un objeto a propósito y las utiliza.

Ahora podrá utilizar el pulgar y el índice para coger objetos *pequeños*, pero *también* puede utilizar la mano completa para coger un objeto más grande envolviéndolo con los dedos y la palma de la mano, como lo hacen los grandes primates.

OBJETIVO: El bebé ya es capaz de lograr un nivel alto de función física porque el desarrollo y el crecimiento del cerebro ya han alcanzado el cerebro medio y las áreas subcorticales. El crecimiento continuado del cerebro medio y las áreas subcorticales será un resultado directo del número de veces que el bebé tenga la oportunidad de coger objetos del tamaño, forma y textura adecuados para sus manos.

Ahora el bebé ha adquirido la función del reflejo prensil y la tiene dirigida a un objetivo (ya no se trata de una capacidad de supervivencia). El bebé ahora siempre se muestra dirigido a un objetivo, porque tiene el conocimiento visual, auditivo y táctil para *apreciar la utilidad,* aunque todavía no la *comprenda* completamente, de su recién descubierta capacidad de coger cosas para comer, investigar, estudiar o simplemente hacer ruido con ellas.

Su bebé está aprendiendo a una velocidad pasmosa.

INGREDIENTES PARA EL ÉXITO

Vamos a preparar a su bebé para colgarse de forma independiente durante periodos de tiempo más largos y le despertaremos un deseo acuciante de empezar a braquiar.

En la etapa previa de función manual le estaba proporcionando a su bebé la capacidad de soportar parte de su peso momentáneamente. Ahora que el bebé ha adquirido el uso de las manos, ya estará listo para dar el siguiente paso. Este paso requiere que su bebé se cuelgue de sus manos y soporte su propio peso durante periodos de tiempo más largos. Vamos a preparar a su bebé para colgarse de forma independiente durante periodos de tiempo más largos y le despertaremos un deseo acuciante de empezar a braquiar.

Seguir utilizando la barra

Vamos a seguir utilizando la barra o la vara que instaló en la puerta y que estuvimos utilizando durante el estadio II. El bebé puede seguir colgándose de sus pulgares si le divierte; eso mantendrá intacta la capacidad de su bebé de colgar de forma independiente. Y resulta muy importante para mantener su peso y su crecimiento.

Sujete al bebé con las dos manos firmemente rodeando la cadera y la cintura del niño, que debe estar de frente a usted. Levante al bebé hasta una altura en la que le resulte fácil coger la barra. Cuando el bebé se agarre, baje el resto de su cuerpo hasta que tenga los brazos totalmente rectos. Mantenga las manos en la misma posición sin dejar de sujetar al bebé con firmeza. Ahora mueva las caderas del niño de forma que se columpie un poco adelante y atrás, como si estuviera pasando de un travesaño a otro de una escalera suspendida (lo que el bebé hará pronto, en cuanto usted empiece a enseñarle a braquiar).

Asegúrese de que el suelo que hay debajo de la barra esté cubierto con una alfombra gruesa o, preferiblemente, con una colchoneta. No es una buena idea tener la barra (o más tarde la escalera de braquiación) encima de un suelo de cemento sin protección. Una caída, aunque sea de poca altura, podría desanimar durante mucho tiempo al bebé a la hora de intentar braquiar de nuevo.

Frecuencia: Hagan quince sesiones al día.

Intensidad: Reduzca gradualmente su ayuda hasta que el bebé pueda soportar su propio peso, pero continúe ayudándole a columpiarse.

Duración: Veinte segundos cada vez.

Gracias al desarrollo manual creado por estas sesiones en las que se «cuelga», el bebé empezará a ser capaz de coger objetos cada vez más pequeños con mayor facilidad. Usted deberá proporcionarle objetos cada vez más pequeños y cada vez más oportunidades.

Cuando los objetos vayan siendo cada vez más pequeños, deberá vigilar al niño con más cuidado, porque los bebés tienden a metérselos en la boca. Consecuentemente usted tendrá que procurar que los pequeños objetos que el bebé puede meterse en la boca sean comestibles. Es aconsejable que el bebé tenga un amplio surtido de trozos pequeños de comida que sean adecuados desde el punto de vista nutricional, como por ejemplo pequeños trozos de alguna fruta blanda (un plátano…).

Prepararse para braquiar

Ahora ya estará todo listo para estimular el ansia de su bebé por empezar a braquiar. Como recordará, la braquiación es la capacidad de ir pasando de un travesaño a otro de una escalera suspendida como los monos

La braquiación es la capacidad de ir pasando de un travesaño a otro de una escalera, como los monos pasan de una rama a otra de un árbol.

pasan de una rama a otra de un árbol. Inicialmente le enseñará al bebé de dos formas.

1. Haciendo que otros miembros de la familia hagan una demostración. Lo que significa que todos tendrá que empezar ahora mismo.
2. Ayudando a su bebé a hacerlo de forma independiente. Para el bebé esto significa ahora mismo verles a todos ustedes pasárselo bien braquiando, colgándose y columpiándose en la barra de la puerta y así ir desarrollando sus ganas de braquiar. El bebé tendrá su oportunidad en el estadio IV de la que hablaremos en el siguiente capítulo.

Requisitos imprescindibles para el éxito

Una vez que las madres y los padres entienden que la braquiación mejora el crecimiento del pecho y por ello crea una mejor estructura para la respiración, *quieren* que sus hijos dominen la braquiación. Para poder braquiar es necesario situar la vara o la barra visualmente para agarrarla. Esto necesita de una percepción de profundidad de punto cercano. Cada vez que el niño agarra la vara, utiliza la convergencia de la visión y además la oposición cortical, la siguiente etapa de la competencia manual, se ve reforzada y mejorada. Hay muchas razones funcionales y neurológicas por las que la braquiación puede ser beneficiosa para los niños, pero ¿cómo hacerla con ellos?

A continuación proporcionamos *todos* los métodos diferentes que hemos aprendido desde 1968. Los hemos aprendido de padres y estamos seguros de que hay otros muchos que puede descubrir o inventar con sus hijos. Pero hay tres factores que son inherentes a todos los métodos que tienen éxito:

1. Hay que tener una escalera de braquiación adecuada en casa.
2. Es necesario realizar la braquiación frecuentemente durante el día.
3. Al niño le tiene que encantar braquiar.

Una «escalera de braquiación adecuada» significa una que esté construida de acuerdo a las especificaciones según el tamaño del niño y que sea sólida y no se tambalee en su soporte. Debería ser ajustable para que se pueda subir a la altura de un adulto cuando los padres hagan sus turnos en ella. «En casa» quiere decir que esté disponible para su uso las veinticuatro horas del día y que su uso no quede limitado por las condiciones meteorológicas o por el tiempo que haga falta para llegar hasta donde está la escalera.

Si no tiene una escalera de braquiación, *pare todo el programa hasta que la tenga*. Podrá encontrar una descripción detallada de cómo construir una escalera de braquiación en el Apéndice C. Teniendo una verdadera escalera de braquiación a todas horas podrá hacer que la braquiación sea una forma de vida para su familia. Así tendrá garantizada la forma infalible de enfocar la enseñanza de la braquiación: la madre, el padre y los hermanos y hermanas mayores del bebé podrán enseñarle al futuro braquiador cómo se hace dándole ejemplo. Lograrán esto siguiendo estas tres reglas generales:

1. Braquiar *independientemente*, con los pies separados del suelo.
2. Braquiar frecuentemente a diario.
3. *Disfrutar* cuando hagan las braquiaciones.

Si todos en la familia (o al menos algunos) hacen esto, ya tiene casi todo el trabajo hecho. Si otra persona en la familia braquia, entonces el bebé querrá hacerlo también con naturalidad. Es posible que el bebé cambie de idea tras un par de semanas y ya no quiera volver a braquiar. Pero solo estará poniéndolo a prueba. No deje de hacerlo: si usted sigue dándole el ejemplo correcto todos los días, su bebé acabará volviendo a intentarlo. Haga que a su bebé le resulte obvio que la braquiación es una actividad divertida y placentera. Si a usted y a sus hijos mayores les encanta braquiar, los más pequeños querrán hacerlo también.

Braquiar frecuentemente durante el día

La braquiación debe hacerse *frecuentemente* y en diferentes momentos a lo largo del día. Debería hacerse *con frecuencia* porque la braquiación solo puede hacerse durante un minuto o dos máximo, al menos en un primer momento. Braquiar durante más tiempo provocará que se cansen los músculos de las manos, así que hacerlo durante muchos periodos breves de tiempo es la clave.

Lo mejor es repartir las sesiones de braquiación a lo largo del día para darle a las manos y a la piel (primero la suya y después la de su bebé) el máximo tiempo para recuperarse y endurecerse. En futuros capítulos aprenderá la ley del intervalo mínimo de cinco minutos entre sesiones

Ana con 3 años y Alan con 6 braquiando juntos. Su padre, Chip, empezó su propio programa cuando tenía 4 años.

de colgarse o de braquiación. Este intervalo es necesario para permitir a la piel y los músculos de la mano recuperar su fuerza normal.

El bebé debe querer braquiar

No hay forma de tener éxito si el bebé no quiere braquiar. La braquiación requiere una decisión y determinación conscientes.

Puede fomentar el deseo de su bebé de braquiar dándole constantemente la impresión de que va a ser *tan divertido para el bebé como lo es para usted.* En este momento puede dejar que los niños «mayores» le sirvan de ejemplo. No ayude al bebé en este estadio; ya tendrá oportunidad en el estadio posterior, que se explica en el capítulo siguiente. Lo ideal es que el bebé esté deseando hacer lo mismo que los demás.

La braquiación debe hacerse *frecuentemente.*

OBJETIVO: *En este nivel el objetivo para su bebé es que se cuelgue completamente independiente durante veinte segundos y que desarrolle un fuerte deseo por empezar a braquiar.*

CONCLUSIÓN

Como su bebé puede agarrar ya casi cualquier cosa que le quepa en la mano o que pueda agarrar presionando los dedos contra la palma, el viaje a través del cerebro medio y las áreas subcorticales está llegando a su fin.

Ahora empezará a ocurrir algo muy sutil. Ya se habrá acostumbrado a ver a su bebé coger un trozo de pan de la bandeja de la trona utilizando su reflejo prensil. En este momento, si lo observa con atención, ocasionalmente verá al bebé, casi por casualidad, atrapar un trozo de pan entre el índice y el pulgar y, algo sorprendido, metérselo en la boca. Esta nueva acción se denomina «oposición cortical» y es una función exclusiva de la corteza humana. Solo los seres humanos tienen corteza humana y solo los seres humanos tienen una verdadera oposición cortical.

Después de conseguir accidentalmente varias veces esta acción que necesita de tanta habilidad, el bebé empezará a «tener la sensación» de cómo es y comenzará a hacerlo a propósito. Cuando eso ocurra, el bebé habrá cruzado la importantísima línea que separa las funciones más altas del cerebro medio y las áreas subcorticales de las funciones más bajas de la corteza humana. El niño estándar cruza esa línea en la competencia manual al año de edad. El bebé *no* necesita ser capaz de braquiar para pasar al estadio IV.

> Solo los seres humanos tienen corteza humana y solo los seres humanos tienen una verdadera oposición cortical.

PROGRAMA DE EQUILIBRIO PASIVO PARA BEBÉS DE CUATRO MESES DE EDAD Y MAYORES

Requisitos previos importantes

Si ha seguido el programa de equilibrio para recién nacidos y bebés de forma constante y diariamente desde el nacimiento, cuando el bebé tenga cuatro meses de edad ya podrá comenzar gradualmente la transición del programa para recién nacidos a este. La transición les llevará unos dos meses.

Si su bebé nunca ha realizado un programa de equilibrio, empiece con el programa para recién nacidos que hemos explicado con anterioridad. Las actividades que se enumeran más adelante son más sofisticadas que las de los recién nacidos y los bebés porque proporcionan un ambiente más variado en el que desarrollar el equilibrio.

Si fuera posible combinar todas las actividades en una sola, el resultado sería comparable a suspender al bebé en el aire y girarlo en todas direcciones, igual que la tierra gira sobre su eje, y rotarlo por todas las órbitas, como la tierra orbita alrededor del sol. El cerebro del bebé experimentará la gravedad en todas las posiciones posibles, igual que un acróbata. Una oportunidad como esa le permitiría al niño comprender la relación de los seres humanos con la gravedad y con cualquier situación gravitatoria que pueda encontrarse.

Estas actividades, como las del programa anterior, son pasivas desde el punto de vista del bebé. Todo el trabajo lo hacen los padres y el bebé solo necesita disfrutar la actividad.

Además estas nuevas actividades añaden otro grado de sofisticación porque pueden hacerse con mayor intensidad que las de los programas de equilibrio iniciales. Como resultado, llegará más información vestibular (de equilibrio) al cerebro del niño en menos tiempo.

Desde el punto de vista del bebé estas actividades son más divertidas que las anteriores. A los bebés no les gustan las situaciones estáticas, pero les encantan los nuevos retos y experiencias. Estas actividades implican más «volar por el aire» y son más rápidas y más intensas. Verá como todos los niños que hay a 100 metros a la redonda se acercan a usted cuando se enteren de que está a punto de empezar un programa de equilibrio, así que prepárese para el público.

> **Estas actividades, como las del programa anterior, son pasivas desde el punto de vista del bebé.**

Ingredientes para el éxito

La seguridad es nuestra principal preocupación ahora, tanto la del bebé como la suya. Todos los requisitos de seguridad anteriores permanecen vigentes y ahora hace falta aún más consciencia y vigilancia por su parte.

Si el entorno en el que está pensando hacer la actividad está lleno de muebles u objetos por el suelo, despeje la zona antes de hacer las actividades. Los obstáculos representan riesgos; ponga atención al lugar dónde pone usted los pies y a la forma en que columpia al bebé.

Tenga cuidado, sea sensato, empiece gradualmente, dígale a su bebé lo que van a hacer y pare antes de que el bebé quiera parar.

Protección para el cuello

Es muy importante proteger los cuellos de los bebés, así que hará falta algún tipo de protección para el cuello al hacer estas actividades. Una toalla muy suave doblada varias veces y envuelta alrededor del cuello de bebé sin apretarle, como si fuera el cuello vuelto de un jersey grueso, mantendrá la cabeza del bebé en una posición estable. Hemos visto que es incluso mejor y más fácil fabricar un «collarín»; las instrucciones para hacerlo se describen en el Apéndice C (fíjese en la foto en la que María luce su collarín orgullosamente). *Utilicen una protección para el cuello del bebé en todas estas actividades de equilibrio.*

Para que a los bebés les guste llevar el collarín, a los padres les ha funcionado llevarlo ellos mismos durante varios días. Si lo hace, el bebé querrá llevar uno igual al que lleva usted.

Asegúrese de que la ropa que lleva el bebé no es tan suelta que pueda engancharse con algo al girar. Cuando sujete al bebé, no lo haga por los calcetines o los zapatos, porque podrían salírsele. Sujete al bebé por los tobillos sin ropa.

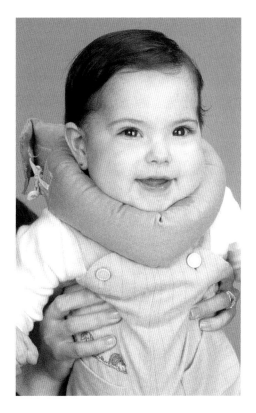

María, de 6 meses, lleva un collar de protección para todas sus actividades de equilibrio.

Una buena colchoneta de gimnasia

Las colchonetas están diseñadas específicamente para deportes duros; la superficie consistente absorbe la presión y evita las lesiones. Cuando nosotros éramos padres jóvenes, una colchoneta de gimnasia nos resultó algo muy caro de adquirir, pero ha estado protegiendo a todos nuestros hijos hasta el último cuando practicaban en casa a lo largo de los años y ha evitado un número infinito de heridas y lesiones. Por eso recomendamos encarecidamente que adquieran una; puede ser cara, pero es una inversión que merece la pena.

Una colchoneta de este tipo tiene dos metros de largo y un metro de ancho y puede servir para diferentes propósitos. Se habrá dado cuenta de que hay una colchoneta en todas las fotos de este libro que tratan sobre el desarrollo del equilibrio o sobre las actividades de braquiación. No haríamos ninguna de estas actividades sin una colchoneta de gimnasia como protección. Las colchonetas más blandas no absorben la presión de las caídas y por eso no son seguras.

Utilicen una protección para el cuello del bebé en todas estas actividades de equilibrio.

Demuestre *su* entusiasmo

Igual que al empezar cualquier actividad nueva, deberá demostrarle al bebé *su* entusiasmo para que adquiera confianza.

Empiece de forma gradual. Haga actividades con duraciones cortas, tal vez solo unos pocos segundos, y vaya aumentando el tiempo y la velocidad de la actividad poco a poco. Vaya haciendo las actividades que les resulten familiares cada vez con más velocidad, energía e intensidad.

No haga ninguna de estas actividades si no está totalmente cómodo con ellas. Si está incómodo, el bebé lo notará y no las disfrutará. Es más, no haga ninguna de estas actividades sin estar 100% convencido de que son seguras. Si le preocupa alguna de las actividades, no lo diga delante del bebé y no la haga. Los bebés tienen una especie de radar que notará cualquier cosa rara en su actitud en cualquier momento.

LAS ACTIVIDADES DEL PROGRAMA DE EQUILIBRIO PASIVO

Giro horizontal

- *Bocabajo.* Coloque al bebé sobre su hombro bocabajo, apoyado en el estómago (como en la fotografía), y gire sobre sí mismo con cuidado de no marearse y perder el equilibrio. Alterne la dirección de sus giros: primero en el sentido de las agujas del reloj y después al contrario.
- *Sobre el costado izquierdo.* Coloque el costado izquierdo del bebé sobre su hombro derecho de forma que el estómago del bebé quede contra su cuello. Gire alternando la dirección: primero en el sentido de las agujas del reloj y después al contrario.
- *Sobre el costado derecho.* Coloque el costado derecho del bebé sobre su hombro izquierdo de forma que el estómago del bebé quede contra su cuello. Gire alternando la dirección: primero en el sentido de las agujas del reloj y después al contrario.

Mecerse

Las actividades de este tipo que realizó con el bebé cuando era más pequeño han preparado al bebé para esta versión más sofisticada.

- *Mecerse bocarriba.* Un padre debe sujetar al bebé por las muñecas mientras el otro lo sujeta por los tobillos (el bebé debe estar

María hace un giro horizontal bocabajo con su madre.

bocarriba). Levantar al bebé y mecerlo como si estuviera en una cuna. Esta actividad le da al bebé mayor estimulación y también es más rápida que mecer al bebé en una cuna (un procedimiento antiguo pero extremadamente sabio).

¿Recuerda cuando era niño y sus padres le mecían adelante y atrás y después lo lanzaban sobre la cama? ¿Recuerda lo *divertido* que era?

Rotación horizontal

En el programa de equilibrio para recién nacidos hicieron las rotaciones horizontales sobre una colchoneta. A su bebé le encantará hacer lo mismo pero ahora «en el aire».

- *Rotación horizontal.* Coja la muñeca izquierda del bebé con su mano izquierda y el tobillo izquierdo con su mano derecha. El niño debe estar bocabajo. Levante al bebé y gire con cuidado sobre sí mismo en la dirección contraria a las agujas del reloj. Para hacerlo en la dirección de las agujas del reloj haga lo siguiente: agarre la muñeca derecha del niño con la mano derecha y el tobillo derecho con la mano izquierda. El bebé debe seguir bocabajo. Levántelo y gire sobre sí mismo con cuidado en la dirección de las agu-

María hace rotación horizontal en posición
de decúbito prono.

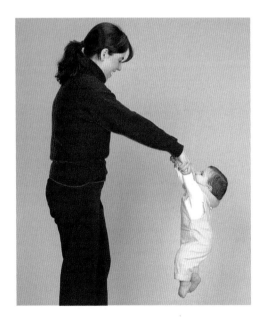

María se prepara para hacer una rotación
horizontal de cabeza en posición
de decúbito prono.

jas de reloj. Cuanto más rápido gire, el bebé volará más. También puede utilizar las mismas posiciones pero dando la vuelta al bebé para que rote «con los pies por delante».

- *Posición bocarriba.* Primero sujete al bebé de forma que quede de espaldas a usted. Agarre la muñeca izquierda del bebé con la mano derecha y el tobillo izquierdo con la mano izquierda y gire con cuidado siguiendo la dirección de las agujas del reloj. El bebé estará mirando hacia afuera, así que cuanto más rápido gire, más «flotará» el bebé bocarriba. Después cambie de dirección de forma que rote con los pies por delante. Para hacerlo en la dirección contraria a las agujas del reloj agarre la muñeca derecha del bebé con la mano izquierda y el tobillo derecho con la mano derecha y gire en esa dirección con cuidado. Vuelva a invertir la dirección para que el bebé rote con los pies primero. Estas actividades deben hacerse siempre sobre una colchoneta de gimnasia de buena calidad.

- *Posición bocabajo (con la cabeza hacia dentro).* Coloque al bebé mirándole a usted y sujételo por las manos y muñecas. Después gire con los brazos estirados. Alterne la dirección de sus giros: primero en el sentido de las agujas del reloj y después al contrario.

Estas actividades deben hacerse siempre sobre una colchoneta de gimnasia de buena calidad.

Caer «en picado» horizontalmente

- *Caer «en picado» horizontalmente.* Cuando sujetaba la colchoneta y hacía que su bebé «cayera en picado» arriba y abajo, el bebé se estaba «entrenando» para esta actividad. Ahora el bebé es tan grande que harán falta ambos padres para hacerla. Con el bebé bocarriba sobre el suelo, la madre agarrará el tobillo y la muñeca derechos y el padre los izquierdos, como se muestra en la fotografía. Ahora columpien al bebé para que quede primero con la cabeza en lo más alto y después en lo más bajo; es una actividad muy parecida a la que hacen los niños mayores en los columpios tradicionales.

Aceleración

- *Aceleración (arriba y abajo).* Sujete al bebé, que estará de frente a usted, justo por debajo de las axilas. Después láncelo al aire y agárrelo de nuevo. *Tenga mucho cuidado.* Esta actividad, que suele ser la favorita de los padres, es muy valiosa. El bebé es lanzado al aire y acelera en el espacio; es solo un momento, pero el niño experimenta la fuerza de la gravedad varias veces. Al bajar, el bebé está en caída libre hasta que usted vuelve a cogerlo, lo que se parece mucho a un astronauta cuando vuelve a entrar en la atmósfera.
  En esta actividad gravitacional y de equilibrio en particular, hay que tener un cuidado especial e ir practicando poco a poco hasta que se domine muy bien. Deje que el nivel de diversión de su bebé le vaya guiando; si el bebé parece asustado, vaya más despacio. Fíjese en la foto que aparece a la derecha de María con su padre y observe la sonrisa feliz de María.

Antes de pasar a «mecerse en vertical (cabeza abajo)» queremos puntualizar algo: sabemos que los padres a veces tienen algo de reparo a la hora de sujetar al bebé cabeza abajo. Esta posición, aunque resulte inusual para un adulto, es algo muy familiar para casi todos los recién nacidos. Recuerde que en las últimas cuatro semanas de un embarazo normal, la cabeza del bebé está encajada en la pelvis de la

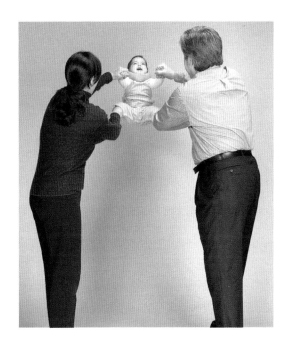

María disfruta del balanceo.

María con su padre a su juego preferido.

La madre practica con
María el balanceo vertical
cabeza abajo.

madre. Eso significa que siempre que la madre está de pie o sentada, el feto queda cabeza abajo.

Los padres de los Institutos han estado realizando esta actividad vestibular con sus bebés durante más de tres décadas y les resulta segura y divertida. También es cierto que ahora ponerse bocabajo se ha puesto de moda; médicos y quiroprácticos lo recomiendan para una de las plagas que sufren los adultos: el dolor de espalda.

Pues a los bebés les *encanta* ponerse bocabajo.

En los programas previos para recién nacidos y bebés se incluía la caída «en picado» arriba y abajo. Estas actividades eran una preparación para mecerse en vertical (cabeza abajo).

- *Mecerse en vertical (cabeza abajo).* Coloque a su bebé bocarriba sobre una alfombra cómoda, o lo que es mejor, sobre la colchoneta de gimnasia. Póngase de pie, coja al bebé por los tobillos y sujételo bien. El bebé debe quedar de frente a usted. Cuando esté bien situado, meza el bebé suavemente de un lado a otro como si fuera un péndulo (en la foto se ve claramente la acción). También puede hacerlo adelante y atrás entre sus piernas. Cuando devuelva al bebé al suelo tenga cuidado de ponerle bocarriba, nunca sobre su estómago. Eso, además de la protección para el cuello que el bebé deberá llevar para todas estas actividades, evitará que se haga daño en el cuello.

Estas actividades integran todo el programa de equilibrio pasivo para el bebé pequeño. Realícelas con las siguientes frecuencia, intensidad y duración:

Frecuencia: Un buen programa consiste en hacer estas diez actividades al menos dos veces al día.

Intensidad: Es necesario prestar la atención adecuada a la *intensidad* de cada actividad para mantener la seguridad necesaria. *Empiece cada actividad muy lentamente y con mucho cuidado.*

Al principio no hay necesidad de ir rápido. De hecho es *perjudicial* para el crecimiento de las áreas de equilibrio del cerebro. Es vital que el cerebro reciba todo el abanico de intensidad de informaciones sobre el equilibrio, de los movimientos lentos a los rápidos. Recuerde que hemos hablado del famoso neurofisiólogo ruso Boris Klosovskii, cuyo experimento clásico determinó que las áreas de equilibrio del cerebro eran entre un 22% y un 35% más grandes en los cachorros que habían recibido una suave estimulación del equilibrio. Él hacía girar a sus animales en desarrollo muy lentamente, a pocas revoluciones por minuto; aún así los resultados fueron excelentes. La estructura de su bebé se desarrollará con la función. Cuando el nivel de función (en este caso de intensidad) aumente, el bebé irá desarrollando la estructura necesaria.

Es importante destacar que «empezar» y «detenerse» son tan importantes como el movimiento en sí mismo. Por ejemplo, en cualquiera de las actividades de giro o rotación, utilizar una pausa para dividir una serie de veinte giros puede ser más pro-

ductivo que hacer los veinte giros sin parar. Recomendamos las siguientes directrices para aumentar
la intensidad:

1. Apartarse justo lo suficiente para evitar que el
   bebé le golpeé al girar.
2. Moverse más rápido, pero mantener bien el equilibrio. Pare si se siente un poco mareado.
3. Moverse más rápido, pero siempre con sensatez.
   Sujete bien al bebé, pero no con fuerza, porque
   puede resultarle incómodo.
4. Muévase con la suficiente rapidez durante las
   actividades rotacionales y de aceleración como
   para que su bebé sienta la sensación de «volar».
5. Pare siempre antes de que su bebé quiera parar.

Y pare siempre antes de que *usted* se canse o se
maree.

Duración: Empiece con, como mínimo, quince segundos por
actividad durante un mes o dos. Después gradualmente aumente el tiempo hasta un minuto por actividad. Tiempo total del programa diario: veinte
minutos.

ESTADIO III

Lista de comprobación diaria para padres

Movilidad

Oportunidades de gatear:

20 veces al día durante 3 minutos

☐ ☐ ☐ ☐ ☐ ☐ ☐ ☐ ☐ ☐

☐ ☐ ☐ ☐ ☐ ☐ ☐ ☐ ☐ ☐

Tiempo total en el suelo al día: _____ Distancia total al día: _____

Objetivo a largo plazo: Gatear 350 metros al día.

Cambios percibidos hoy: _____

_____

Competencia manual

Oportunidades de utilizar el reflejo prensil:

Coger objetos: 10 veces al día durante 60 segundos.

☐ ☐ ☐ ☐ ☐ ☐ ☐ ☐ ☐ ☐

Tiempo total: 10 minutos

Colgarse de la barra: 15 veces al día durante entre 20 y 30 segundos.

☐ ☐ ☐ ☐ ☐ ☐ ☐ ☐ ☐ ☐

☐ ☐ ☐ ☐ ☐

Tiempo total: De 5 minutos a 7 minutos 30 segundos.

Objetivo: Que el bebé pueda soportar el 100% de su peso al menos durante 10 segundos.

Cambios percibidos hoy: _____

_____

_____

Fecha: _____

EL PROGRAMA MOTOR PARA EL ESTADIO III

Lista de comprobación diaria para padres

Actividades de equilibrio

Oportunidad de moverse por el espacio de forma dinámica.

Repartir las actividades durante el día.

2 sesiones diarias, cada actividad realizada durante 15 segundos e ir aumentando hasta 60 segundos.

Tiempo total: De 5 minutos hasta 20 minutos.

1. Giro horizontal bocabajo ☐ ☐

2. Giro horizontal sobre el costado izquierdo ☐ ☐

3. Giro horizontal sobre el costado derecho ☐ ☐

4. Mecerse bocarriba ☐ ☐

5. Rotación horizontal bocabajo ☐ ☐

6. Rotación horizontal bocarriba ☐ ☐

7. Rotación horizontal bocabajo con la cabeza hacia dentro ☐ ☐

8. Caer «en picado» horizontalmente ☐ ☐

9. Aceleración arriba y abajo ☐ ☐

10. Mecerse en vertical cabeza abajo ☐ ☐

Cambios percibidos hoy: _____

_____

_____

Fecha: _____

11

Estadio IV:
La corteza inicial

COMPETENCIA EN MOVILIDAD

ESTADIO DE DESARROLLO: Bebé.

ESTADIO CEREBRAL: Corteza inicial.

COLOR DEL PERFIL: Verde.

FUNCIÓN: Dar pasos con los brazos como elemento principal de equilibrio, normalmente a la altura del hombro o más arriba.

EDAD MEDIA: Esta función aparece en un niño estándar a los doce meses de edad.

DESCRIPCIÓN: Más o menos al cumplir un año, el niño estándar hace un descubrimiento alegre, excitante y muy oportuno: que es posible ponerse de pie sujetándose al sofá, una silla o una mesa. Después se percatará de que puede soltarse durante un instante sin caerse. Finalmente se dará cuenta del fabuloso hecho de que, aparte de levantarse de forma independiente, puede dar unos pocos pasos sin caerse.

En esta etapa el bebé subirá los brazos a la altura del hombro o más arriba para utilizarlos como elemento de equilibrio, algo así como lo que hacen los funámbulos (y precisamente por la misma razón; tanto los funámbulos como los bebés están centrados en no caerse). Al principio, el bebé se caerá a menudo. Sus pasos iniciales probablemente comenzarán al soltarse del mueble que les proporciona apoyo y lanzarse hacia delante con un movimiento de proyectil para normalmente acabar en el suelo. El bebé todavía es incapaz de parar y mantenerse quieto. Pero no pasa nada porque el niño está cerca del suelo, bien acolchado, y prácticamente no conoce el miedo. Además aprenderá mucho cada vez que se caiga.

Cuando el bebé se vea incapaz de detener ese lanzamiento hacia delante como un proyectil aprenderá la ley de la inercia: los cuerpos en movimiento tienden a permanecer en movimiento hasta que los interrumpe una fuerza externa. Cuando, por ejemplo, el perro de la familia empuje al niño, este aprenderá la otra mitad de la ley de la inercia: los cuerpos en estado de descanso tienden a permanecer igual hasta que entra en acción una fuerza externa. Además el bebé aprenderá lo necesario sobre la gravedad cuando se incline demasiado a la derecha, a la izquierda, hacia delante o hacia atrás y acabe cayendo al suelo. Pronto descubrirá que estas leyes son inmutables y cómo debe caminar para no caerse.

OBJETIVO: Cuando el bebé dé sus primeros pasos sin la ayuda de un mueble, una barandilla o sus padres, habrá conseguido un hito considerable. Aunque cada una de las seis funciones humanas únicas es realmente única y verdaderamente necesaria para el pleno funcionamiento de un ser humano, no es necesariamente cierto que todas las funciones sean igualmente importantes. Los desarrollistas, los neurocirujanos, los conductistas, los etiólogos y los antropólogos podrían argumentar los respectivos méritos de cada una de estas funciones, pero casi todos estarán de acuerdo en las cosas asombrosas que ocurren cuando un niño humano tiene éxito a la hora caminar, igual que cuando consigue por primera vez ponerse de pie.

De las muchísimas cosas que ocurren cuando un bebé pasa de ser un humano cuadrúpedo a uno bípedo, la más clara y más importante es que las manos quedan liberadas de su papel para la movilidad (volveremos a esto un poco más adelante, en el siguiente apartado sobre competencia manual). Desde el punto de vista de la movilidad, el bebé ha adquirido una capacidad única de los seres humanos y que se le confiere en el momento de su concepción (el momento en el que el bebé adquiere el generoso regalo de los genes del Homo Sapiens): la capacidad de caminar erguido.

CAMINAR erguido es solo el principio que después llevará al niño a correr, saltar, hacer ejercicios de gimnasia, bailar ballet y todas las otras actividades físicas que implican fuerza, gracia y belleza y que surgen de la orgullosa postura completamente erguida de los humanos.

De nuevo los padres se ven enfrentados a una variedad de decisiones, aunque en esta etapa el niño no se verá tan afectado si estas se toman mal. Al dar su primer paso tambaleante, el bebé ha reducido notablemente su dependencia de los demás.

Le puede proporcionar a su bebé un entorno perfecto para caminar (al menos tan perfecto como se lo permitan sus circunstancias). Puede animarle a caminar a menudo y bien alabándolo con entusiasmo cada vez que lo haga. Es más, puede caminar *con* su bebé siguiendo los principios de frecuencia, intensidad y duración. Si hace *todas* las cosas que ya hemos mencionado (y algunas de las que hablaremos más adelante), estará preparando a su bebé para caminar con facilidad, eficiencia y excelencia. Al hacerlo le estará dando una base excelente para que pueda conseguir los logros físicos que vienen después a la edad más temprana posible. También le estará proporcionando a su bebé una alta inteligencia de movilidad y un excelente crecimiento cerebral en todas las áreas del cerebro que tienen que ver con la movilidad y sus funciones relacionadas.

INGREDIENTES PARA EL ÉXITO

Proporciónele a su bebé oportunidades ilimitadas para caminar independientemente. Los adultos tendemos a querer darle la mano al bebé cuando anda. Es comprensible: todos los padres, incluidos nosotros mismos, experimentamos una chispa de asombro y amor cuando le cogemos las manitas perfectas a nuestros bebés. Pero en esta etapa agarrándoles la mano no les estamos haciendo ningún favor a nuestros bebés. El mecanismo del equilibrio (la parte vestibular del cerebro) necesita *oportunidades* para aprender cómo guardar el equilibrio al andar. Cuando los adultos cogemos la mano del bebé, nuestros mecanismos vestibulares completamente desarrollados guardan el equilibrio *en vez* de él. Inconscientemente *nuestra* mano hace los ajustes necesarios para mantenerle en equilibrio, así que le estamos *negando* la oportunidad de aprender a equilibrarse solo. Y eso puede provocar que coja malos hábitos. Las madres nos dicen mucho: «Pero es que mi bebé *siempre* quiere cogerme la mano». Claro, porque ahora el bebé depende de ella para guardar el equilibrio.

Mirémoslo desde *el punto de vista del bebé*. Para que pueda agarrar la mano de un adulto y caminar, uno de sus brazos debe estar estirado por encima de la cabeza, lo que provoca que quede mal colocado para mantener el equilibrio, por eso tiene que agarrarse para evitar caer. Intente andar por ahí con un brazo extendido por encima de la cabeza y entonces podrá comprender la situación de su bebé. Cuando el niño ya ande perfectamente podrá disfrutar de cogerle la mano tanto como quiera, porque eso ya no afectará al desarrollo de su equilibrio.

Cuando los adultos cogemos la mano del bebé, nuestros mecanismos vestibulares completamente desarrollados guardan el equilibrio *en vez* de él.

La superficie ideal para caminar debe ser lisa (por ejemplo un suelo de madera) pero no resbaladiza. Una alfombra con las fibras apretadas es mejor que una más mullida y con la textura más gruesa. Los pies del bebé estarán muy separados porque es más fácil mantener el equilibrio de esa forma; los marineros de los barcos también caminan así por el movimiento de la nave. También tenga en cuenta que los bebés que se están desplazando apoyándose en los muebles deben estar descalzos. Los pies sin zapatos les ayudarán a mantener el equilibrio y el control.

Al principio la habitación en la que anda el bebé debería tener algunos muebles bajos y estables que ayuden al bebé a ponerse de pie fácilmente y que le permitan ir de uno a otro. *Asegúrese de que las esquinas y los bordes de los muebles no son afilados* para que el bebé no pueda hacerse daño si se cae. Al principio algunos muebles deberían estar muy cerca unos de otros para que el bebé pueda fácilmente y de forma segura tocar dos muebles a la vez y después pasar entre uno y otro apoyándose.

Los bebés que se están desplazando apoyándose en los muebles deben estar descalzos.

Vaya separando gradualmente los muebles para que el bebé dé dos, tres o cuatro pasos para pasar de uno a otro. Cuando el bebé aprenda a levantarse sin la ayuda de los muebles y a caminar sin apoyarse en ellos, deberá apartarlos todos para que el niño tenga un área más amplia para andar sin obstáculos.

Anime al bebé a caminar cada vez distancias más largas sin pararse. Proporciónele información de equilibrio ilimitada con unas frecuencia, intensidad y duración cada vez mayores. Cuando los pasos del bebé se vuelvan más seguros *empiece a darle objetos para que lleve en las manos* como paso preliminar al estadio V.

Ropa para el bebé que empieza a caminar

El bebé debe ir descalzo hasta que ya tenga una seguridad razonable en sus pasos. Esto es para que la estructura del tobillo no tenga un apoyo artificial y así se desarrolle de forma natural.

El bebé debe estar totalmente vestido con prendas ligeras y que no restrinjan sus movimientos para darle la mayor libertad posible. Póngale pantalones largos para proteger las rodillas de las frecuentes caídas. Es obvio que ponerle muchas capas de una ropa pesada y apretada (aunque sea para salir al exterior) solo será perjudicial porque restringirá sus movimientos y probablemente *garantizará* que no haga muchos progresos.

Comparta la diversión del bebé

La diversión de caminar, así como la oportunidad de tener la atención total y el aplauso de sus padres, motivará al bebé a seguir haciéndolo. El bebé estará encantado con la nueva libertad que le da el poder caminar. Mientras anda estará lleno de orgullo (y está en su derecho).

Únase al bebé en sus expresiones de placer. Caminar erguido no es un logro pequeño. Como el habla, la capacidad de caminar es un milagro que casi nunca se aprecia como el hecho increíble que es, *excepto cuando falta*. Cuando el milagro de caminar se da en un niño estándar, lo aceptamos como natural, que lo es, y lo damos por supuesto, cosa que *no* deberíamos hacer. Solo cuando este milagro *no* ocurre es cuando apreciamos la enormidad de este logro. Cualquier padre cuyo niño *no* pudiera andar cuando tenía un año de edad (el momento en que se supone que los bebés deben hacerlo) aprecia perfectamente el significado de esta hazaña. Los padres de los niños que no consiguen realizar este milagro, hasta entonces no valorado, son capaces de llevar a su bebé por medio mundo hasta los Institutos para aprender cómo hacer que ese milagro *ocurra*. Pregúntele a cualquier adulto tetrapléjico si la capacidad de caminar es un milagro o no. Pregúntele qué *daría* por poder caminar.

Pero su bebé sí aprecia en su totalidad el milagro que logró cuando empezó a caminar por primera vez. Únase a él en su felicidad. Es la felicidad de la vida en sí misma. Camine con su bebé siempre que tenga la oportunidad.

Tenga en cuenta que debe permitir a su bebé caminar de forma independiente por muy difícil que le resulte a usted. Es muy importante. Deje que *el mecanismo del equilibrio de su bebé* haga su trabajo.

En ocasiones el bebé necesitará sujetarse a una barandilla o volver a ponerse a cuatro patas para subir un escalón, pero lo importante es que *el cerebro del bebé* es el que está al mando. Cuando el cerebro experimente estas oportunidades, el bebé aprenderá a conquistar lo que pretenda.

Como los bebés se caen muchas veces en esta etapa, no creo que haga falta decir que debe vigilar a su hijo como un halcón. El ansia de exploración le atraerá hacia escaleras y otros lugares que debería evitar. Tenga cuidado y esté muy atento.

En esta etapa es normal que el bebé se resbale y caiga. Es parte del proceso de aprendizaje. Cuando vemos caerse a un bebé la mayoría tendemos a decir «oh» o «vaya…» o alguna otra expresión de alarma. La mayoría de las veces el bebé está bien y feliz de volver a levantarse y seguir andando, pero las expresiones de alarma le envían un mensaje de que

Camine con su bebé siempre que tenga la oportunidad.

Alan, de 11 meses, empezando a caminar en el exterior.

algo *malo* está ocurriendo. La preocupación que está expresando usted desanima al bebé y muchas veces le hace llorar. Si no podemos coger al bebé antes de que caiga, debemos entrenarnos para callar y limitarnos a ayudarle a levantarse. Si se hace daño, déle un abrazo y pregúntele si está bien. Cuando se asegure de que está bien, *debe permitirle que siga con su actividad.*

Mamá, papá y el bebé juegan «a andar»

La cantidad de tiempo que el bebé pase caminando determinará directamente la rapidez con que pase a la siguiente etapa. Todos los padres entienden esto instintivamente. Los padres y el bebé juegan un juego antiquísimo: la madre se levanta y después ayuda al bebé a levantarse y encontrar el equilibrio. El padre espera expectante a unos centímetros, mirándolos. El bebé camina hasta papá. El juego continúa y el bebé mejora, así que mamá y papá cada vez se van separando más.

No sería raro que algún lector dijera: «Pero todos los bebés sanos caminan. ¿No estamos montando demasiado lío por algo que sucede naturalmente?». Es cierto. De lo que normalmente no nos damos cuenta es de *cuánto* caminan los bebés, de lo *pronto* que empieza a caminar, y de lo *bien* que caminan, y de que todo ello resultará en el crecimiento cerebral que hará pasar al niño de estadio cerebral. Cada uno de esos factores multiplicará la competencia y la inteligencia de movilidad del bebé, y de eso trata este libro.

Este juego tan clásico que hemos descrito un poco más arriba *alarga la duración* que el bebé pasa caminando.

Todos, mamá, papá y su bebé, están orgullosos e intentan jugar al juego con más *frecuencia*. La *intensidad* del juego depende de cuánto y qué distancia camine el niño. Como hemos dicho con anterioridad, *cuanta mayor sea la frecuencia* que se juegue este juego al día, *mayor será la distancia* que caminará el bebé, lo que mejorará la calidad de su forma de andar. Y eso permitirá que pase al siguiente estadio antes.

Este juego tan clásico *alarga la duración* que el bebé pasa caminando.

Frecuencia:	Cuando su bebé dé sus primeros pasos vacilantes, la frecuencia es imperativa. Vaya aumentando el número de oportunidades hasta llegar a veinte o treinta cada día. Cada sesión debe consistir en un paso o

dos, seguidos de besos y abrazos. Cuando su bebé mejore, irá *disminuyendo* el número de sesiones hasta el punto de que el bebé pase de pie la mayor parte del día.

Intensidad: Quedará determinada por la distancia que camine su bebé sin parar o sin volver al suelo para gatear. Obviamente la distancia aumentará casi cada día mientras el bebé se esté desarrollando. Anímele a aumentar gradualmente la distancia que camina sin pararse para conseguir los objetivos que hemos establecido con anterioridad.

Duración: Al principio las sesiones serán muy breves; solo unos segundos para que el bebé encuentre el equilibrio y después dé un paso o dos. Cuando la capacidad para ponerse de pie y caminar sin hacer pausas mejore, la duración de cada sesión se hará más larga.

Recuerde: pare siempre *antes* de que su bebé quiera parar. Tenga cuidado porque su entusiasmo (y el del bebé) puede afectar a su juicio. No deje que se canse demasiado intentando caminar sin parar. El bebé debería conseguir gradualmente una duración total de al menos dos horas al día para ir mejorando en su capacidad a la hora de caminar.

Alan, con 17 meses, un caminante consumado.

El objetivo es que su bebé alcance una distancia total caminando de doscientos metros al día. Eso no se consigue de una vez, sino que se llega a ello sumando todas las sesiones cortas que ha realizado durante el día: sesenta centímetros, un metro y medio, quince metros o veinticinco.

Caminar sin detenerse o sin ponerse a cuatro patas o caerse es igualmente importante. La distancia que su bebé camina sin pararse es una buena medida de lo rápido que el equilibrio y la respiración se están adaptando a su recién descubierto modo de movilidad.

Objetivo: *En este nivel el objetivo es que el bebé camine 12 metros sin detenerse y un total de 200 metros al día.*

CONCLUSIÓN

Ahora su bebé ya es un verdadero caminante; no ha alcanzado lo mejor de su capacidad, pero camina. En este momento empezará a producirse un cambio muy sutil; que se produzca de forma tan sutil y gradual no deja traslucir su importancia.

Hasta ahora su bebé ha confiado en utilizar los brazos para conseguir equilibrio. El bebé ha empezado a caminar de verdad, pero precariamente y dependiendo del uso de los brazos exclusivamente en su papel de propiciadores del equilibrio.

En este momento el bebé empezará a bajar los brazos por *debajo* de la altura del hombro y a caminar *sin* utilizarlos para equilibrarse. Así conseguirá lo más importante: *liberar los brazos* para utilizarlos, junto con las manos, como herramientas. Ya no le sirven de apoyos delanteros, como si fueran dos patas; ahora son brazos y manos.

Usted sabrá que su bebé ha alcanzado el siguiente nivel cuando pueda caminar unos pocos pasos llevando objetos sujetos con los brazos y las manos. Su cerebro se ha desarrollado tan bien en el nivel de la corteza inicial que el bebé ya habrá dado los pasos necesarios para entrar en el siguiente nivel de función cerebral.

Con oportunidades ilimitadas para la movilidad desde el momento del nacimiento, así como con un ánimo cálido y sincero de unos padres que le quieren, el bebé podrá entrar en el estadio V antes de los dieciocho meses. Si su bebé llega al estadio V justo a los dieciocho meses, tendrá una inteligencia de movilidad de exactamente 100.

Independientemente de la edad, el bebé ha llegado a la etapa de la corteza temprana y ha cruzado la línea sin necesitar los brazos para guardar el equilibrio. Ahora no solo puede dar bastantes pasos de forma independiente, sino que también ha dado los necesarios para cruzar la frontera hacia el área azul de la corteza temprana.

> Usted sabrá que su bebé ha alcanzado el siguiente nivel cuando pueda caminar unos pocos pasos llevando objetos sujetos con los brazos y las manos.

INGREDIENTES PARA EL ÉXITO

La rapidez con que un bebé pase por este estadio y aprenda todo lo que necesite aprender mientras emplea simultáneamente las funciones de la corteza inicial será resultado directo de la intensidad y la frecuencia de las oportunidades que haya tenido el bebé para utilizar la oposición cortical de todas las formas posibles. Si los padres le dan a su bebé el máximo número de oportunidades y le animan a utilizar la oposición

COMPETENCIA MANUAL

ESTADIO DE DESARROLLO: Bebé.

ESTADIO CEREBRAL: Corteza inicial.

COLOR DEL PERFIL: Verde.

FUNCIÓN: Oposición cortical.

EDAD MEDIA: Doce meses.

DESCRIPCIÓN: En la etapa IV de la competencia manual el bebé es capaz de oponer el pulgar al índice y puede, como resultado, coger objetos demasiado pequeños para poder cogerlos utilizando el reflejo prensil, por ejemplo migas de pan cuando antes solo podía coger un trozo de pan entero. Para hacer esto el bebé tendrá que haber desarrollado la comprensión manual, visual y táctil hasta el punto de que sea capaz de empezar a comprender el mundo de una forma que es única de la corteza cerebral humana.

OBJETIVO: Aunque los bebés inicialmente utilizan su recién estrenada función de oposición cortical para tareas relativamente poco importantes como coger miguitas, el hecho más importante es que *son capaces* de hacer esas tareas. La naturaleza tiene grandes cosas en mente para el futuro del bebé, como escribir, pintar y todas las capacidades que definen a la civilización. Esta pequeña función es el principio de una serie de grandes cosas.

cortical para realizar tareas cada vez más difíciles, el bebé desarrollará una alta competencia manual y un excelente crecimiento cerebral en todas las áreas del cerebro que tienen que ver con la competencia manual.

El bebé estará deseando braquiar

Su bebé ya habrá visto braquiar a su padre y también quizá a alguno de sus hermanos y estará intrigado por la «mística» de la escalera de braquiación. Sin embargo el bebé todavía no ha podido utilizar la escalera, así que introdúzcasela como el verdadero regalo que es.

El «secreto» para *enseñar* a braquiar es empezar dándole apoyo al principiante. En los Institutos todos (los bebés, los niños más grandes, las familias y el personal) braquian y hasta que cada persona (desde los bebés hasta los miembros más capacitados del personal) adquiere una gran habilidad, siempre hay alguien con ella para proporcionarle de apoyo. «Proporcionarle apoyo» significa que los braquiadores tienen un padre o un miembro del personal vigilándoles mientras cruzan la escalera; esta persona estará tocándoles en todo momento o lista para cogerlos si es necesario. Para un niño que está empezando a braquiar este término adquiere un gran significado. En la gimnasia este apoyo está pensado para ayudar al gimnasta a adquirir una nueva habilidad con éxito sin estorbarle.

El apoyo en braquiación significa ayudar a su hijo a braquiar de un lado al otro de la escalera sin dificultad. Hay que recordar que los travesaños de la escalera deben estar muy cerca unos de otros para que sirvan para los brazos cortos del bebé. Para los adultos será más fácil agarrarse cada dos, tres o cuatro travesaños. Cuando la persona que braquia adquiera habilidad a la hora de columpiarse y la actividad empiece a resultarle más fácil, podrá saltarse más travesaños.

La forma de columpiarse es el gran secreto para realizar la braquiación con éxito. El movimiento hacia delante que forma parte de la oscilación al columpiarse *supera la inercia*: «Un cuerpo en reposo tiende a permanecer en reposo hasta que se ejerce una fuerza externa sobre él». Pero los nuevos braquiadores tienden a olvidar la segunda parte de la ley. Casi siempre se cuelgan de la primera barra, se sujetan desesperadamente a la siguiente y se quedan colgados de ella mientras se esfuerzan por sujetarse a la siguiente y así sucesivamente. Al hacer eso el cuerpo queda como un peso muerto y el braquiador tiene que tirar de todo su cuerpo con una pura fuerza bruta para arrastrarlo de una barra a otra. En vez de eso el braquiador debe columpiarse hacia delante y hacia atrás (y también de lado a lado) y al hacerlo podrá utilizar el impulso creado para proyectar su cuerpo hacia delante (igual que al caminar). Las personas que está prestando apoyo deben ayudar al braquiador a lograr este movimiento de columpio moviéndole las caderas y sujetarle por cuestiones de seguridad.

Iniciar la braquiación con su bebé

Ahora que usted comprende la importancia de proporcionar apoyo y que tal vez pueda pasar por unos cuantos travesaños (quizá incluso toda la escalera) sin gruñir y con cierto grado de placer y satisfacción, es hora de iniciar a su bebé en el uso de este nuevo y excelente juguete (a la vez que herramienta).

Su bebé le ha estado observando mientras usted se familiarizaba con la escalera de braquiación y ha podido ver a todos los miembros de la familia utilizándola mientras otros les proporcionaban apoyo. Deberá trabajar con la escalera delante de su bebé varios días seguidos, expresarle su placer y orgullo por ser capaz de hacer eso y decirle lo divertido que es. Los miembros de la familia deben felicitarse entre ellos por cada éxito. El bebé está mirando, curioso y ansioso por poder probar la braquiación. Ya está preparado.

Al principio puede ser útil tener a dos personas ayudando durante la braquiación del bebé. Mamá puede vigilar desde detrás y mover las caderas del bebé mientras papá o un hermano o hermana mayor se queda de pie delante y le ayuda a mover las manos de travesaño a travesaño. El movimiento de las manos y de la cadera debe hacerse en coordinación perfecta entre ambos para que el bebé tenga la sensación correcta del movimiento de la braquiación desde el principio.

Al principio sujetará todo el peso de su bebé. Después de unos cuantos intentos el bebé podrá empezar a mover las manos de forma independiente y ya no necesitará la ayuda del padre que estaba detrás. Pero esto significará que el que permanezca tendrá que estar listo en todo momento para evitar que el bebé se caiga si suelta la escalera.

Puede dejar que el bebé vaya soportando poco a poco más peso hasta que, finalmente después de varios meses, el niño pueda sujetarse solo. Pero usted tendrá que seguir agarrando la cintura del bebé por seguridad, aunque ya no estará soportando su peso. La escalera debe colocarse a la altura del padre; así proporcionar apoyo al bebé mientras cruza la escalera será más fácil y cómodo.

Angelo, de 2 años, practica la braquiación mientras su madre lo vigila.

Puede parecer una tontería esto que viene a continuación, pero debemos decirlo de nuevo: no se puede enseñar al bebé a braquiar sin una escalera de braquiación. Esta tiene que resultarle al bebé tan familiar como respirar. No conseguirá enseñar a su hijo a braquiar utilizando una escalera de hierro en el parque de su zona una vez a la semana, ni siquiera una vez al día. El bebé necesita oportunidades frecuentes a lo largo del día y todos los días para aprender a disfrutar de la braquiación y a hacerla bien.

Además usted, es decir el padre o la madre, debe ser el que esté prestándole apoyo. Su bebé confía más en usted que en nadie y es *su* ejemplo el que el bebé querrá seguir. Si usted le encarga la enseñanza de la braquiación a otra persona es poco probable que el bebé disfrute con la actividad.

La escalera debe colocarse a la altura del padre; así, proporcionar apoyo al bebé mientras cruza la escalera será más fácil y cómodo.

Si la escalera es demasiado alta o demasiado baja para la persona que está prestando apoyo, le resultará difícil proporcionarlo adecuadamente. Si tiene que estar agachado o incómodamente de puntillas para sujetar a su bebé, la ayuda que le pueda proporcionar será torpe y el bebé estará incómodo. Idealmente la escalera solo debería estar, como mucho, un par de centímetros por encima de la cabeza de la madre o el padre.

Uno de los padres deberá seguir proporcionando apoyo y columpiando al bebé desde delante. Hay varias razones para ello: una es que el bebé podrá ver la cara sonriente y tranquilizadora de su padre. Otra es que, si el bebé se suelta, el padre que está proporcionando apoyo podrá simplemente tirar del bebé hacia sus brazos y detener la caída.

Tenga siempre una colchoneta de gimnasia debajo de la escalera

Lo ideal es que el largo de la colchoneta cubra completamente el suelo entre los dos soportes verticales de la escalera y al menos debería tener un metro de ancho. De esta forma, caiga donde caiga el niño, la colchoneta estará ahí para protegerlo.

Qué ropa debería llevar un buen braquiador

Como la braquiación es una actividad que requiere gracia y coordinación, el niño deberá llevar ropa suelta para que la libertad del cuerpo para columpiarse no quede restringida. Las ropas muy voluminosas o llevar demasiadas capas impedirán el movimiento. Camisetas de manga corta o polos sueltos con pantalones cortos o largos (que son más seguros y más fáciles de agarrar que los pañales) son lo más aconsejable, sobre todo pantalones con trabillas para el cinturón o bolsillos, porque eso proporciona a la persona que está prestando apoyo algo que agarrar si el bebé se cae o se suelta. El bebé que esta empezando a braquiar no debe llevar nunca zapatos; lo mejor para esta actividad son los pies descalzos.

La braquiación no es solo para su bebé

Recuerde hacer que el resto de la familia aprenda antes que el bebé. Con un poco de práctica todos los miembros de la familia podrán braquiar (los niños mejor y los adultos algo peor). No deje la braquiación solo para su bebé. Eso hará que el niño la rechace y el éxito en la braquiación requiere un esfuerzo consciente y un verdadero deseo de lograrlo. El niño estará más dispuesto a hacer el esfuerzo si ve que el resto de la familia se lo pasa bien cada vez que cruza regularmente la escalera.

Debe mostrar un genuino placer y nada de aprensión mientras enseña a su bebé a braquiar porque ¿recuerda el radar que tienen los bebés? Ellos pueden sentir la aprensión y el placer genuino mejor que nadie. Le está dando a su bebé una oportunidad simplemente espléndida, así que no hay ninguna razón para sentir aprensión.

No olvide decirle al bebé lo genial que es cada vez que logre coger otro travesaño. El bebé es fantástico; su hijo es solo un bebé y ya está realizando una función muy complicada.

El programa de braquiación

Frecuencia: Diez sesiones al día de braquiación, cinco de colgarse.
Intensidad: Empiece soportando usted todo el peso del niño y permita gradualmente que el bebé vaya soportando cada vez más.
Duración: Un poco *menos* del tiempo que les *gustaría* estar haciéndolo, tal vez unos veinte o treinta segundos cada sesión.

Su bebé se está convirtiendo en un verdadero braquiador

Además de para la braquiación, déle a su bebé oportunidades ilimitadas para coger trozos pequeños de comida que no supongan un peligro, por ejemplo trocitos de pan o de frutas blandas. Utilice comida con la que el bebé no pueda atragantarse.

Cuantas más oportunidades le dé a su bebé, mejor oposición cortical en ambas manos desarrollará hasta que al final pueda oponer los pulgares y los índices con el propósito de coger pequeños trozos de comida con las dos manos simultáneamente.

OBJETIVO: *El objetivo en esta etapa es que el bebé disfrute con la braquiación con su ayuda. Al bebé cruzar toda la escalera debe parecerle lo más divertido del mundo.*

CONCLUSIÓN

En este momento el bebé ya será un verdadero experto en coger objetos pequeños y en otras cosas sin pensar conscientemente en los mecanismos de acción y movimiento. De hecho ya es tan bueno a la hora de coger cosas que empezará a coger objetos pequeños con las dos manos a la vez.

Al principio el bebé no podrá, pero antes o después empezará a conseguir coger dos cosas a la vez utilizando la oposición cortical en ambas manos (aunque al principio solo lo conseguirá en pocas ocasiones). Cuando esto ocurra, el desarrollo manual de su bebé ya habrá entrado en el área controlada por la corteza inicial.

Si empezó este programa nada más nacer el bebé y lo ha seguido con un cierto entusiasmo, hay muchas posibilidades de que su bebé tenga ahora mismo solo doce meses. Si su bebé tiene exactamente dieciocho meses, entonces tendrá una inteligencia manual de 100 exactamente.

Tenga en cuenta que no hace falta que el niño sepa braquiar para conseguir superar el estadio V de competencia manual (ni ninguna otra); ¡braquiar es un fantástico *valor añadido*!

> Debe mostrar un genuino placer y nada de aprensión mientras enseña a su bebé a braquiar.

EL PROGRAMA DE EQUILIBRIO PASIVO

El programa de equilibrio pasivo, descrito en detalle en el capítulo anterior, le proporciona a su bebé el desarrollo de equilibrio que necesita para aprender a caminar. Ahora que ya lo ha conseguido, el proceso para que pase de la recién estrenada capacidad de caminar del estadio IV a la capacidad de caminar mucho más seguro del estadio V es fácil.

Continúe con el mismo programa de equilibrio pasivo que ha estado haciendo hasta el momento. El programa contiene todas las oportunidades para la entrada de información vestibular que el bebé necesita. El niño además estará consiguiendo un crecimiento cerebral excelente como resultado de la braquiación.

Frecuencia: Haga las actividades de equilibrio pasivo dos veces al día, un total de veinte sesiones diarias.

Intensidad: Quedará determinada por la velocidad a la que usted se mueva o gire durante las actividades. Cuando el bebé haya realizado estas actividades de forma continuada durante cuatro meses, podrá ir aumentando la velocidad de las actividades gradualmente.

Duración: Haga cada sesión durante un minuto. El programa será de veinte sesiones de un minuto de duración; un total de veinte minutos al día.

Nuestros ancestros braquiadores

En el mundo animal, el braquiador más famoso es el gibón. Observar a un gibón en un zoo es asombroso. Puede cruzar la jaula en un instante columpiándose con sus brazos y utilizarlos para sujetarse al techo de la jaula o a alguna rama que haya para él. Seguramente el gibón braquia de un lado a otro de su jaula con tanta facilidad como los humanos caminamos.

La estructura del gibón es un reflejo de su función. Los gibones tienen largos y poderosos brazos y un pecho grande. Son arbóreos y usan la braquiación como medio de transporte; se columpian de un árbol a otro y así pueden evitar a los predadores del suelo.

Diez años después de que en los Institutos empezáramos a enseñar la braquiación a los padres encontramos estas palabras de *Los dragones del Edén* de Carl Sagan:

«[...] Nuestros antepasados arborícolas tenían que proceder con mucha cautela ya que cualquier error al columpiarse de rama en rama podía resultarles fatal. Cada salto constituía una oportunidad de cara a la evolución de la especie. Poderosas fuerzas selectivas entraban en juego para engendrar organismos gráciles y ligeros, dotados de visión binocular, múltiples aptitudes manipulativas, magnífica coordinación entre el órgano de la vista y las manos y una captación intuitiva de la gravitación newtoniana. Cada una de estas facultades requirió sustanciales progresos en la evolución del cerebro y, muy en especial, de las neocortezas de nuestros antepasados. El intelecto humano se lo debe esencialmente todo a los millones de años que nuestros antecesores pasaron en solitario colgados de los árboles.

Cabe preguntarse si una vez de regreso al llano y la sabana, lejos de los árboles, echamos de menos los majestuosos y formidables saltos y el éxtasis de la ingravidez bajo los rayos solares que se filtraban por la techumbre arbórea [...].»*

* Sagan, Carl, *Los dragones del Edén,* Planeta DeAgostini, Barcelona, 2003.

OBJETIVO: *El objetivo ahora es preparar al bebé para las actividades de equilibrio* activo *de las siguientes tres etapas.*

Tenga presente que hacer el programa de equilibrio pasivo es un requisito previo para preparar a su bebé para el programa de equilibrio activo que se explica en el siguiente capítulo.

Puede que estas actividades pasivas acaben siendo responsabilidad del padre. El bebé suele ser demasiado grande y pesado para que la madre pueda hacer las actividades con él cómodamente y sobre todo con *seguridad.* Con el tiempo su bebé lamentará el día en que se hizo demasiado grande para que ustedes pudieran continuar haciendo estas actividades con él.

ESTADIO IV

Lista de comprobación diaria para padres

Oportunidades de movilidad

Máximas oportunidades de levantarse y caminar.

Crear un ambiente ideal para caminar.

Objetivo: Caminar 12 metros sin detenerse y 200 metros caminando al día.

20 veces al día durante unos pocos segundos y aumentar hasta 2 horas de oportunidades en total.

☐ ☐ ☐ ☐ ☐ ☐ ☐ ☐ ☐ ☐

☐ ☐ ☐ ☐ ☐ ☐ ☐ ☐ ☐ ☐

Distancia media por sesión: _____

Distancia total hoy: _____

Cambios percibidos hoy: _____

_____

_____

Fecha: _____

ESTADIO IV

Lista de comprobación diaria para padres

Competencia manual

Coger objetos.

Darle al bebé oportunidad de coger objetos utilizando la oposición cortical:

10 veces al día durante entre 30 y 60 segundos.

☐ ☐ ☐ ☐ ☐ ☐ ☐ ☐ ☐ ☐

Tiempo total: Entre 5 y 10 minutos.

Colgarse de la barra

Objetivo: Que el bebé sea capaz de colgarse de la barra durante 30 segundos de forma independiente y a menudo.

5 veces al día durante 30 segundos.

☐ ☐ ☐ ☐ ☐ ☐ ☐ ☐ ☐ ☐

Tiempo total: 2 minutos y medio.

Braquiación

Objetivo: Que el bebé disfrute de la braquiación con su madre o su padre soportando parte del peso del niño.

☐ ☐ ☐ ☐ ☐ ☐ ☐ ☐ ☐ ☐

Tiempo total: De 3 a 5 minutos al día.

Porcentaje de peso que soporta: _____

Número total de veces que cruza la escalera: _____

Cambios percibidos hoy: _____

_____

_____

Fecha: _____

ESTADIO IV

Lista de comprobación diaria para padres

Actividades de equilibrio

Oportunidad de moverse por el espacio de forma dinámica.

Repartir las 10 actividades durante el día.

60 segundos por actividad.
Tiempo total: 20 minutos.

1. Giro horizontal bocabajo	☐	☐
2. Giro horizontal sobre el costado izquierdo	☐	☐
3. Giro horizontal sobre el costado derecho	☐	☐
4. Mecerse bocarriba	☐	☐
5. Rotación horizontal bocabajo	☐	☐
6. Rotación horizontal bocarriba	☐	☐
7. Rotación horizontal bocabajo con la cabeza hacia dentro	☐	☐
8. Caer «en picado» horizontalmente	☐	☐
9. Aceleración arriba y abajo	☐	☐
10. Mecerse en vertical cabeza abajo	☐	☐

Cambios percibidos hoy: _____

_____

_____

Fecha: _____

12

Estadio V:
La corteza temprana

COMPETENCIA EN MOVILIDAD

ESTADIO DE DESARROLLO: Niño pequeño.

ESTADIO CEREBRAL: Corteza temprana.

COLOR DEL PERFIL: Azul.

FUNCIÓN: Caminar con los brazos libres de su función de equilibrio.

EDAD MEDIA: Esta función aparece en un niño estándar a los dieciocho meses de edad.

DESCRIPCIÓN: El niño pequeño ya camina de forma estable, aunque todavía no lo hace de forma perfecta. Antes el niño necesitaba levantar los brazos para lograr el equilibrio (como lo haría un funámbulo), pero ahora puede mantener los brazos por debajo de los hombros y utilizar las manos y los brazos para llevar objetos mientras anda. Ya tampoco necesita caminar con los pies muy separados como al principio, pero sigue manteniéndolos algo más separado de lo usual, como un marinero que acabara de bajar de un barco después de una larga travesía; el marinero camina sobre una «base ancha» porque la superficie sobre la que suele caminar se mueve y es inestable. Aunque la superficie por la que camina el niño es estable, es él el que todavía es inestable y al que le falta cierta habilidad. Tanto el niño como el marinero solucionan su problema de la misma forma: caminando con los pies bastante separados.

OBJETIVO: Cuando los humanos primitivos descubrieron que no necesitaban poner los brazos por encima de los hombros para mantener el equilibrio, se convirtieron en las primeras criaturas en la larga historia del mundo que liberaban las manos de su función únicamente locomotora y empezaron a usarlas para otros propósitos.

La verdadera importancia de caminar en el estadio V no es que el niño pequeño pueda utilizar los brazos para llevar cosas, sino el hecho de que, *al haber adquirido el suficiente equilibrio para caminar sin usar los brazos para mantenerlo, el niño puede usarlos para propulsarse hacia delante con poderosas brazadas.*

Ahora que el niño ha adquirido habilidad y experiencia caminando, empezará a hacerlo más rápido, a inclinarse más hacia delante y a utilizar los brazos un poco para impulsarse hacia delante.

CUANDO el niño pequeño empiece a usar los brazos para propulsarse hacia delante irá adquiriendo una mirada concentrada y determinada mientras cruza cada vez más rápido las habitaciones. Colocará los brazos de forma que los codos estén flexionados y las manos queden por delante. La mirada determinada del niño y sus pasos decididos hacia delante recordarán la mirada de un vendedor agresivo cuando aparece ante sus ojos la primera venta del día; pero, por muy ambicioso que sea el ejecutivo, nunca dará sus pasos de forma tan determinada y feliz como el niño.

INGREDIENTES PARA EL ÉXITO

El entorno ideal para su hijo es aquel que le proporcione oportunidades ilimitadas de caminar sobre todo tipo de terrenos con cada vez mayor frecuencia, intensidad y duración. Camine con su hijo con tanta frecuencia como le sea posible. Déle además la oportunidad añadida de caminar sobre superficies diferentes, tanto en interiores como en exteriores: suelos sin alfombras, suelos de linóleo, suelos con alfombras finas y con alfombras gruesas así como hierba, arena, cemento, asfalto, hojas, nieve… El niño necesita aprender a manejarse sobre todas ellas, así que vaya proporcionándole gradualmente la oportunidad de conquistar todas esas superficies.

Hay algo vital que debe tener en cuenta en este punto. Los padres tienen tendencia a evitar que sus niños pequeños tengan que enfrentarse con situaciones en las que se vean en la necesidad de solucionar problemas reales y físicos por sí solos, normalmente porque no tienen tiempo. Sobre todo los padres tienen la costumbre de levantar a sus hijos para que pasen por encima o alrededor de los obstáculos que se encuentran en su camino.

La escena típica comienza con papá caminando por la calle dándole la mano al pequeño Jack. Cuando cruzan al otro lado de la calle, Jack ve el bordillo de la acera y se prepara para levantar el pie justo en el momento exacto. Ya lleva un tiempo queriendo intentar subir solo a una acera. Pero de repente (y sin avisar) papá tira de la mano que le está dando hacia arriba. Todo el brazo de Jack se estira y de repente está en el aire. El aterrizaje es suave, perfecto y sobre los dos pies. La acera ahora queda detrás de ellos y la oportunidad de subir esa primera «montaña» le ha sido negada. Su primera misión de escalada ha quedado abortada, pero no porque lo haya querido él. Mientras su padre tira de él por la acera, Jack mira hacia atrás, al bordillo todavía sin conquistar. «Quizá otro día», piensa.

Deje que su hijo tenga la oportunidad de conquistar diferentes terrenos.

La ropa necesaria para un niño que camina cada vez mejor

Aunque el niño esté adquiriendo cada vez más habilidad caminando, todavía se caerá a veces. Por eso es aconsejable vestir al niño con camisas de manga larga y pantalones largos para protegerlo hasta que mejore su capacidad de caminar.

Cuando ande en el interior de la casa, en el balcón o incluso en el jardín el niño debería seguir estando descalzo. En el momento en que las plantas de los pies tocan el suelo, miles de fragmentos de información

> El entorno ideal para su hijo es aquel que le proporcione oportunidades ilimitadas de caminar sobre todo tipo de terrenos con cada vez mayor frecuencia, intensidad y duración.

Cuando sea necesario que su hijo lleve zapatos, elija unos que sean lo más parecido posible a los pies descalzos. Durante años ASICS Corporation ha colaborado con los Institutos para hacer zapatos de excelente calidad para niños. Esos zapatos son el modelo GD (Glenn Doman), que se han creado expresamente para los pies de los niños pequeños. Las suelas son finas y flexibles. Si no puede encontrar este modelo en concreto, póngale a su hijo zapatos de playa de buena calidad, porque tienen la suela fina, son flexibles y no son caros.

Haga de sus paseos diarios una aventura, una exploración que el niño estará deseando realizar cada día.

sensorial se envían a los niveles altos del cerebro. Solo en una fracción de segundo el cerebro envía inmediatamente órdenes motoras a los dedos de los pies, los pies, los tobillos, las rodillas, la cadera y el torso. Estas órdenes preparan instantáneamente el cuerpo para el impacto, el equilibrio y la respiración necesaria para caminar.

Cuando era niño y se acababa el colegio por las vacaciones de verano, yo solía pasarme el verano descalzo. Las plantas de mis pies se endurecían y ya me resultaba cómodo ir a cualquier parte sin zapatos, incluso por los bosques. Cuando llegaba el momento de volver al colegio, me hacían daño los zapatos que tenía que volver a ponerme.

Empezar cuando ambos tengan mucha de energía

Margaux, de 9 meses, sube gateando por las escaleras.

Como siempre el entusiasmo y el cariño son lo primero cuando hablamos de motivar al niño. Para asegurar que tanto usted como su hijo tengan la actitud correcta para caminar, elija el momento en que el niño tenga suficiente energía. Y si quiere ser un entrenador positivo, también es importante que usted también la tenga. Utilice su imaginación cuando caminen juntos para hacer la experiencia tan divertida y productiva como sea posible. Tire pelotas y caminen para ir a buscarlas, caminen con los perros o con otros niños o con un destino en mente (a ver los patos, a la tienda…). Haga de sus paseos diarios una aventura, una exploración que el niño estará deseando realizar cada día.

Empezar a subir y bajar escaleras

En interiores, el niño debería empezar a tener la oportunidad de enfrentarse a las escaleras, tanto para subirlas como para bajarlas, y siempre vigilado muy de cerca. Tenga mucho cuidado porque el niño todavía no está seguro sobre sus pies.

En uno de los edificios de los Institutos, un bellísimo edificio antiguo, hay una larga y elegante escalera curvada que lleva a los apartamentos del personal. Esa escalera mantiene a los miembros del personal en buena forma y ha sido siempre un desafío para nuestros niños.

Cuando gateaba, colocábamos al pequeño Shea al pie de las escaleras y lo animábamos a subir gateando. Esta actividad, que empezamos a aconsejarle para su hijo en la etapa III, hacía que el cuerpo de Shea adquiriera un ángulo de aproximadamente 45 grados al subir los escalones, lo que le estaba ayudando para más tarde poder lograr la posición erguida. Este tipo de «gateo sobre obstáculos» tuvo un papel determinante a la hora de proporcionar la experiencia vestibular y respiratoria necesaria para que Shea empezara pronto a caminar.

Cuando empezó a caminar y tuvo que enfrentarse a subir una escalera, el niño se negó a hacerlo gateando. Se empeñó en hacerlo *caminando*. Al principio se agarraba a las barras verticales de la balaustrada (su madre estaba siempre ahí con él para asegurarse de que estaba seguro). El reto final era subir las escaleras sin agarrarse a nada. Esta oportunidad siguió mejorando el equilibrio y la respiración de Shea y demostró ser muy valiosa para mejorar su movilidad (la suya y la de muchos otros de nuestros niños).

Idealmente debería pasar al menos quince minutos haciendo esta actividad con el niño cada día. Uno de los padres tiene que *estar siempre ahí* con el niño.

> Uno de los padres tiene que *estar siempre ahí* con el niño.

Caminar sobre tres terrenos diferentes

Hemos observado el desarrollo de los niños en esta etapa durante décadas y estudiado miles de registros, llevados minuciosamente por los padres, del tiempo total y la distancia que caminaban sus hijos. Nuestra búsqueda nos ha enseñado que la totalidad de la experiencia necesaria para desarrollar este nivel puede concentrarse en tres terrenos de una importancia fundamental:

Terreno uno: fácil, liso y llano

En un entorno fácil, liso y llano, como por ejemplo una pista de atletismo o un aparcamiento, el niño no tiene obstáculos de ningún tipo a los que enfrentarse. Un terreno liso es importante porque el niño no necesita levantar los pies muy alto (cuanto más alto tenga que levantar el pie, más probable es que pierda el equilibrio). Este terreno le proporciona la oportunidad de caminar cada vez distancias más largas sin interrupción

Hannah, de 3 años, camina por una pendiente cubierta de hierba.

y de aumentar la velocidad a la que camina. Gracias a la falta de obstáculos, este terreno permite que el niño tenga éxito en sus intentos de caminar muy rápidamente.

Terreno dos: una colina lisa

Las carreteras lisa y asfaltadas que se elevan en una cuesta, una entrada de un garaje con una ondulación o una rampa en un centro comercial entre dos plantas son entornos que presentan un desafío para el equilibrio del niño, porque necesitará inclinarse hacia delante al subir y hacia atrás al bajar. Para enfrentarse con éxito a todos los terrenos su hijo tendrá que desarrollar la capacidad de cambiar su centro de gravedad en relación con la inclinación del terreno que esté pisando. Estos tipos de terrenos le ayudarán a aumentar su velocidad al caminar, sobre todo aquellos que obliguen al niño a caminar cuesta abajo. Cuando el equilibrio del niño mejore, su velocidad aumentará considerablemente.

Debería ir aumentando gradualmente la inclinación de las cuestas tanto como sea posible en la zona en que vive. El equilibrio y la respiración del niño seguirán desarrollándose mientras va aprendiendo a arreglárselas con inclinaciones cada vez mayores.

Terreno tres: suelos irregulares en la naturaleza

Lo opuesto completamente a las superficies fáciles, lisas y llanas del terreno uno son los bosques, los campos arados, los prados de hierba alta y las dunas de arena del terreno tres. Aquí el niño tendrá que enfrentarse a obstáculos que son difíciles de superar.

Empiece en un terreno que haga que el niño tenga que detenerse antes de intentar superar un obstáculo; un terreno que provoque que su hijo caiga cada pocos pasos, por ejemplo una superficie accidentada o irregular, es demasiado difícil. Al principio no ponga a su hijo en una situación que no pueda superar. Empiece con cosas más fáciles y pocos obstáculos y vaya aumentando la «irregularidad» cuando el niño vaya mejorando.

No anime al niño a que corra en terrenos de este tipo. El objetivo ahora es que camine de forma continua y sin parar en terrenos cada vez más duros. Además de enfrentarse a los obstáculos, el niño tendrá que luchar por mantener el equilibrio cuando su centro de gravedad se mueve de un lado a otro y adelante y atrás. También necesitará ser visualmente consciente de dónde pone los pies. El resultado de caminar en este tipo de terrenos es que crecerán las áreas vestibulares del cerebro y eso mejorará el equilibrio del niño.

Empezar a caminar en los tres terrenos

Primero déle al niño la oportunidad de caminar en varias superficies en interiores y en exteriores. Simultáneamente vayan trabajando en la actividad de subir escaleras (a los niños les encanta ese desafío). Después, una vez que ya domine estas dos actividades anteriores, empiece a caminar con el niño en los tres terrenos que acabamos de explicar. *Empiece con el terreno uno y siga estas indicaciones*:

1. Empiece caminando periodos cortos de tiempo.
2. Vaya aumentando el tiempo hasta conseguir el objetivo de caminar treinta minutos sin detenerse en ese tipo de terreno.
3. Mida la distancia que han cubierto durante esos treinta minutos. Vaya acelerando el paso gradualmente para que puedan cubrir *mayores distancias* en *menos tiempo*.

Siga caminando en el terreno uno y después empiece con el dos. Siga con el terreno dos los mismos pasos que con el uno. *Cuando su hijo pueda ya tanto con los terrenos llanos como con las cuestas, deje de practicar en los llanos (terreno uno) y pase a los irregulares (terreno tres).* Si solo tiene treinta minutos al día para caminar, haga que su hijo practique andando en el primer entorno hasta que lo domine y después pase a los siguientes. *Cuando ya vaya bastante bien en el terreno tres, caminen en cada uno de los terrenos durante veinte minutos al día e intenten caminar más rápido. Cubran distancias mayores en el mismo periodo de veinte minutos.* El tiempo total para caminar al día sigue siendo de una hora.

Frecuencia: Entre una y tres sesiones de caminar al día, dependiendo de la combinación de terrenos con la que estén trabajando.

Intensidad: Quedará determinada por la velocidad y la distancia que camine su hijo. Obviamente el aumento de la velocidad al caminar afecta directamente a lo pronto que su hijo se graduará en este nivel y empezará a correr.

> El resultado de caminar en este tipo de terrenos es que crecerán las áreas vestibulares del cerebro y eso mejorará el equilibrio del niño.

Duración	Cada sesión debería ser de entre veinte y treinta minutos de duración. De nuevo depende de la combinación de terrenos con la que estén trabajando.
Objetivo:	*Su hijo debe ir tras el objetivo de caminar (en el terreno uno) durante 800 metros sin detenerse en dieciocho minutos.*

Marlowe Doman, con 14 meses, camina y lleva una caja de pañuelos a la vez. En este momento ya caminaba 1,5 km al día y más de medio kilómetro sin detenerse.

CONCLUSIÓN

Cuando su hijo pueda caminar 800 metros en dieciocho minutos sin detenerse, la coordinación y el equilibrio del niño habrán alcanzado un

nivel tal que en ocasiones necesitará caminar más rápido. En esos casos el niño tendrá que hacer dos cosas para evitar caerse y aterrizar en el suelo, sobre todo si va cuesta abajo. Para mantener el equilibrio todo el tiempo cuando va cuesta abajo el niño tendrá que:

1. Mover los brazos y las piernas en un patrón cruzado exagerado pero maravilloso.
2. Empezar a trotar.

Y eso es precisamente lo que pretendemos. Ahora su hijo ya camina bien, con facilidad y confianza. El niño ya podrá superar algunas colinas con bastante inclinación y para bajarlas tendrá que utilizar el patrón cruzado y en ocasiones empezar a trotar. Y es algo fantástico que el niño pueda hacerlo porque no solo evita que se caiga sino, lo que es más importante, significa que el niño acaba de entrar trotando en un nivel superior de función cerebral. Correr con patrón cruzado es una función de la corteza primitiva y el niño acaba de empezar a controlarlo alegremente.

Si su hijo tiene treinta y seis meses la primera vez que corra con patrón cruzado (aunque sea por poco tiempo y vacilante), la inteligencia de movilidad de su hijo será de exactamente 100. Pero tenga la edad que tenga su hijo, esta importante habilidad inherente a esta nueva función debe ser la causa de gran entusiasmo. Su hijo ya va camino del nivel más alto de la corteza humana.

COMPETENCIA MANUAL

ESTADIO DE DESARROLLO: Niño pequeño.

ESTADIO CEREBRAL: Corteza temprana.

COLOR DEL PERFIL: Azul.

FUNCIÓN: Oposición cortical bilateral y simultánea.

EDAD MEDIA: Esta función aparece en un niño estándar a los dieciocho meses.

DESCRIPCIÓN: El niño pequeño ya es capaz de coger dos objetos muy pequeños simultáneamente, cada uno de ellos sujeto entre el índice y el pulgar de cada mano. Aunque no sea muy hábil todavía, ya es capaz de hacerlo.

OBJETIVO: La incesante curiosidad del niño resultará en una práctica sin fin de coger cualquier cosa a la que pueda ponerle las manos encima. El tamaño, la forma, la textura y el peso de los objetos que el niño elija para coger y golpear ya no estarán limitados a los objetos que sea capaz de coger; también intentará coger innumerables objetos que será incapaz de coger y eso le enseñará las limitaciones de los dedos (y del cerebro que los controla).

¿Y cuál es el objetivo de esta capacidad? Es un objetivo en sí mismo y el niño puede utilizarlo (y lo hará) para realizar tareas como comer o investigar las cosas que no conoce. Al hacerlo el niño se estará preparando también para manejar y manipular objetos de formas diferentes en cada mano. Eso puede ser el origen que más tarde llevará al niño a tocar el violín, con los dedos de una mano presionando las cuerdas mientras la otra coge el arco, o la base de la forma en que el niño más adelante se desenvolverá en la barra de equilibrio para hacer ejercicios sorprendentes durante una rutina de gimnasia.

La rapidez con la que el niño pase por esta intrigante área de función cerebral (mientras explota la multiplicidad de funciones que el uso de la corteza temprana hace posible) será resultado directo de la frecuencia con la que el niño tenga la oportunidad de utilizar esta función espléndida de muchas formas diferentes.

Podemos ayudar al niño a pasar por esta etapa rápidamente proporcionándole un entorno lleno de oportunidades para desarrollar las competencias manuales bilaterales de la corteza temprana. Si le da a su hijo muchas oportunidades y una aprobación entusiasta genuina cuando utilice sus habilidades manuales, el niño conseguirá un crecimiento cerebral extraordinario a las áreas manuales de la corteza y una inteligencia manual muy alta.

INGREDIENTES PARA EL ÉXITO

Ahora necesita darle a su hijo la oportunidad de mejorar su oposición cortical en cada una de las dos manos para poder utilizarlas individual y simultáneamente. Además necesita aprender cómo utilizar las dos manos simultáneamente con una mano haciendo una actividad para la que necesitará habilidad.

Primero déle a su hijo una caja de cartón grande y un objeto de tamaño medio en comparación con la caja para que lo saque de ella; le encantará esta actividad. Después póngale delante una caja grande y vacía y varios objetos pequeños para que los meta en ella. El niño disfrutará sacándolos y metiéndolos.

Para que continúe disfrutando al aprender cómo se hace esto, déle cajas cada vez más pequeñas hasta que le ofrezca una caja de unos quince centímetros cuadrados y varios objetos pequeños para meter y sacar de ella. Cada vez más a menudo el niño irá cogiendo la caja con una sola mano mientras usa la otra para meter y sacar las cosas. Cuando lo haga por primera vez, el niño estará utilizando ambas manos para realizar una tarea y una de ellas estará llevando a cabo una tarea que requiere habilidad.

Haga que su hijo saque fichas de póquer o algo similar de una jarra con la boca ancha y vuelva a meterlas. Llene un cuenco de metal pequeño con canicas y deje que el niño vuelque las canicas en una caja de madera. Cuando tenga suficiente habilidad, haga que saque nueces con una mano de un bote que estará sujetando con la otra. Pero asegúrese de que ninguno de estos objetos pequeños acaba en la boca del niño. O mejor, utilice objetos que sean lo suficientemente grandes para que no supongan un riesgo de atragantamiento. Cuando su hijo sea *muy* bueno en esta habilidad, deje que el niño pase agua de un vaso a otro. La bañera es un buen lugar para hacer pruebas con esta actividad.

En esta etapa del desarrollo de la competencia manual su hijo ya está en camino de conseguir la braquiación independiente. Todo el «trabajo duro» ya está hecho; ya solo es cuestión de que el niño aprenda gradualmente cómo se siente al columpiar el cuerpo y soportar todo el peso de su cuerpo.

Los petos son la mejor ropa para un braquiador

Recomendamos encarecidamente que se ponga a los niños petos para braquiar; es *la mejor* prenda para esto. Los petos son sueltos pero recios y además permiten que los padres tengan un agarre firme y seguro del niño que está braquiando. Los pantalones de cualquier largo sin bolsillos ni trabillas para el cinturón *no* son en absoluto recomendables porque no tienen nada para agarrar al niño si se cae.

La ropa voluminosa o apretada restringe el movimiento libre que es necesario para la braquiación adecuada. También sigue vigente la recomendación de que el niño esté descalzo para que el padre no se vea golpeado por zapatos duros o zapatillas de deporte mientras está proporcionándole apoyo al niño y para que el niño no se vea empujado hacia el suelo o estorbado por los zapatos al braquiar.

«Nos encanta la braquiación»

Si usted consigue que la braquiación sea una actividad divertida para su hijo, las posibilidades de que tenga éxito a la hora de enseñarle son altas. Durante todos estos años los padres han sido innovadores e ingeniosos en la cantidad y la variedad de juegos que han creado para «animar» el proceso de aprendizaje de la braquiación. Ahí va un ejemplo que nos hizo sonreír:

Una noche fuimos a visitar a una de nuestras familias. Cuando llegamos, Adriana de tres años nos arrastró rápidamente al dormitorio de sus padres, que es donde estaba la escalera de braquiación. En la pared había un gran mural que decía: «El juego de braquiación de los pececitos» con un océano dibujado con pinturas de cera y treinta colas de pececitos saliendo de treinta bolsillos. Adriana cogió una cola de pez de uno de los bolsillos. En la cola del pez había escrita una tarea: «Cuélgate durante treinta segundos». Adriana saltó para coger la escalera y se quedó colgada de un travesaño columpiándose adelante y atrás durante treinta segun-

Cuando su hijo sea muy bueno en esta habilidad, deje que el niño pase agua de un vaso a otro.

Gaetano, con 5 años, ya vuela por la escalera de braquiación y por eso no necesita llevar un peto.

dos. Después metió el pez de nuevo en el bolsillo con la cabeza hacia arriba y sacó otro pez que decía: «Braquia una vez». Con un grito de felicidad, Adriana braquió por toda la escalera y después volvió a meter el pez en su bolsillo con la cabeza hacia arriba. El tercer pececito que eligió decía: «Ve a buscar a papá para que te dé una sorpresa». Ya había encontrado el pececito que estaba buscando y Adriana salió corriendo para enseñárselo a su padre. Nosotros no habíamos intercambiado ni una palabra, pero quedaba claro para todos que Adriana se lo estaba pasando bien braquiando y que ahora iba a recibir el premio que justamente se merecía.

En otra ocasión no hace mucho, visitamos la casa de unos amigos que estaban enseñando a braquiar a sus hijos. Le preguntamos a la madre qué tal iban las cosas. Ella dijo que genial y cuando nos giramos pudimos comprobarlo: sus hijos estaban *cantando* y braquiando simultáneamente. Su madre empezó a cantar también siguiendo la melodía de *Alouette*:

> *Bra-qui-a-ción,*
> *Nos encanta la bra-qui-a-ción*
> *Bra-qui-a-ción es el juego que nos encanta jugar.*
> *Primero ponemos el brazo derecho*
> *Brazo izquierdo, brazo derecho, oh…*

Su madre había inventado la canción y a los niños les volvía locos.

Estos dos ejemplos son la prueba de que solo el cielo es el límite si usted utiliza su imaginación para que tanto sus hijos como usted se diviertan en la escalera de braquiación.

En este punto es de una importancia fundamental que mantenga el interés de su hijo por la braquiación y que cree diferentes formas por medio de las que el niño pueda desarrollar esta capacidad con total seguridad y en cualquier momento que quiera. El niño ya no necesitará su ayuda, pero todavía deberá supervisarlo. Cuantas más oportunidades le dé a su hijo de columpiarse, colgarse y braquiar, más rápidamente dominará estas habilidades. A continuación enumeramos otras formas de preparar a su hijo para la braquiación:

1. **El trapecio.** Coloque un trapecio de forma que el niño se pueda agarrar con facilidad a la vara de madera y colgarse mientras se columpia adelante y atrás. Debe estar disponible para que el niño pueda columpiarse siempre que quiera. El trapecio puede estar en una puerta, sujeto a la escalera de braquiación o colgando de la rama de un árbol en el exterior. En el Apéndice C, en la página 271, se incluyen instrucciones detalladas para construir

Estos dos ejemplos son la prueba de que solo el cielo es el límite si usted utiliza su imaginación para que tanto sus hijos como usted se diviertan en la escalera de braquiación.

lo. A los niños les encanta el trapecio y les enseña la sensación de columpiarse a la vez que prepara sus brazos y sus manos para la braquiación.

2. **Un vara en el umbral de una puerta**. Su bebé aprendió a colgarse utilizando una vara de madera en una puerta y ahora puede recuperar a ese método para enseñarle a columpiarse. Coloque la vara a una altura que le permita al niño agarrarla, levantar un poco las piernas y columpiarse adelante y atrás.

3. **Escalera de braquiación encima de la cama**. Al colocar la cama y la escalera de braquiación longitudinalmente contra una pared, con la cama debajo de la escalera, se puede crear un rincón divertido para toda la familia. Sobre todo los niños encontrarán ese lugar diferente y muy entretenido. Podrán coger los travesaños de la escalera y columpiarse mientras están de pie de puntillas sobre la cama. Ya no tendrá que preocuparse de que su hijo se caiga; la cama que tiene debajo garantizará su seguridad. Es mejor poner el colchón en el suelo; de esta forma el niño no se podrá golpear con un poste de la cama o resbalarse de la cama y acabar en el suelo al caer.

4. **Piscinas**. Algunas familias tienen la suerte de tener piscina y pueden colocar escaleras de braquiación sobre la parte menos profunda de las mismas. Si mantiene la altura de la escalera relativamente baja, el niño podrá braquiar con facilidad porque el agua le hará flotar. Después podrá ir subiendo la escalera poco a poco para que vaya soportando cada vez más cantidad de su peso y así se vaya haciendo más fuerte. *Como el niño estará en el agua, esta actividad requiere de la supervisión de un adulto el 100% del tiempo.*

Convertirse en un experto en proporcionar apoyo

Cuando su hijo empiece a braquiar con más frecuencia es crucial que usted se convierta en un experto proporcionándole apoyo. Proporcionar apoyo, como hemos explicado antes, significa ayudar físicamente a su hijo a braquiar con éxito a la vez que protegerlo para que no se caiga o se haga daño. A continuación describiremos el proceso que deberá seguir para ayudar a su hijo a braquiar con éxito:

- El principio la escalera debe colocarse justo por debajo del nivel de la cabeza de la persona que está proporcionando apoyo. Esta

Es crucial que usted se convierta en un experto proporcionándole apoyo a su hijo.

persona necesita poder estar completamente erguida, sujetar una parte del peso del niño cómodamente y caminar hacia atrás, todo ello mientras ayuda al niño a columpiarse. Aprender a hacer esto de forma cómoda necesita práctica, pero pronto le saldrá sin pensar.

- Según pasan los meses y las semanas podrá ir permitiendo gradualmente que su hijo soporte cada vez más peso con sus brazos. Si se hace adecuadamente, este proceso debería ser tan gradual que su hijo ni siquiera debería ser capaz de notarlo. Continúe proporcionándole apoyo incluso cuando el niño ya esté soportando todo su peso.

- Por seguridad no ponga la escalera muy alta y coloque una colchoneta de gimnasia de buena calidad debajo. La altura adecuada de la escalera debe ser aquella en la que el niño no quede a más de diez centímetros del suelo cuando esté colgado. Una altura menor evitará que su hijo se haga daño si se cae, porque lo más seguro es que aterrice sobre los pies. Si el niño se cae, la colchoneta absorberá la presión y el niño no se hará daño.

Escalones para la escalera de braquiación

Cuando construya su escalera de braquiación, ponga también un escalón en cada uno de los soportes verticales que se eleve unos diez centímetros del suelo. Normalmente se usa un trozo de madera de cinco por diez centímetros. Deben ser estables porque el niño se subirá a uno de ellos y empezará a braquiar estando de pie sobre el escalón. Utilizará uno de los escalones para empezar y al llegar al lado opuesto de la escalera pisará un escalón idéntico. Estos escalones son muy útiles y un factor de seguridad muy importante.

Cuando eleve la escalera a una altura en la que un adulto quepa cómodamente debajo de ella, proporcionar apoyo al niño se convierte en una necesidad fundamental independientemente de la edad de su hijo o su grado de independencia.

La ley de colgarse durante un minuto

Hemos enseñado a miles de padres a enseñar a sus hijos a braquiar independientemente: a los padres de niñas pequeñas y de niños grandes, de niños ligeros y de niños pesados. Incluso hemos enseñado a adultos de todos los tamaños, pesos y edades. Y después de enseñarles a todos ellos, hemos encontrado una ley que determina el éxito en la braquiación independiente: la ley del minuto.

La ley funciona para todo el mundo, independientemente del tamaño, la edad o el peso. La ley es la siguiente:

Si usted es capaz de colgarse de una vara de madera fácilmente durante un minuto, eso significa que tiene la fuerza necesaria para braquiar independientemente. Por esta razón si usted anima a su hijo para que se cuelgue durante periodos cada vez más largos, el resultado solo puede ser positivo. Cuanto más cerca esté el niño de poder colgarse durante un minuto, más cerca estará de ser un braquiador independiente.

¿Y por qué funciona esta ley? La razón es simple. Es más fácil braquiar que colgarse durante un minuto. Un solo pase de un lado a otro de una escalera de cuatro metros normalmente lleva menos de treinta segundos, lo que significa que el niño estará colgado solo *la mitad del tiempo* mientras braquia. Es más, durante la braquiación el niño recupera fuerza en las manos en el momento que suelta un travesaño y adelanta la mano para coger el siguiente, cosa que no ocurre al colgarse. En otras palabras, colgarse durante un minuto completo requiere más fuerza manual, y por eso fortalece las manos.

La ley del minuto ha funcionado tanto para adultos pesados (a pesar de que el peso y la edad son dos factores que hacen la braquiación más difícil) como para la niña más pequeña que hemos visto braquiar de forma independiente toda la longitud de la escalera. Esa niña todavía no tenía dos años y pesaba muy poco.

En el siguiente estadio de competencia manual aprenderá la ley del intervalo de cinco minutos, otra ley importante para colgarse y braquiar: siempre hay que dejar un intervalo de cinco minutos entre cada oportunidad de colgarse y cada pase de braquiación con ayuda. Este intervalo es esencial para permitir que los músculos de los dedos, los brazos, las manos y los hombros recuperen su fuerza máxima. También es importante dejar descansar la piel de los dedos y las palmas. Utilice ese intervalo de restauración de cinco minutos con su hijo.

Siempre hay que dejar un intervalo de cinco minutos entre cada oportunidad de colgarse y cada pase de braquiación con ayuda.

Algunos detalles sobre proporcionar apoyo

- *Proporcionar apoyo desde delante.* Esto le dará ventaja porque podrá ver la cara de su hijo, lo que le permitirá estar siempre seguro de que todo va bien. También su hijo se sentirá más seguro y feliz si puede ver *su* cara.

Angelo, de 2 años,
braquia pasando de un
travesaño a otro.

También su hijo
se sentirá más
seguro y feliz
si puede ver *su* cara.

- *Sujete con firmeza al niño.* Como el braquiador no es todavía independiente, mantener una sujeción firme sobre él es esencial para evitar que se caiga. La forma más segura de agarrar al niño es meter las dos manos dentro de los bolsillos del pantalón y sujetarlo con fuerza. Si el niño lleva cinturón, podrá agarrar el cinturón a ambos lados del cuerpo. Si el niño pesa muy poco puede agarrarle por la cintura.

- *Observe las manos del niño.* No pierda de vista las manos del niño. Así, si resbalan, lo verá enseguida y podrá sujetarlo mejor. Además podrá decirle a su hijo cuándo ha llegado el momento de soltar un travesaño y agarrar el siguiente. El niño debe concentrarse en mirar el siguiente travesaño que va a agarrar.

- *Braquiar con patrón cruzado.* La braquiación eficaz se hace con patrón cruzado. Esto significa que las dos manos nunca están sobre el mismo travesaño. *Siempre* debe animar al niño para que agarre el travesaño siguiente. Parte de la belleza de la braquiación independiente es que es rápida; puede que al niño le lleve menos de veinte segundos hacer un pase. Moverá las manos con tanta rapidez que la oposición cortical es casi simultánea en ambas manos. Es una preparación perfecta para este nivel de competencia manual. Si el niño va lento, perderá el impulso hacia delante que hace que la braquiación sea más fácil. Anime al niño para que no vaya tan lento.

- *Coloque una colchoneta de gimnasia bajo la escalera.* Esta precaución permitirá que el niño se relaje y braquie de forma más cómoda. Inconscientemente el niño sabrá que no se hará daño si se cae.
- *Enseñe al niño a columpiarse y anímele a hacerlo.* Columpiarse es tal vez la parte más importante de la técnica de braquiación. Si tienen la oportunidad, observen a un hombre fuerte intentando braquiar por primera vez: cruzará la escalera utilizando la pura fuerza de sus músculos. Lo hará *tirando de todo su cuerpo hacia arriba* con un brazo para poder alcanzar el siguiente travesaño. Así resulta una tarea difícil y torpe. Sin embargo los niños experimentados braquian como los expertos, los gibones, columpiando sus cuerpos adelante y atrás como si se tratara de péndulos. Una vez iniciada, la acción continuará mientras progresen de un travesaño a otro. El movimiento es grácil y *mucho más fácil*. Y lo es porque el propio peso del cuerpo lo lleva hacia delante y el siguiente travesaño se alcanza con facilidad, lo que hace necesaria mucha menos fuerza.

Enseñar a su hijo cómo columpiarse

Hay muchas formas de enseñar a su hijo a columpiarse. Ya le comentamos algunas en el estadio IV. Como el niño ya ha aprendido a colgarse de una vara de madera o de un trapecio, ahora podrá aprender a columpiarse utilizando esos mismos elementos. Eso le servirá de preparación para columpiarse en la escalera.

El método más común para enseñar a su hijo a columpiarse (y un requisito para proporcionarle apoyo correctamente) es columpiar *usted* al niño *mientras* le está proporcionando apoyo. Y la mejor forma de hacer esto es la siguiente:

Primero agarre al niño de forma segura por los bolsillos del pantalón. Una de las manos del niño tiene que estar en el travesaño de delante, en este caso digamos que es la izquierda. La mano derecha se agarrará al travesaño que hay detrás del que agarra la mano izquierda. Después empuje con ambos brazos al niño hacia la dirección contraria adonde está usted para empezar el movimiento de péndulo. El momento más crítico de la braquiación es cuando una mano suelta un travesaño para agarrar el siguiente. En ese momento el niño queda colgando solo de una mano. Es cuando le hará falta su apoyo. Sujete al niño en alto lo suficiente como que para que no suelte el único travesaño que agarra en ese momento. Cuando la mano libre del niño haya agarrado el siguiente travesaño podrá reducir la cantidad de apoyo que le proporciona. Al soltar la otra mano repita el proceso. Cuanto más realice esta secuencia con su hijo, más habilidad ganarán los dos. Empezará a «sentir» la cantidad de apoyo que necesita su hijo. Sabrá cuánto necesita levantar al niño para que pueda conseguir agarrar el siguiente travesaño y no tendrá que darle más que eso. De hecho, irá gradualmente reduciendo la cantidad de apoyo que le proporciona. Siga reduciendo la cantidad continua pero gradualmente hasta el día que el niño braquie la longitud de la escalera completa sin ayuda (solo vigilándole) sin siquiera darse cuenta.

La siguiente serie de fotografías muestra a una madre proporcionándole el apoyo adecuado a su hija, que está braquiando de un travesaño a otro.

> Columpiarse es tal vez la parte más importante de la técnica de braquiación.

CONCLUSIÓN

Su hijo ya es un verdadero profesional cogiendo incluso los objetos más pequeños y puede hacerlo sin esfuerzo con una mano o con las dos a la vez. En este momento el bebé empezará a interesarse y a aprender cosas sobre los contenedores y las cosas que contienen: cubos, cajas, botes y cuencos empezarán a fascinar a su bebé. Al principio se conformará con sacar y meter cosas en los contenedores; eso inevitablemente le llevará a meter cosas (como bloques de construcción) en contenedores (por ejemplo, una caja de cartón) con el objetivo de llevarlas a otro sitio y todo ello al mismo tiempo.

El niño está empezando a jugar utilizando las dos manos simultáneamente y con una realizando una tarea que requiere más habilidad. Cada vez más a menudo el niño tenderá a coger la caja con una mano y sacar los objetos con la otra. Cuando el niño empiece a hacerlo habrá cruzado la frontera entre la corteza temprana y la corteza primitiva. El niño está subiendo (con su ayuda) cada vez más arriba por la sucesión de funciones cerebrales.

Cuando su hijo haga cualquiera de la docena de acciones diferentes que requieren el uso de una mano para una tarea que requiere habilidad y la otra para asistir a la primera, ya habrá entrado en el nivel de color añil, el de la corteza primitiva.

Si su hijo tiene oportunidades ilimitadas para utilizar ambas manos a la vez con habilidad, así como de braquiar, el niño podrá pasar al nivel de color añil a la edad de solo veinticuatro meses. Si el niño tiene treinta y seis meses, tendrá una inteligencia manual de 100 exactamente. A este respecto el niño será exactamente igual que un niño estándar. Por supuesto debe recordar que estos niveles de inteligencia presuponen que usted le ha estado enseñando a su hijo desde el momento del nacimiento y que ha seguido este libro al pie de la letra.

Sin embargo, independientemente de la edad que tenga, el niño ya estará operando en las áreas manuales de la corteza primitiva y eso ya es un nivel muy alto para cualquier niño pequeño.

Carmella, de 5 años, se está iniciando en la braquiación. Se inclina hacia delante y se agarra al primer travesaño con la mano izquierda. Después agarrará el siguiente travesaño con la derecha.

Frecuencia:	El niño debe braquiar al menos quince veces al día. Déle a su hijo múltiples oportunidades de coger objetos y meterlos y sacarlos de cajas y de que aprender a verter líquidos.
Intensidad:	Déle solo el apoyo que su hijo necesite para lograr la actividad.
Duración:	El tiempo que le lleve al niño completar un pase por la escalera de braquiación.
Objetivo:	*Utilizar las manos para coger objetos simultáneamente y braquiar quince veces al día soportando el 75% de su peso y agarrando un solo travesaño de forma independiente.*

EL PROGRAMA DE EQUILIBRIO ACTIVO PARA CONVERTIR A LOS BEBÉS QUE ANDAN EN GIMNASTAS

Requisitos previos

Si ha empezado el programa tarde, pasar entre dos y cuatro meses realizando el programa de equilibrio pasivo es un requisito previo para el programa de equilibrio activo. El mecanismo vestibular, como las otras partes del cerebro, crece con el uso. El programa de equilibrio pasivo pone «en forma» (es decir, madura) el mecanismo vestibular para el programa de equilibrio activo. Sin el programa pasivo, las técnicas activas resultan difíciles para un niño pequeño. Con el programa pasivo ya superado, las técnicas activas son el siguiente paso lógico en el juego del equilibrio. Tal vez las actividades pasivas pueden quedar relegadas a la posición de premios especiales cuando se haga algo muy bien. Cuando el programa activo se amplíe, se irá reduciendo gradualmente el programa pasivo.

Un principio básico del desarrollo cerebral: la información sensorial debe proporcionársele primero al sistema nervioso central. Las áreas motoras del cerebro son completamente dependientes de la información de los requisitos previos que se ha almacenado en las áreas sensoriales. El programa de desarrollo del equilibrio pasivo proporciona a las áreas sensoriales la información necesaria.

Cómo funciona

El programa de equilibrio activo se llama así porque *todas las actividades las tiene que realizar el niño*. En el programa de equilibrio pasivo el padre hacía todo el trabajo mientras el niño se iba «empapando» pasivamente de toda la información. Ahora cambian los papeles: el niño hace todo el trabajo y los padres se convierten en entrenadores y animadores.

El programa de equilibrio activo se llama así porque *todas las actividades las tiene que realizar el niño.*

Ingredientes para el éxito

Su hijo ya debería estar llevando un peto suelto por encima de una camiseta de manga corta o un polo y por tanto a estas alturas se sentirá bastante libre y cómodo con esa ropa. Deberá tener los pies descalzos, de esa forma podrá moverse mejor y no se verá restringido por los zapatos ni le podrán hacer daño.

Los siguientes procedimientos de seguridad deben seguirse a rajatabla en todo momento. También le aconsejamos enseñarle estas precauciones a su hijo.

- *Antes de empezar una actividad, inspeccione el entorno.* Asegúrese de que las condiciones son aceptables. Si está en el *interior*, compruebe la superficie del suelo para asegurarse de que no resbala y de que no hay objetos o muebles en medio. No utilice una zona en la que pueda entrar o cruzar gente inesperadamente. Si está en el *exterior*, asegúrese de que las condiciones del suelo son seguras, las atmosféricas cómodas y la zona está libre de otras personas que puedan ponerse en medio sin darse cuenta.
- *Haga una demostración de la actividad que va a hacer su hijo.* Si el niño ve que usted disfruta de una actividad, sabrá a qué atenerse y también esperará disfrutar de la actividad igual que usted.
- *Sea un entrenador para su hijo.* ¿Usted un entrenador? Sí, usted. Es un papel muy importante para un padre. Asuma este papel porque el niño, al menos inicialmente, necesitará ayuda física con las actividades hasta que logre la independencia total. El entrenador es la persona responsable de supervisar el programa y ayudar en lo necesario y de asegurarse de que se tienen en cuenta todas las precauciones. El niño está «entrenándose» para actividades de equilibrio más avanzadas. Usted, su entrenador, necesita irse desarrollando a la vez que el niño. Después de su graduación en las actividades del programa de equilibrio, su hijo ya estará listo para la gimnasia y otros deportes como el patinaje artístico, el salto de trampolín o el ballet. En los Institutos hemos descubierto que la gimnasia es una actividad de equilibrio de alto nivel. Los gimnastas son capaces de mantenerse en equilibrio a pesar de sus rapidísimos giros y volteretas. Como entrenadores, los padres tienen la importante tarea de ayudar físicamente al niño a aprender la sensación de las actividades que está haciendo. Entrenando a un niño para que realice el programa de equilibrio activo, tanto el padre como el niño acabarán preparados para la gimnasia y deportes similares.
- *Sea un animador para su hijo.* Cuando ya haya entrenado a su hijo para estas actividades, podrá convertirse en un animador. Anímelo, alábelo y celebre que su hijo haya conseguido completar actividades que a un adulto estándar le costarían. Esta respuesta positiva le hará saber a su hijo que sus padres siguen siendo

Esta respuesta positiva le hará saber a su hijo que sus padres siguen siendo una parte vital del proceso que le llevará a alcanzar la excelencia física.

una parte vital del proceso que le llevará a alcanzar la excelencia física.

Las actividades del programa de equilibrio activo

1. *Rodar sobre sí mismo «como un tronco».* Su hijo se ha estado preparando para rodar de forma independiente desde que le ayudó por primera vez a rodar como parte del programa de equilibrio para recién nacidos. Todas las actividades rotacionales que han realizado durante el programa pasivo también han sido una preparación. Una vez que el niño, tenga la edad que tenga, puede rodar para estar primero sobre el estómago, luego sobre la espalda, y después sobre el estómago otra vez, estará preparado para intentar rodar de forma independiente. El niño pronto se pondrá a rodar como un tronco.

   Todo lo que necesita es continuar rodando hasta que consiga hacerlo sucesivamente varias veces. Para conseguirlo sigan este proceso:

   • Una vez que el niño pueda rodar sobre sí mismo de forma independiente, póngase de rodillas a su lado y, con ambas manos, haga que el niño ruede hacia un costado y después hacia el otro. Después ayúdele a seguir rodando para alejarse de usted. Siga a su hijo caminando de rodillas y haciendo este proceso varias veces. Ahora gire al niño hacia el otro lado y ayúdele a rodar hasta la posición inicial. Decimos que esto es «rodar como un tronco» porque es una acción similar a hacer rodar un tronco por el suelo.

   • Cuando su hijo pueda rodar varias veces independientemente, túmbese paralelo al niño y rueden ambos a la vez. Rueden varias veces en una dirección y vuelvan rodando a la posición original. (Es importante mantener el impulso tanto en la dirección de las agujas del reloj como en la contraria).

   • Aumente gradualmente el número de veces que ambos rueden sin detenerse. Si el espacio es limitado, simplemente continúen rodando adelante y atrás en la misma zona.

   Frecuencia: Empiecen con varias sesiones breves, como por ejemplo rodar una vez, diez sesiones espaciadas. Cuando se vaya desarrollando la capacidad de rodar sin parar, reduzca la frecuencia a cuatro sesiones de cinco metros de rodar sin parar en cada dirección.

Intensidad: Una vez que ya sepa rodar de forma independiente, anime al niño a aumentar la velocidad.

Duración: La duración aumentará según crezca la habilidad del niño para rodar sin detenerse. Paren siempre antes de que el niño quiera parar. La duración mínima total debería ser de cinco minutos al día.

Su madre ayuda a Angelo a rodar sobre sí mismo como un tronco.

2. **Volteretas hacia delante.** Su bebé también se ha estado entrenando para hacer volteretas hacia delante de forma independiente. La actividad de mecerlo verticalmente cabeza abajo ha preparado al niño para recuperar la orientación cuando sus pies quedan por encima de su cabeza. Las actividades rotacionales han adaptado los mecanismos vestibulares para las actividades de giro.

En cuanto el niño pueda caminar para ir de un sitio a otro y pueda llevar objetos fácilmente mientras camina, el niño estará listo para las volteretas hacia delante. Si usted le ha estado dando ejemplo frecuentemente, verá como su niño de dieciséis meses se agacha, pone la cabeza en el suelo, mira entre sus dos piernas e intenta impulsarse para dar la vuelta. Sin embargo, antes incluso de eso, puede enseñarle a su bebé la experiencia de hacer volteretas. Ya a los seis meses, aunque el bebé no camine todavía, podrá poner con mucho cuidado la cabeza de su bebé sobre una colchoneta mullida, mantener la cabeza ahí sujetándola con

Su madre ayuda
a Angelo a hacer una
voltereta hacia delante.

una mano, coger la cadera del bebé con la otra, y hacerlo girar suavemente. Hacer eso diez o quince veces al día enseñará al cerebro de su bebé la sensación de girar sobre ese eje.

Cuando su bebé empiece a caminar, continúe con el proceso de enseñarle volteretas. Ahora el niño podrá poner la cabeza y las

manos en el suelo sin ayuda o colocarse en la posición adecuada desde su postura a cuatro patas. Todo lo que necesita el bebé ahora es un poco de ayuda para girar; puede darle un leve empujoncito con la mano apoyada en su culito mientras con la otra mano le mete la cabeza para que pueda girar. *Asegúrese de que el bebé aprende a meter bien la cabeza entre los hombros para que haga el giro con la barbilla pegada al pecho.* Cuando el bebé aprenda a hacerlo, ya no necesitará ayuda; solo tendrá

que darle el empujoncito. Hay dos formas de ayudar al niño a tener la «sensación» de hacer una voltereta hacia delante sin ayuda: puede hacer que el niño haga la voltereta hacia delante sobre un plano inclinado cinco o diez grados colocado sobre la colchoneta o que lo haga en alguna leve inclinación en el exterior. La gravedad le ayudará y tirará de su cuerpo hacia la cabeza.

Enseñe a su hijo a conducir los pies hacia las manos después de poner la parte alta de la cabeza en el suelo. Esta acción acabará empujando las caderas hacia la cabeza del niño, de forma que su equilibrio quedará descentrado hacia delante haciendo que el cuerpo se proyecte hacia delante también.

Seguir con estos intentos y proporcionarle un ejemplo constante ayudará al niño a hacer volteretas de forma independiente a los dieciséis meses de edad o incluso antes. Al niño le encantará ir por toda la casa dando volteretas.

Marlowe Doman, con 15 meses, se prepara para hacer una voltereta hacia delante. En cuanto el niño empiece a caminar para ir de un sitio a otro y pueda llevar objetos mientras camina sin dificultad, ya estará listo para empezar con estas volteretas.

Frecuencia: Empezar haciendo una voltereta hacia delante asistida diez veces repartidas durante el día. Una vez que el niño pueda hacer la voltereta hacia delante de forma independiente, aumente la frecuencia a una voltereta independiente quince veces al día.

Intensidad: Empiece lentamente y vaya aumentando la intensidad gradualmente atendiendo al nivel de entusiasmo del niño. Una vez que pueda hacer las volteretas hacia delante de forma independiente, anime a su hijo a hacerlas cada vez más rápido.

Duración: La duración irá aumentando a la vez que la habilidad de su hijo para hacer las volteretas. Pare siempre antes de que el niño quiera parar. La duración mínima total al día debería ser de cinco minutos.

Angelo con 2 años camina
sobre la barra mientras
su madre le proporciona
apoyo.

Es imposible imaginarse hacer estas volteretas de forma cómoda en una superficie que no sea una colchoneta de gimnasia o tal vez un campo cubierto de hierba. Una superficie acolchada es esencial para que el niño pueda hacer esta actividad de forma segura y cómoda.

3. *Caminar sobre la barra de equilibrio.* Todo el programa de equilibrio de su hijo desde el nacimiento se ha diseñado para conseguir que tenga una agilidad y un equilibrio excelentes. Y eso, en combinación con el rápido desarrollo de su capacidad para caminar, ha sido una preparación para llegar a la barra de equilibrio.

Una y otra vez nos sorprendemos cuando las madres nos dicen cómo a sus bebés, que solo llevan caminando unos pocos meses, les encanta caminar por la barra. La razón es que a los bebés que caminan les encantan los retos, así que es aconsejable tener la barra preparada pronto. (Mi hijo Marlowe mostró su deseo de caminar por ella ya a los doce meses, por ejemplo). Debe asegurarse de que la barra esté situada en un lugar seguro, porque una vez que se suba a ella, su hijo no *querrá* bajarse.

Siga este proceso paso a paso hasta que el niño camine de forma independiente sobre la barra de equilibrio. Debe estar siempre descalzo; los calcetines no provocan ni la tracción ni la sujeción que provocan los pies descalzos.

- Ponga en el suelo un trozo de cinta de diez centímetros de ancho y dos metros y medio de largo. Juegue con el niño a un juego en el que usted y él caminan por toda la longitud de la cinta sin «caerse».
- Coloque un trozo de madera de cinco por diez centímetros y dos metros y medio de largo sobre un suelo con alfombra de forma que quede tumbado y totalmente apoyado. Así tendrá una barra de equilibrio de diez centímetros de ancho y dos metros y medio de largo*. Usted y su bebé deben caminar por ella. Intente no coger las manos de su bebé porque lo que se pretende es que el cerebro se desarrolle hasta el punto de que pueda caminar por la barra independientemente. Recuerde que al darle las manos provocará que el niño confíe en su equilibrio. Por supuesto debe vigilarlo de cerca y ayudarlo si es necesario. Puede poner la barra paralela a la pared, a unos treinta o sesenta centímetros; así el niño podrá utilizarla para mantener el equilibrio. *Deje que el niño encuentre su propio equilibrio.* Treinta centímetros de caminar de forma independiente son mejores que treinta metros con su ayuda. Si elige colocar la barra junto a la pared, asegúrese de que el niño no caiga entre la barra y la pared.
- Fabrique su propia barra de equilibrio que tenga dos metros y medio de largo y unas dimensiones de diez por diez centímetros como se explica en el Apéndice C, en la página 272. Igual

Treinta centímetros de caminar de forma independiente son mejores que treinta metros con su ayuda.

---

* Por extraño que parezca, los estándares de la industria de la madera marcan un ancho establecido de nueve centímetros, pero no se preocupe porque eso es suficiente para los pies de su bebé. Por cierto, si cuando traiga la madera del almacén de maderas o la carpintería la barra le resulta áspera, invierta unos minutos en lijarla antes de poner los pies desnudos del niño encima.

que antes, camine toda la longitud de la barra con su hijo ayudándole lo menos posible.

Frecuencia:	Empiecen caminando un pase sobre la cinta o la barra diez veces repartidas durante el día.
Intensidad:	La intensidad se regulará a partir de la transición de la cinta a barras situadas cada vez a más altura. Por supuesto, una vez que el niño logre la independencia, anímelo a caminar cada vez más rápido.
Duración:	El tiempo que le lleve un pase. Pare siempre antes de que el niño quiera parar. La duración total diaria debe ser de un mínimo de cinco minutos.
Duración total:	El programa de equilibrio activo implica realizar las tres actividades diferentes durante cinco minutos cada una, lo que hace un total de quince minutos.
OBJETIVO:	*El objetivo ahora es preparar al niño para actividades aún más sofisticadas, como por ejemplo la gimnasia, a la vez que ir cediendo su papel activo a la hora de proporcionarle información vestibular. Posteriormente, cuando el niño empiece a hacer estas nuevas actividades de forma independiente, usted adoptará los papeles de entrenador y animador.*

ESTADIO V
LISTA DE COMPROBACIÓN DIARIA PARA PADRES

Oportunidades de movilidad

Oportunidades de caminar

De 1 a 3 sesiones al día, dependiendo de la combinación de terrenos.

Sesiones de entre 20 y 30 minutos sobre terrenos difíciles o sobre una combinación de terrenos:

• terreno llano y pavimentado • terreno inclinado y pavimentado • terreno irregular.

Tiempo total: 20 minutos y aumentando el tiempo hasta llegar ocasionalmente a los 90 minutos.

Objetivo: 800 metros sin detenerse sobre terreno fácil, llano y sin obstáculos en 18 minutos.

Tiempo total hoy: _____   Distancia total hoy: _____

Competencia manual

Oportunidades de braquiar con ayuda

15 veces a lo largo del día.

☐ ☐ ☐ ☐ ☐ ☐ ☐ ☐ ☐ ☐ ☐ ☐ ☐ ☐ ☐

Tiempo total: De 10 a 15 minutos.

Objetivo: Braquiar 15 veces al día en las que el niño debe soportar el 75% de su peso y coger los peldaños sin ayuda.

Oportunidades de realizar varias actividades manuales:

• coger objetos • meter objetos en cajas • aprender a verter líquidos.

15 veces al día

☐ ☐ ☐ ☐ ☐ ☐ ☐ ☐ ☐ ☐ ☐ ☐ ☐ ☐ ☐

Tiempo total: de 10 a 15 minutos.

Objetivo: Utilizar ambas manos simultáneamente para coger objetos.

Cambios percibidos hoy: _____.

ESTADIO V
LISTA DE COMPROBACIÓN DIARIA PARA PADRES

El programa de equilibrio activo

Oportunidades de moverse solo por el espacio de diferentes formas.

10 veces al día en grupos de 3 actividades.

Rodar horizontalmente como un tronco.

❏ ❏ ❏ ❏ ❏ ❏ ❏ ❏ ❏ ❏

Volteretas hacia delante

❏ ❏ ❏ ❏ ❏ ❏ ❏ ❏ ❏ ❏

Caminar sobre la cinta o la barra de equilibrio

❏ ❏ ❏ ❏ ❏ ❏ ❏ ❏ ❏ ❏

El bebé ya es independiente y pide rodar, hacer las volteretas y los pases sobre la barra más rápido y sin parar.

Objetivos: Que el niño ruede horizontalmente a la derecha y a la izquierda de forma independiente.

Que el niño haga volteretas hacia delante de forma independiente.

Tiempo: 5 minutos para cada una de las 3 actividades.

Tiempo total: 15 minutos.

Cambios percibidos hoy: _____.

13

Estadio VI: La corteza primitiva

COMPETENCIA EN MOVILIDAD

ESTADIO DE DESARROLLO: Niño pequeño.

ESTADIO CEREBRAL: Corteza temprana.

COLOR DEL PERFIL: Añil.

FUNCIÓN: Caminar y correr con patrón cruzado.

EDAD MEDIA: Esta función aparece en un niño estándar a los treinta y seis meses de edad.

DESCRIPCIÓN: El niño ya ha conseguido caminar con mucha habilidad y se cae muy pocas veces, excepto en los casos en que intenta experimentar más allá de sus capacidades de movilidad. Camina con buen equilibrio y puede correr con patrón cruzado, pero solo acaba de empezar a hacerlo.

También ha sumado a las que ya tenía dos importantes habilidades superiores: la primera es que puede utilizar los brazos, moviéndolos adelante y atrás, para impulsarse hacia delante. Cuando el niño va más rápido, la velocidad del movimiento de los brazos también aumenta. Estos movimientos se ven claramente en una fotografía de un atleta que corre un sprint con un brazo extendido completamente hacia delante como si quisiera tirar de su cuerpo con él (que es de hecho lo que está haciendo) y el brazo opuesto estirado completamente hacia atrás como si este le estuviera empujando para avanzar (algo que también es así). El niño está aprendiendo, pero según vaya progresando a través de esta primitiva, pero exclusivamente humana área del cerebro a la que acaba de acceder, hará este movimiento cada vez mejor.

La segunda habilidad añadida es la de correr con patrón cruzado: brazo derecho y pierna izquierda adelante y brazo izquierdo y pierna derecha atrás, para después revertir el patrón.

El niño ya anda y corre con patrón cruzado, una función única de los seres humanos que es producto de la corteza cerebral humana, que también es única.

OBJETIVO: Moverse más rápido y con más seguridad.

En la búsqueda sin fin de una mayor eficiencia en la movilidad, el niño empezará a acelerar la velocidad a la que camina. También se inclinará más hacia delante y separará más los pies del suelo, alternando los brazos y las piernas en patrón cruzado.

Ahora, al moverse, el niño avanza el brazo derecho y la pierna izquierda a la vez y, simultáneamente, se apoya en la pierna derecha. Después mueve el brazo izquierdo y la pierna derecha hacia delante mientras se apoya en la pierna izquierda. Cuanto más rápido se mueva el niño, más exagerado se vuelve el patrón cruzado.

Si pudiéramos congelar ese movimiento (como un fotograma congelado de una película), veríamos que el niño tiene una pierna completamente extendida detrás del cuerpo, apoyada completamente en la tierra para impulsarlo con toda su fuerza. Simultáneamente, el brazo del lado opuesto del niño está extendido para tirar del cuerpo hacia delante. Y la otra pierna está en el aire y avanzando, mientras el brazo opuesto está alejado por detrás del cuerpo del niño como si fuera a empujarlo (que es lo que hace realmente).

Cuanta más habilidad adquiera el niño caminando y corriendo con patrón cruzado, más amplia será la variedad de funciones de movilidad humanas que requieren habilidad que podrá realizar.

Angelo, de 2 años, a punto de hacer un sprint.

EN este estadio su hijo pronto se convertirá en un consumado corredor y preferirá esta actividad a caminar, porque a los niños les encanta experimentar la pura euforia del movimiento rápido. La sensación de velocidad, el viento alrededor del cuerpo y la sensación de vuelo momentáneo que surge cuando la pierna se eleva del suelo e impulsa el cuerpo hacia delante forman parte de esa experiencia sin igual para su hijo. Correr les produce a los niños tanta felicidad que hace que rían, sonrían o griten de alegría cuando corren. ¡Simplemente les encanta!

Ya tenemos la coyuntura necesaria para desarrollar la capacidad de correr de su hijo. ¿Por qué? *Porque correr hace que crezca la corteza cerebral;* es una función de la corteza humana. Si no tiene una corteza desarrollada, el niño no será capaz de correr como medio de transporte. Como correr es una función de la corteza, sirve para estimularla. Es una etapa del desarrollo igual que arrastrarse, gatear o caminar; negarle a un niño la oportunidad de correr es negarle la oportunidad de completar el desarrollo y la organización del cerebro.

Además correr mejorará la eficiencia del sistema respiratorio del niño. Como resultado de correr largas distancias sin detenerse mejorará la regularidad y la profundidad de la respiración de su hijo. Cuanto más rápido corra el niño, más rápida y más profunda se volverá la respiración y corriendo en todo tipo de terrenos además la respiración se hará más adaptable. Cualquiera que haya intentado subir corriendo un tramo de escaleras o que haya tenido que salir corriendo para coger un tren o por miedo sabe tres cosas:

Juliann, de 4 años, corre por la pista. Nótese que tiene ambos pies en el aire a la vez.

1. Que cambia la velocidad de la respiración.
2. Que la respiración se hace más pesada y más profunda.
3. Que cuanto más se corra a un ritmo continuo, más regular se vuelve la respiración.

También está claro que la respiración está íntimamente ligada a la función. No importa en qué función nos veamos inmersos, siempre hay un patrón óptimo y a menudo único de respiración para lograr la máxima eficiencia. Cuando dormimos respiramos de forma diferente que cuando comemos, y también de manera distinta a cuando hablamos, cantamos, andamos, corremos, escalamos, esquiamos, etc. Si nuestra respiración no se adaptara, es decir, no pudiera volverse más profunda o más regular cuando es necesario, no podríamos realizar las funciones deseadas. Cuanto mejor respiremos, mejor desempeñaremos cualquier función.

Cuando una persona decide volver a ponerse en forma y empezar a correr, no son las piernas las que le fallan el primer día que intenta correr un kilómetro y medio, es la respiración. Esa persona pronto se queda

Si nuestra respiración no se adaptara, es decir, no pudiera volverse más profunda o más regular cuando es necesario, no podríamos realizar las funciones deseadas.

Tres hermanas corriendo
juntas: Emily, de 10 años;
Margaux, de 8, y Juliann,
de 4 años.

sin aliento porque la respiración no puede seguir en armonía con la función. Como resultado el corredor tiene que elegir entre respirar y acabar de correr la distancia. Y naturalmente elige respirar. Es la *única* elección que tiene. Pero como la persona está decidida a volver a ponerse en forma, va aumentando gradualmente la distancia y cada día corre un poco más que el día anterior. Al final, después de varias semanas, la respiración mejora. El corredor se siente muy bien y tiene más energía. Entonces se pregunta: «¿Y no sería esto bueno para mis hijos? ¿No funcionarían mejor si salieran a correr?». La respuesta es sí, claro que sí. Correr hace que la corteza crezca y mejora la eficiencia del sistema respiratorio del niño.

Ahora que ya sabemos *por qué*, descubramos *cómo*.

INGREDIENTES PARA EL ÉXITO

Ahora que la capacidad de caminar ya está madura, que su hijo la hace bien y que también empieza a correr, el niño pasará la mayor parte del tiempo intentando correr como medio de transporte. Es en parte un reto y en parte una diversión. Según se vaya desarrollando la capacidad de correr del niño, la habilidad de caminar se volverá más fluida, porque correr es una forma exagerada de caminar. Por ello debe animar a su hijo a que corra cada vez durante periodos más largos.

Mientras el niño esté esforzándose para aumentar la distancia, intente que solo corra sobre superficies llanas y lisas. Finalmente la respiración madurará. La única excepción a la regla de las superficies llanas se aplica si quiere que al principio correr sea fácil para su hijo, en cuyo caso deberá proporcionarle la oportunidad de correr en una superficie con una leve inclinación descendente. Esto queda explicado con más detalle en el programa para correr que se incluye en las páginas 203-209.

En este momento es esencial una superficie suave y unos zapatos para correr de buena calidad y de suelas finas. El duro cemento y el pavimento no ceden al correr y son superficies duras para las piernas. La tierra compacta o la gravilla, la arena compactada o las pistas de atletismo son superficies que ceden y que le proporcionarán a usted y a su hijo un lugar cómodo para correr.

En los Institutos hay niños y adultos que corren *a diario*. Cubren distancias que van desde los tres a los cincuenta kilómetros sin detenerse. Hemos estado siguiendo durante años las reglas de usar superficies llanas y lisas que cedan y llevar buenas zapatillas de correr y ha habido muy pocos problemas. Las superficies duras provocan lesiones y dolores musculares y las zapatillas inadecuadas (o unas viejas) son fuente de dolores.

Qué ropa debe llevar un buen corredor

Las zapatillas son el aspecto más importante a la hora de vestirse para correr. Como hemos dicho, *su hijo debe llevar zapatillas de correr de buena calidad que le ajusten bien*. Las mejores zapatillas para correr son aquellas que se parecen lo máximo posible a los pies descalzos. ASICS Corporation ha colaborado con los Institutos para fabricar las únicas zapatillas

---

No hace falta gastarse mucho dinero en unas buenas zapatillas para correr. Walmart tiene una línea de zapatillas baratas, la Silver Series. La suela es fina y permiten que el pie sienta el suelo para que la información táctil y propioceptiva que recibe el cerebro sea la adecuada. Esto permite que el cerebro envíe las señales correctas a la cadera, las rodillas, los tobillos y los dedos de los pies para que se preparen para la presión. Cuando el cerebro recibe la información correcta se pueden evitar las lesiones.

Juliann, de 4 años, corre por la playa.

Las mejores zapatillas para correr son aquellas que se parecen lo máximo posible a los pies descalzos.

para correr del mundo que están diseñadas y hechas específicamente para niños pequeños. Se trata del modelo Glenn Doman y son las zapatillas ideales. Desgraciadamente en el momento en que se escriben estas líneas solamente están disponibles en Japón y Taiwán. Pero con el tiempo pretendemos que estén disponibles en todo el mundo.

Si las zapatillas se gastan (cosa que ocurrirá con el tiempo) o se le quedan pequeñas al niño (que es cuestión de tiempo) deberá comprar otras.

Hemos tenido el privilegio de vivir con los bosquimanos del desierto de Kalahari en Botswana y estudiarlos. Un bosquimano típico puede seguir a un animal durante horas a temperaturas que superan los 38°C *corriendo* por el desierto ¡*descalzo*! Y lo hace durante toda su vida. Es más, muchos de los mejores corredores del mundo corren descalzos y tienen menos lesiones que los que llevan zapatillas. Por esta razón animamos a todo el mundo a que ande y corra descalzo siempre que la superficie lo permita. Los campos de hierba y las playas son las superficies más cómodas para correr.

El niño debe llevar ropa ligera y suelta para correr. Esto es esencial para que correr sea fácil para su hijo y para que de esa forma siga manteniendo una actitud positiva ante la actividad.

Cuando haga buen tiempo, los pantalones cortos y las camisetas de manga corta son lo más aconsejable; para aquellas zonas en las que haga frío todo el año serán necesarias prendas más calientes. Fíjese en que decimos más calientes, no más voluminosas. Los jerséis pesados y gruesos y los abrigos son molestos para correr porque impiden los movimientos de los brazos y la parte superior del cuerpo del niño (y de los padres también, ya que deberán correr con sus hijos). Estas prendas tan pesadas acabarán con su entusiasmo. Es fácil ponerse demasiada ropa para salir a correr con frío, pero una vez que se empieza a correr, el cuerpo se calienta y todo el mundo empieza a tener demasiado calor. Si se ha puesto un abrigo grueso para correr y al final tiene que quitárselo, tendrá muchas posibilidades de coger un resfriado. Sin embargo si lleva muchas capas de ropa, podrá ir quitándoselas una a una hasta que esté cómodo. Póngale varias capas de ropa ligera al niño (y póngaselas usted también). Empiece con una capa de ropa interior de manga larga (dos si es necesario), pantalones cortos, una camiseta de cuello vuelto, una sudadera, un gorro de lana y guantes. Unos calcetines hechos de algodón grueso o de lana fina mantendrán calientes sus pies. Como los pies son los que más acción producen al correr (y por tanto se calentarán los primeros) con un solo par será suficiente. Recuerde entrar directamente en algún lugar interior justo después de correr, sobre todo si las zapatillas de su hijo o las suyas están húmedas.

Claro que si la temperatura en el exterior alcanza límites que la hacen incómoda por sí sola, correr en una pista interior o en un centro comercial (pronto por la mañana o a la hora de cenar, cuando hay poca gente por allí) son buenas alternativas.

Tenga en cuenta que caminar en la nieve puede ser un buen ejercicio respiratorio. Si las condiciones no permiten salir a correr, una hora caminando para volver a subir una colina que acaban de bajar en trineo o simplemente andar por la nieve para disfrutar del paisaje será a un buen entrenamiento para la respiración. Y un buen rato para disfrutar con su hijo.

Utilice el sentido común

Correr en superficies resbaladizas o heladas o en otras en las que haya baches puede ser una fuente de problemas. Tampoco corra nunca cuando el niño esté cansado o tenga hambre o sed. Haga que el niño descanse, se eche una siesta y tome una comida ligera y algo para beber antes de salir a correr. Correr aumenta el apetito, así que tenga algo preparado para después también.

Nunca presione al niño para correr, ni física ni emocionalmente. Nunca empuje al niño mientras corren juntos. Solo los ánimos positivos con-

Nunca corra cuando el niño esté cansado o tenga hambre o sed.

seguirán que tenga éxito. Si el niño se niega a correr, acéptelo; seguro que solo es algo temporal.

Si el niño no quiere correr al principio, que se siente en alguna parte y mire como corre *usted*. Eso le servirá de ejemplo. Al final el niño no podrá resistirse a levantarse de un salto y unirse a usted. Los niños pasan por fases, así que no se sorprenda si decide dejar de correr o de braquiar durante una temporada. Usted siga dándole ejemplos de braquiación y de lo divertido que es correr. Al niño no le importa nada su desarrollo cerebral o su bienestar físico; lo que al niño el importa es estar con *usted*. El niño *disfruta* del tiempo que pasa con usted.

Nunca presione al
niño para correr,
ni física ni
emocionalmente.

Hay una diferencia importante entre el *niño* que le da la mano a su padre y el *padre* que le da la mano al niño. Cuando somos nosotros los que le damos la mano al niño, somos nosotros los que tenemos el control. Si intentamos tirar del niño hacia delante, el niño *tenderá* a tirar hacia atrás y eso crea una dinámica poco saludable. Pero si es el niño es que le da la mano a usted, es *él* quien tiene el control; puede seguir agarrado o soltarse cuando quiera.

Cuando mis hijos tenían dos años, momento en el que empezaron a correr, yo les ofrecía el dedo corazón y el anular juntos. Les resultaba más fácil cogerme solo esos dedos. Los niños tenían el control y yo tenía la responsabilidad de establecer un ritmo con el que ellos estuvieran cómodos. Fueron creciendo y confiando en mí. Con el tiempo yo podía aumentar el paso y, para mi sorpresa, ellos seguían cogiendo mi mano y corrían más rápido. Yo seguía teniendo cuidado para no romper su confianza. Nuestros cuatro hijos se convirtieron en excelentes corredores de distancia.

Intente no desanimar al niño mencionando algún problema que tiene usted. Muchas veces los niños lo están haciendo muy bien hasta que los padres hacen algún comentario irreflexivo que complica las cosas. Por ejemplo una madre dice: «¡Vaya, qué frío hace aquí fuera!» mientras está corriendo con su hijo. En la mayoría de los casos eso ni se le había pasado por la cabeza al niño, pero seguro que en muy poco tiempo empieza a quejarse de tener frío. O si un padre empieza a quejarse de un dolor («Vaya, mi lesión en la rodilla me está dando guerra de nuevo»), su hijo empezará a rezongar antes o después.

Establecer un ritmo

La principal razón de salir a correr *con* su hijo es establecer un ritmo. Cuando empezamos a correr con los niños del Instituto Evan Thomas, ellos se mostraron muy entusiasmados con la idea. Los llevamos a la pista, los pusimos en fila y dijimos: «¡preparados, listos, ya!». Salieron disparados de la línea de salida como pura sangres al abrirles la puerta del cajón y galoparon por la pista a toda velocidad. Y estaban exhaustos a los cien metros. Jadeando, se tiraron sobre la pista. No sabían cómo establecer un ritmo.

Al principio será usted el que establezca un ritmo. Vaya un paso por delante de su hijo. Cuando el niño sea capaz de correr cada vez mayores distancias, deje que el niño se convierta en el líder de la carrera. Corran el uno junto al otro a veces. Algunos juegos como «correr sobre mi sombra» (en el que el niño tiene que permanecer encima de su sombra mientras corre) ayudan a establecer un ritmo que valdrá para distancias más largas. Si el día no está soleado valdrá con el juego «seguir al líder».

> Al principio será usted el que establezca un ritmo.

Correr en el exterior y en el mismo sitio

Cuando Tegan tenía dos años y salió a correr con su padre por primera vez, los dos fueron a una zona preciosa del Parque Fairmount, a las afueras de Filadelfia, para empezar. El parque tiene un camino largo, ancho y llano que se extiende ocho kilómetros junto a un arroyo rodeado por bosques. No se permiten los vehículos de motor; es un lugar seguro. Solo gente que va a caminar, a correr, ciclistas o algunos jinetes a caballo frecuentan ese camino. Es un lugar perfecto para empezar un programa para correr.

La idea era establecer una distancia de un kilómetro y medio para empezar andando y después correr un poco. Tegan y su padre empezaron a caminar y cuando no llevaban ni cinco metros, Tegan se paró para coger una piedra muy bonita del suelo. Los dos se pusieron a mirarla, lo que les retrasó un poco, pero siguieron. Diez metros más adelante se pararon otra vez para examinar un bicho. Este patrón se «empezar-pararse» continuó durante todo el kilómetro y medio. Tegan aprendió muchas cosas sobre los bosques, pero la salida no le sirvió para nada físicamente. Su padre se preguntó si había escogido el mejor lugar para empezar.

Todos los días andaban un kilómetro y medio y pasaban mucho tiempo examinando el entorno, pero muy poco corriendo. Se fijaban en cada rama, hoja, piedra, bicho o trozo de basura. Pero al final Tegan empezó a pasar menos tiempo mirando al suelo y más mirando adelante, al lugar adonde iban.

Hacían carreras entre las farolas que estaban separadas unos cien metros unas de otras; su padre corría delante y ella le seguía para finalmente lanzarse a sus brazos y que le diera un abrazo. La distancia que corría la niña aumentó hasta que ya pudo correr hasta el primer puente y volver (su primer kilómetro y medio de correr sin detenerse). Tegan dejó de distraerse con el entorno en cuanto lo supo todo sobre él.

Si su padre hubiera reaccionado de forma diferente ante el interés de Tegan por el entorno y la hubiera regañado, habría pasado mucho tiempo antes de que se le pasara la fase natural de curiosidad y descubrimiento. Y la actitud de Tegan hacia la actividad de correr no habría sido tan positiva.

Cada vez que el niño se pare para examinar algo es una oportunidad que tiene usted de enseñarle cosas.

Cuando empiece a correr con su hijo, respete el deseo del niño por aprender cosas sobre el entorno. Cada vez que el niño se pare para examinar algo es una oportunidad que tiene usted de enseñarle cosas. Pero después vuelvan siempre a la tarea que tenían entre manos: acaben de correr. Antes o después el entorno le acabará resultando familiar al niño.

Siempre que las condiciones meteorológicas lo permitan, deberían correr en el exterior. Correr en la casa es tan restrictivo para un niño de dos años como confinarlo en un corralito a los dos meses de edad. Si no pueden salir al exterior, la siguiente opción debe ser una pista de atletismo cubierta. Si tampoco disponen de eso, correr en un centro comercial es una buena alternativa (cuando no haya poca gente por allí).

Estructure el programa para correr

Como preparación para empezar con su hijo un programa para correr, primero tiene que haber decidido *dónde* van a correr cada día, la ropa que va a llevar el niño y haberse ocupado de comprar unas zapatillas para correr nuevas. También habrá pensado cuál es la mejor hora del día para correr.

Ahora todo lo que tiene que hacer es decir: «Bien, Jason, hoy vamos a correr cuatro vueltas alrededor de la pista». Jason ya habrá corrido tres vueltas y media, así que seguro que ya puede correr cuatro. O tal vez: «Christopher, hoy vamos a correr hasta el tercer poste de teléfono. La semana pasada llegamos hasta el segundo. ¿Crees que podremos hacerlo? Vale, entonces vamos». En pocas palabras, cuanto más familiares sean el entorno y el objetivo de la sesión para su hijo, mejor la realizará. Siempre: 1) *dígale* al niño lo lejos que van a correr antes de empezar a hacerlo y 2) *enséñeselo* para que pueda visualizarlo.

Hacer que correr sea divertido

En ocasiones correr durante periodos largos se hace aburrido para un niño pequeño y aunque el niño *pueda* continuar, no quiere hacerlo. En esos casos usted necesitará ser un poco ingenioso.

Uno de nuestros padres y su hija de tres años salían a correr entre tres y cinco kilómetros y también hacían algunos ejercicios de baile para hacerlo más interesante. Cuando su hija empezó a correr distancias cada vez más largas, su padre se llevaba un radiocasete a pilas en el que tenía su canción favorita. Para mantener el interés de la niña en las distancias más largas, encendía el radiocasete y ponía la canción. La niña hacía su propia versión del baile «pie derecho adentro, pie derecho afuera» al compás de la letra de la canción. Era bastante difícil, pero a ella le encantaba.

Aunque en ocasiones sugerimos que las actividades deben ser lo más *fáciles* posibles para los niños, ellos a veces prefieren los desafíos. Hemos descubierto que ser imaginativos y creativos es vital para que las actividades sean divertidas.

Ya se habrá dado cuenta de que correr con su hijo es el mejor incentivo para ponerse en forma usted. *Hemos tenido muchos padres y madres en el Instituto Evan Thomas que tienen mejor aspecto y se sienten mejor como resultado de hacer los programas físicos de sus hijos de manera conjunta.*

> Aunque en ocasiones sugerimos que las actividades deben ser lo más *fáciles* posibles para los niños, ellos a veces prefieren los desafíos.

De trotar a correr varios kilómetros

A continuación describimos un programa para que su hijo pase de trotar unos pocos metros a correr varios kilómetros. Obviamente no es un proceso que ocurra de la noche a la mañana. Puede llevar dos años que el niño llegue a correr varios kilómetros. Todo el proceso va sucediendo gradualmente, paso a paso, y que el niño (y usted) se divierta es la principal prioridad. El niño crecerá, cambiará, se desarrollará y madurará de muchas formas durante el proceso. El reto para los padres es diseñar un programa que sea adecuado y que se adapte a lo que el niño necesite en cada momento. No tenga miedo de cambiar de marcha cuando sea necesario.

Como estamos hablando de que se necesita un periodo largo de tiempo para que el niño empiece a correr distancias cada vez más largas, la *frecuencia*, la *intensidad* y la *duración* del programa para correr estarán en constante evolución mientras el niño se vaya desarrollando.

Como con cualquier otra función motora que realice con su hijo, siempre debe empezar con una *alta* frecuencia, una *baja* intensidad y una duración *breve*. Al principio las sesiones deben ser cortas (solo diez o quince segundos cada una) y frecuentes, con tantas oportunidades como sea posible repartidas a lo largo de todo el día. Finalmente los tres componentes (frecuencia, intensidad y duración) deberán ser los siguientes:

> **Frecuencia:**   Una sesión de correr cada día o un día sí y otro no.
> **Intensidad:**   Correr a un ritmo cómodo.
> **Duración:**   Treinta minutos de correr sin detenerse.

En las siguientes páginas le explicaremos cómo ayudar a su hijo a hacer la transición de correr distancias breves a correr varios kilómetros cada vez. Un niño de dieciocho meses ya puede empezar este proceso:

Fase 1

1. *Entrenamiento corriendo por una cuesta abajo.* Como en el capítulo anterior, elija una inclinación moderada que le permita al niño aumentar la velocidad a la que corre a la vez que mantiene el equilibrio. Inicialmente valdrá con una cuesta que tenga entre seis y nueve metros. Marque claramente líneas de inicio y de meta. Después corra con el niño desde la línea de inicio hasta la meta, déle besos y abrazos, hagan algunos ejercicios de equilibrio y vuelvan a subir caminando.

   Empiecen haciéndolo diez veces en un periodo de veinte minutos y después vaya aumentando el número de veces hasta llegar a veinte en el mismo periodo de tiempo. Cuando la velocidad de su hijo aumente se dará cuenta de que el niño sigue corriendo pasada la línea de meta. Cuando eso ocurra habrá llegado el momento de aumentar la distancia otros tres metros. Continúe ampliando la distancia a la vez que va aumentando la velocidad de su hijo.

   Primer objetivo: llegar a los 20 metros corriendo cuesta abajo. Siga haciendo crecer la distancia tanto como sea posible en el lugar en el que viva y según el número de colinas que haya en su zona. Aunque no pueda encontrar colinas con una superficie larga y llana, siga aumentando la distancia entre las líneas de inicio y de meta. Si el inicio de la carrera cuesta abajo empieza en una cues-

---

Marginal note:

Como con cualquier otra función motora que realice con su hijo, siempre debe empezar con una *alta* frecuencia, una *baja* intensidad y una duración *breve*.

ta y después el terreno se vuelve llano, el impulso que se ha cogido al bajar hará que el niño corra cierta distancia antes de empezar a reducir la velocidad.

Aunque vivan en un lugar completamente llano donde no haya *verdaderas* colinas, cualquier cuesta abajo puede servir para que el niño aprenda cómo se siente al acelerar. Incluso correr por una rampa que sube al porche delantero servirá.

Una vez que consiga dominar la técnica de correr cuesta abajo, el niño ya estará listo para hacer la transición a una superficie plana.

2. *Entrenar corriendo en una superficie llana.* Lleve al niño a caminar un kilómetro y medio por un terreno liso y llano (como se describe en el capítulo anterior) y anímelo a hacer todos los trotes o carreras breves que pueda. Empiecen corriendo 6 metros diez veces en cada sesión de un kilómetro y medio, caminando entre cada intento. Vaya aumentando la distancia que corren a 9 metros, veinte veces cada kilómetro y medio. Continúe ampliando la distancia que corren y reduciendo la frecuencia en cada sesión.

Siga esta rutina al menos tres veces a la semana y *aumente gradualmente la distancia cada día.* En cada sesión corran de acuerdo a este programa:

Programa:

Semana 1: 9 metros, veinte veces.
Semana 3: 12 metros, quince veces.
Semana 6: 15 metros, doce veces.
Semana 9: 18 metros, diez veces.
Semana 12: 23 metros, ocho veces.
Semana 15: 30 metros, seis veces.
Semana 18: 38 metros, cuatro veces.
Semana 21: 60 metros, tres veces.
Semana 24: 90 metros, dos veces.

¿Cómo animar al niño a trotar? Es fácil. Solo hace falta despertar en el niño el deseo de acelerar. Eso se traduce en: «¡Vamos a pasárnoslo bien!». Coger y lanzar una pelota o darle patadas a un balón mientras caminan suele estar entre la lista de actividades preferidas de los niños.

Siga esta rutina al menos tres veces a la semana *y aumente gradualmente la distancia cada día.*

Segundo objetivo: Que su hijo corra cien metros sin detenerse con facilidad y cómodamente.

Para este momento su hijo ya estará utilizando la actividad de correr como medio de transporte. Ahora, tanto si tiene la determinación de llegar a alguna parte como si lo hace por pura diversión, el niño se lanzará a correr espontáneamente para llegar a algún destino. Con esta nueva capacidad el niño desarrollará la respiración y con ella su nivel general de funcionamiento *más allá de los de un niño estándar.* ¡Felicidades!

Fase 2

1. *Pasar de correr 100 metros a 5 kilómetros.* Para empezar esta etapa del programa para correr el niño ya deberá ser capaz de correr cien metros sin pararse con facilidad y cómodamente.

   Hemos visto a niños de cuatro años que pueden correr esos cinco kilómetros sin parar. Pero obviamente es un objetivo a largo plazo. El tiempo que se tarde en lograr el objetivo dependerá de una cosa: el número de oportunidades que le dé al niño para correr cada vez distancias más largas.

   ¿Con qué frecuencia debería correr con el niño? Como mínimo cuatro días a la semana. Correr todos los días sería lo ideal.

   ¿Cómo ir aumentando la distancia para llegar a correr cinco kilómetros? El proceso es lento y gradual. Inicialmente hagan sesiones cortas pero frecuentes, aumentando la duración según el niño vaya adquiriendo habilidad. A continuación incluimos un programa que puede seguir para ir aumentando la distancia hasta llegar a un kilómetro y medio corriendo sin detenerse.

   Programa:

   - Empiece haciendo que el niño camine un kilómetro y medio al día y, dentro de esa distancia, que corra 100 metros sin pararse. Aumente gradualmente la distancia a 200 metros, después 300 y finalmente 400 (cuatro episodios de cien metros corriendo). Separe los episodios de correr con ratos de caminar.
   - Aumente *gradualmente* la distancia a 150 metros de correr cuatro veces durante el paseo de kilómetro y medio (4 episodios de 150 metros corriendo).

> Nuestro objetivo a largo plazo será ir aumentando la distancia gradualmente hasta que llegue a correr cinco kilómetros sin detenerse.

- Suba *gradualmente* a cuatro sesiones de 200 metros corriendo durante el paseo de kilómetro y medio (4 episodios de 200 metros corriendo).

- Reduzca gradualmente los periodos de caminar entre cada episodio de 200 metros. Siga haciéndolo hasta que el niño consiga correr 400 metros sin parar dos veces durante el paseo de kilómetro y medio (2 episodios de 400 metros corriendo).

- Repita el mismo proceso con los dos episodios de 400 metros hasta que el niño corra 800 metros (casi un kilómetro) sin detenerse durante el paseo de kilómetro y medio (1 episodio de 800 metros corriendo).

- Corran 800 metros y vayan aumentando gradualmente la distancia 20 metros al día y caminando el resto del kilómetro y medio (corran 820 metros y caminen 680 y así sucesivamente).

- Aumente gradualmente la distancia que corren a la vez que reduce la distancia que caminan hasta que el niño corra el kilómetro y medio sin detenerse.

Tercer objetivo: Que el niño corra un kilómetro y medio sin detenerse. Y cuando lo consiga celébrenlo. ¡Felicidades!

Desde este momento en adelante, usted y su hijo podrán seguir gradualmente aumentando la distancia hasta que lleguen, después de muchos meses o incluso años, a los cinco kilómetros. Lo más difícil ya está superado. Simplemente continúe aumentando la distancia que el niño corre sin detenerse *gradual pero regularmente*.

Un grado de aumento razonable para su hijo es aumentar la cantidad total que corre sin detenerse un total de 350 metros en el transcurso de un mes. Por tanto, en catorce meses el niño y usted ya estarán corriendo los cinco kilómetros sin detenerse de forma regular.

Vaya aumentando la distancia total que corren sin detenerse muy gradualmente y teniendo en cuenta la edad de su hijo. Si el niño tiene tres años y acaba de conseguir correr un kilómetro y medio sin detenerse, intentar conseguir 350 metros al mes es adecuado. Si su hijo está por encima de lo que hemos explicado en los pasos 1, 2 y 3 del programa, empiece corriendo la distancia que resulte adecuada para el nivel que tiene su hijo; si un niño puede correr ya 200 metros con facilidad y comodidad, empiece el programa a partir de esa distancia.

Sobre el papel parece fácil ir subiendo hasta los cinco kilómetros, pero un buen programa no siempre va exactamente cómo lo ha planeado. Cuando el niño empiece el programa para correr, tenga en cuenta que hay otros factores que pueden afectar a que el niño consiga los objetivos. Recuerde que ahora mismo tiene a su favor el *factor más importante* que lleva al éxito: a su hijo le encanta correr. Los niños ven correr como un medio de transporte. Nosotros los adultos nos pasamos el tiempo persiguiendo a nuestros hijos para convencerles de que eso no es verdad, aunque afortunadamente no solemos tener éxito. Para los niños la sensación del viento colándose entre su pelo y de volar en el aire durante un instante es estimulante.

Los niños ven correr como un medio de transporte.

Algunos de nuestros niños del Instituto Evan Thomas ya corren cinco kilómetros a la edad de cuatro años. Una vez que usted y su hijo hayan aumentado la distancia que corren sin detenerse hasta llegar a los cinco kilómetros, mantengan esa distancia y trabajen en reducir el tiempo que tardan en correr esos cinco kilómetros. Gradualmente, después de muchos meses, conseguirán correr cinco kilómetros en treinta y seis minutos.

Para cuando su hijo tenga cinco años ya habrá alcanzado la excelencia física, y no solo comparado con un niño estándar de cinco años, sino *comparado con los adultos*. Pocos adultos y casi ningún niño de cinco años pueden correr cinco kilómetros sin detenerse.

Cuarto objetivo: Que el niño corra cinco kilómetros sin detenerse. Ahora que el niño ha desarrollado una buena respiración regular gracias a la actividad de correr largas distancias regularmente, podrá enseñarle a hacer *sprints*. Correr desarrolla una respiración eficiente y mejora la función cerebral. Puede mejorar aún más la respiración del niño enseñándole cómo se hace un *sprint*.

Puede mejorar aún más la respiración del niño enseñándole cómo se hace un *sprint*.

Hacer *sprints:* Empiece los *sprints* cuando su hijo ya pueda correr cinco kilómetros sin detenerse. Solo cuando el niño haya desarrollado una buena respiración regular corriendo largas distancias podrá empezar a hacer verdaderos *sprints*.

Un *sprint* es correr lo más rápido que se pueda. Empiece haciendo con su hijo *sprints* de 20 metros diez veces al día. Vaya aumentando gradualmente la distancia hasta que el niño pueda correr en *sprint* sesenta metros cada vez, diez veces durante el día. (Los *sprints* se añaden a las largas distancias que correrán regularmente).

Campo a través: Ahora podrán pasar de correr cinco kilómetros en un terreno llano y regular a hacerlo campo a través en un terreno con obstáculos. Este terreno producirá una variación en el patrón de respiración de su hijo; la respiración se hará adaptable. El nuevo terreno irregular también presenta desafíos adicionales para equilibrio, la visión y la percepción de profundidad.

Margaux, de 8 años, hace *sprint* por la playa.

CONCLUSIÓN

Su hijo ya ha alcanzado la excelencia física, no solo en comparación con otros niños de su edad, sino también comparado con la amplia mayoría de los miles de millones de adultos que habitan el planeta. Las posibilidades de que el niño haya establecido lateralidad o unilateralidad para este momento sin que haya tenido que hacer ningún esfuerzo consciente son excelentes. Esto significa que el niño ahora empezará a mostrar preferencia por el lado derecho o el izquierdo del cuerpo; empezará a favorecer el ojo, el oído, la mano y la pierna derechos, como es el caso del 80 por ciento de la población, o el ojo, el oído, la mano y la pierna izquierdos, como el 20 por ciento restante. Como veremos más adelante, esta preferencia la provoca el lado opuesto del cerebro que controla las funciones de estas partes del cuerpo.

Cuando el niño camina con patrón cruzado, corre con patrón cruzado y establece la unilateralidad (lo que queda demostrado si el niño le da una patada a un balón con la pierna del mismo lado del cuerpo que la mano con la que lo lanza), el niño estará ya operando en el nivel cerebral más alto conocido en el mundo: la corteza sofisticada.

Si el niño tiene seis años cuando establezca la lateralidad, su inteligencia de movilidad será de exactamente 100. Si su hijo tiene siete años, deberá proporcionarle muchas más oportunidades para desarrollar sus habilidades físicas de las que le ha proporcionado hasta el momento.

Independientemente de su edad, su hijo ha entrado en el nivel más alto de la función humana. ¡De ahora en adelante solo el cielo es el límite!

COMPETENCIA MANUAL

ESTADIO DE DESARROLLO: Niño pequeño.

ESTADIO CEREBRAL: Corteza temprana.

COLOR DEL PERFIL: Añil.

FUNCIÓN: Función bimanual con una mano realizando una tarea que requiere habilidad.

EDAD MEDIA: Esta función aparece en un niño estándar a los treinta y seis meses.

DESCRIPCIÓN: Verter agua desde una jarra agarrada con la mano más hábil a un vaso sujeto con la mano menos hábil es un claro ejemplo de «función bimanual con una mano realizando una tarea que requiere habilidad». Escribir con una mano en un papel sujeto por la otra es un ejemplo aún más claro y una función superior.

Sin embargo estas habilidades son demasiado avanzadas para un niño que acaba de entrar en el área añil de función controlada por la corteza primitiva. Según se vaya desarrollando el cerebro también lo harán las habilidades manuales del niño.

OBJETIVO: Preparar el terreno para una mayor habilidad manual.

En cada una de las etapas anteriores de competencia manual el niño ha estado perfeccionando su capacidad para coger objetos con ambas manos y soltarlos. Ahora ya tiene la capacidad de utilizar las dos manos a la vez con una ayudando a la otra.

Hasta ahora, aunque utilizara un mano más que la otra, las dos tenían el mismo nivel de habilidad. Ahora empezará a destacar una mano por ser más hábil que la otra. Esa será la mano que vierta la leche de la botella mientras la otra mano sujeta el vaso.

El niño empezará a separar objetos para luego volver a juntarlos. La misma mano se utilizará cada vez más continuamente para realizar las tareas que necesitan de mayor habilidad. Si es la derecha, diremos que el niño es diestro; si es la izquierda, el niño será zurdo.

Ahora el niño ganará más habilidades bimanuales y las irá refinando hasta que un día le permitan realizar, por ejemplo, intrincados procedimientos de cirugía cerebral en un quirófano para salvar una vida o construir un bonito mueble que se convierta en una preciada reliquia familiar.

¿Y cómo puede asegurarse que el niño alcance este nivel de capacidad?

EL PROGRAMA DE COMPETENCIA MANUAL
ESTADIO VI: INGREDIENTES PARA EL ÉXITO

En los estadios anteriores de función manual el niño ha aprendido a braquiar y ha empezado a lograr la braquiación independiente. Cuando la capacidad para braquiar se vaya desarrollando, el niño empezará a utilizar las manos cada vez para más tareas bimanuales.

La ropa para un braquiador independiente

Como su hijo todavía necesitará algo de ayuda para braquiar, el niño deberá seguir llevando un peto. Una vez que sea totalmente independiente podrá llevar cualquier ropa suelta que le resulte cómoda. En cuanto a calzado, los pies descalzos son lo más aconsejable.

Todo el mundo lo hace todos los días

La braquiación debe ser una actividad muy común. El niño debe ver que todo el mundo la hace y que la hace por *diversión*. Si no pre-

IZQUIERDA: Ana se prepara para braquiar correctamente.
DERECHA: Ana llega de forma correcta y segura al travesaño.

Los pies descalzos son lo más aconsejable.

valece esa actitud en la casa, las posibilidades de que el niño logre ser un braquiador independiente son casi nulas. Por mucho que lo repitamos, nunca lo podremos enfatizar lo suficiente, así que lo diremos de nuevo: *el factor más importante para ayudar a su hijo a tener éxito braquiando es hacer que la braquiación sea una forma de vida para toda la familia.* Todos los miembros la practican todos los días y se lo pasan bien.

El objetivo es que el niño consiga braquiar de forma completamente independiente. Una vez que lo haya logrado, el objetivo será que lo haga al menos quince veces al día.

A veces los padres nos comentan que sus hijos braquian muy bien, pero que después de muchos meses todavía les piden ayuda o apoyo para columpiarse. Para que su hijo pueda aprovechar todas las ventajas que le ofrece la braquiación, es absolutamente necesario que consiga ser independiente. Si un niño no logra ser independiente casi siempre es por *falta de frecuencia.* El niño probablemente solo está teniendo las oportunidades y la frecuencia suficientes para mantener el mismo nivel de competencia. Para conseguir la independencia total los niños necesitan más oportunidades, más pases por la escalera al día, para adquirir la seguridad y la confianza necesarias. Cuando los niños se estancan en este nivel de desarrollo siempre les recomendamos a los padres que *doblen* el número total de pases que hacen al día. Al doblar el número de oportunidades, el niño pronto logra ser independiente. El tiempo adicional estará bien invertido; la alternativa son muchos más meses de prestarle apoyo y atención constantes para que logre la independencia.

Frecuencia: Treinta sesiones al día de braquiación por toda la longitud de la escalera.

Intensidad: No soportar *nada* del peso del niño y solo ayudarle a *columpiar* el cuerpo *si es necesario.*

Duración: Un solo pase por la escalera cada vez. Una vez que el niño sea totalmente independiente e *insista* en braquiar toda la longitud de la escalera solo (cosa que hará) podrá enseñarle a girar al llegar al extremo de la escalera y braquiar de vuelta en la otra dirección: *ida y vuelta.*

Ahí van algunos detalles que pueden darle a su hijo el empujoncito necesario para convertirse en un braquiador independiente:

- *Un solo pase por sesión de braquiación*

  Hasta que el niño sea totalmente independiente, solo permita que haga *un pase* cada vez. Son fáciles y rápidos. Los *pases de ida y vuelta* cansarán los músculos de las manos del niño innecesariamente y esa incomodidad puede desanimar a un niño por muchas ganas que tenga de ser independiente. Además, la piel de las manos necesita un descanso. Como todo el peso del braquiador queda suspendido de una zona muy pequeña de los dedos y la palma, la piel puede romperse si se hace la braquiación con demasiada intensidad; se pondrá roja y escocerá. No permita que ocurra esto. Siga con *un solo pase* hasta que el niño sea independiente y después obedezca la ley de los cinco minutos que explicaremos en el siguiente apartado. Así la piel de las manos de su hijo se irá haciendo gradualmente más fuerte y evitará cualquier problema. Con el tiempo puede que se formen callos en la base de los dedos; esto es perfectamente normal y un signo de que el niño es un excelente braquiador.

- *La ley del intervalo de cinco minutos*

  Entre un pase y otro debe haber *como mínimo* un intervalo de cinco minutos. Esto significa que el niño debe parar de braquiar durante al menos cinco minutos y hacer alguna otra actividad. Durante esos minutos los músculos de las manos tendrán tiempo de volver a la normalidad y tras ese tiempo habrán recuperado toda su fuerza. Haga que la braquiación sea fácil respetando esta ley del intervalo de cinco minutos. El niño tendrá mejores posibilidades de éxito si sus manos mantienen su fuerza óptima.

  Pero no es tan fácil como parece mantener esta regla. El niño protestará al principio y querrá seguir braquiando. Recuerde que siempre es mejor parar las actividades antes de que el niño quiera parar. Le está haciendo un favor a su hijo obligándole a abandonar la actividad para que los músculos y la piel descansen. El niño tiene que entender que su madre y su padre saben lo que le conviene.

  Para conseguir hacer los treinta pases diarios recomendados, la cantidad mínima de tiempo que deberá pasar practicando la braquiación con su hijo es de tres horas. Un solo pase por la escalera, que lleva menos de un minuto, más los intervalos de cinco minutos significan que una secuencia de braquiación lleva unos seis minutos. Diez pases por hora, tres veces al día dan un resultado de tres horas de braquiación al día. Idealmente esos trein-

Cuando los niños se estancan en este nivel de desarrollo siempre les recomendamos a los padres que *doblen* el número total de pases que hacen al día.

Ana, de 3 años, se columpia y braquia de forma independiente.

ta pases deben estar repartidos a lo largo del día, desde las 7 de la mañana a las 5 de la tarde. No se le debe meter prisa a la braquiación.

Haga que la braquiación sea fácil respetando esta ley del intervalo de cinco minutos.

A qué altura debe estar la escalera de braquiación

¿A la altura de los padres?

Si coloca la escalera entre tres y cinco centímetros por encima de su cabeza, la ventaja será que podrá proporcionar apoyo cómodamente a su hijo cuando braquie. La desventaja es que la escalera estará *tan* alta que el niño nunca tendrá permiso para utilizarla sin que usted esté ahí con él, de forma que la frecuencia de la braquiación quedará limitada a los momentos en que *usted* esté disponible. De todas formas, por seguridad ponga una colchoneta de gimnasia bajo la escalera.

¿A la altura del niño?

Ajuste la escalera a una altura que le permita al niño agarrar un travesaño al subirse al escalón de diez centímetros que estará incorporado al soporte vertical de la escalera. Al braquiar a esta altura los dedos de los pies del niño quedarán justo encima de la colchoneta. Si el niño se cae no se hará más daño que si se cayera mientras camina. Como esta altura asegura la seguridad el niño, este podrá braquiar siempre que quiera. Pero con el niño a esa altura será más difícil para el padre prestarle

apoyo, así que la colchoneta de gimnasia de buena calidad cobrará aún más importancia cuando el niño empiece a experimentar con la braquiación independiente.

Nuestra recomendación

La situación ideal para la braquiación es mantener la escalera a la altura de los padres hasta que el niño sea casi independiente. Cuando esto suceda, baje la escalera a la altura del niño (como se explica en el párrafo anterior) para que él solo pueda conquistar las últimas etapas anteriores a la independencia. Una colchoneta de gimnasia de buena calidad es una excelente inversión tanto para braquiar como para rodar.

Proporcionar apoyo de rodillas; otra razón para tener una buena colchoneta

Cuando baje la escalera a la altura de su hijo, para poder seguir proporcionándole apoyo será necesario que usted se ponga de rodillas. Esa es otra buena razón para invertir en una colchoneta de gimnasia de buena calidad y ponerla bajo la escalera: no solo proporcionará protección contra las lesiones si el niño se cae, sino que también hará más cómoda para usted la tarea de proporcionarle apoyo, ya que ahora tendrá que caminar sobre sus rodillas para sujetar el peso de su hijo o para empujarle suavemente para que se columpie.

Una colchoneta de gimnasia de buena calidad es una excelente inversión tanto para braquiar como para rodar.

Inclinar la escalera

A algunos padres les ha resultado útil colocar la escalera en un ángulo ligeramente descendente. Braquiar «cuesta abajo» es más fácil porque la gravedad ayuda suministrando un impulso hacia delante al columpiarse que es necesario para alcanzar el siguiente travesaño. Además el niño no tiene que estirarse tan lejos ni tan alto para lograr cogerlo. Eso le ayudará en las etapas finales que llevan a la independencia total. El principio de la escalera se coloca normalmente diez o quince centímetros más arriba que el final. La inclinación hace que el niño pueda quedarse de pie cómodamente al final de la escalera. Esto es importante porque si el niño que se está volviendo independiente afloja su sujeción de los travesaños y se suelta, no se caerá sino que podrá ponerse de pie en el suelo.

Dependiendo de la longitud de la escalera, puede que haga falta colocar el extremo «más alto» entre quince y veinticinco centímetros más arriba que el extremo «más bajo». La inclinación debe ser la justa para que los dedos de los pies del niño lleguen al suelo al llegar al extremo más bajo de la escalera.

Encima de almohadas

Pruebe a colocar almohadas en un patrón salteado justo debajo de los travesaños. Los travesaños deben quedar a una altura que el niño pueda alcanzar al ponerse de puntillas sobre las almohadas. Para llegar a la siguiente almohada el niño tendrá que estar un momento columpiándose de forma independiente.

Puede añadir estas técnicas a su batería de opciones para mantener el interés de su hijo hasta que se convierta en un braquiador independiente. Usted es la persona más indicada para decidir lo que es mejor para usted y su hijo. Pero algo es seguro: una vez que el niño logre convertirse en un braquiador independiente ya no podrá evitar que el niño braquie. Al niño le encantarán las divertidas y avanzadas variaciones que le permite la braquiación independiente.

Variaciones dentro de la braquiación

A continuación enumeraremos unas cuantas variaciones de la braquiación que son divertidas y suponen un desafío para los niños que ya braquian de forma independiente. En todos los tipos de braquiación que se explican a continuación tendrá que proporcionarle apoyo a su hijo otra vez; al principio puede que haga falta que soporte parte de su peso, pero

más adelante tal vez lo único que necesitará su hijo para lograr la independencia total sea un leve empujoncito para ayudarle a columpiarse. Tenga siempre una colchoneta de gimnasia en el suelo para proteger al niño.

Saltarse travesaños

Una vez que logre braquiar de forma independiente, anime al niño a que se salte travesaños. Con eso queremos decir que se agarre a un travesaño de cada dos mientras pasa por toda la longitud de la escalera.

Saltarse travesaños hace la braquiación *más fácil* y *mejora* las ventajas de la misma para el desarrollo físico del niño. Es más fácil para el niño braquiar así porque solo necesita agarrarse a la mitad de los travesaños, lo que hace que las manos soporten menos tensión y permite que conserven la fuerza. También hará que la forma de columpiarse del niño sea más exagerada, lo que aumentará la velocidad del movimiento hacia delante y acercará al niño más al travesaño que intenta agarrar.

Saltarse travesaños mejora las ventajas de la braquiación porque el pecho se expande mucho más con la forma exagerada de columpiarse y al estirar más los brazos para coger cada travesaño. Es más, como el número de travesaños que tiene que agarrar se ve reducido en un 50% o más dependiendo del número de travesaños que se salte, el niño podrá bra-

Cuando la escalera está inclinada, a Ana le resulta más fácil columpiarse para alcanzar el siguiente travesaño.

Al niño le encantarán las divertidas y avanzadas variaciones que le permite la braquiación independiente.

quiar distancias más largas sin detenerse. Eso potenciará todos los efectos beneficiosos de la braquiación.

Braquiar hacia atrás

Cuando el niño adquiera habilidad saltándose travesaños ya estará listo para braquiar hacia atrás. Simplemente haga que el niño mire en la dirección opuesta a la escalera antes de colgarse de ella. Todo lo que el niño necesitará para braquiar hacia atrás es aprender a columpiar el cuerpo hacia atrás y coger el travesaño que hay detrás de él. La braquiación hacia atrás mejora la convergencia de la visión porque los niños *tienen* que echar la cabeza hacia atrás para ver el siguiente travesaño.

Su madre le proporciona apoyo a Ana para que pueda columpiarse por la escalera para braquiar hacia atrás.

Braquiación de ida y vuelta

Llamamos ida y vuelta a la braquiación en la que el niño llega al último travesaño de la escalera, gira y vuelve hasta el extremo donde empezó. En vez de agarrarse al último travesaño con la palma mirando hacia delante, el niño tendrá que invertir su forma de sujetar el travesaño de manera que la palma mire hacia atrás o hacia su cara fíjese en la foto de Ana de la página 219). Cuando todo el peso del cuerpo pase a esa mano, el niño girará el cuerpo en la dirección opuesta y empezará a columpiarse hacia atrás. El impulso de la acción de columpiarse llevará el cuerpo hacia delante y así el niño podrá seguir braquiando hacia delante.

Braquiación de lado

Una vez que el niño haya aprendido a braquiar hacia atrás de forma independiente, el niño ya estará listo para aprender a *braquiar de lado*. Esta actividad es más difícil, porque no es nada fácil columpiarse de lado a lado. Además la braquiación de lado requiere que el niño cambie la posición de ambas manos. Ninguna de las dos palmas puede estar ahora mirando hacia delante; en vez de eso, la mano de delante debe agarrar el travesaño con la palma girada hacia la cabeza del niño (o en la dirección opuesta a la que está braquiando) y la mano que está «detrás» sigue mirando hacia delante igual que en la forma normal de braquiar.

El niño siempre debe tener las manos en travesaños diferentes. Esto es muy importante. Existe una tendencia a agarrar el mismo travesaño con las dos manos, lo que complica aún más la tarea y hace más difícil columpiarse. Así que enseñe a su hijo a moverse de lado animándole a colocar las manos separadas por uno o dos travesaños. Siempre debe tener la misma mano delante y la otra tiene que estar un par de travesaños por detrás. Al braquiar, la mano de delante avanzará un par de travesaños y la otra la seguirá manteniendo la distancia, y así sucesivamente.

Girar sobre sí mismo

Girar sobre sí mismo es la *crème de la crème* de las actividades de braquiación. Esta actividad implica girar el cuerpo mientras se braquia hacia delante. Aprenda la forma correcta de hacer esto y practíquela usted mismo antes de enseñársela a su hijo.

Para esta actividad la posición de las manos es diferente, lo que eleva el nivel de dificultad. Empiece agarrando los dos primeros travesaños de la escalera con las palmas mirándose. Su cuerpo debe estar en la misma posición que si fuera a hacer una braquiación de lado. Si su mano *derecha* está delante, deberá girar *en el sentido contrario a las agujas del reloj*. Si la que tiene delante es la mano *izquierda*, deberá girar en el *sentido de las agujas del reloj*. La razón de esto es la operación que hay que hacer con las muñecas, que no pueden rotar en la dirección opuesta; si lo intenta se hará daño. Hágalo bien para asegurarse de que su hijo también aprende la regla.

Si empieza con el brazo izquierdo delante, suelte la mano derecha y gire *en el sentido de las agujas del reloj*.

Ana se agarra a los peldaños de la forma correcta para hacer la braquiación de lado. Las palmas deben mirarse siempre.

Su madre le proporciona apoyo a Ana para que pueda braquiar de lado. Su madre ayuda a Ana a llevar la mano al siguiente travesaño. Las palmas siempre deben estar mirándose.

Con las palmas mirándose, Ana empieza a girarse para braquiar hacia la izquierda.

Ana se gira rotando en la dirección contraria a las agujas del reloj.

Girar sobre sí mismo *es la crème de la crème* de las actividades de braquiación.

Coja el siguiente travesaño con la mano derecha, pero tendrá que *girar la mano* para agarrarlo con la palma *mirando hacia el otro lado*, no hacia usted.

El truco puede reducirse a este patrón: las palmas se miran, la mano gira al pasar al siguiente travesaño; las palmas no se miran, la mano gira en el siguiente travesaño, y así sucesivamente.

Al niño le llevará un tiempo hacerse con la técnica, pero después de verle a usted hacerlo disfrutará mucho con estos giros.

Desarrollar más capacidades bimanuales

Cuando su hijo se convierta en un mejor braquiador, la función de las manos se hará más sofisticada. El niño tendrá ahora un gran interés en las actividades bimanuales, lo que en la mayor parte de los niños significa «desmontar cosas». Después intentará volver a montar lo que ha desmontado, pero lo cierto es que casi todas las cosas se separan más fácilmente de lo que se vuelven a juntar. Con su ayuda el niño aprenderá a realizar actividades bimanuales constructivas.

Empiece con una actividad bimanual simple y vaya separándola en pasos individuales, por ejemplo, verter agua de una jarra que se sujeta con una mano a un vaso que se sujeta con la otra. La mano que coge la jarra es la mano con mayor habilidad (recomendamos que al principio tanto la jarra como el vaso sean de plástico).

Ana agarra el siguiente peldaño. En este momento
las palmas no se miran.

Los pasos son los siguientes:

1. Coger la jarra con agua y sujetarla con la mano derecha.
2. Coger un vaso vacío con la otra mano.
3. Inclinar la jarra y verter el agua en el vaso.
4. Volver a poner la jarra en la mesa.
5. Poner el vaso en la mesa.

El éxito de su hijo en esta tarea está garantizado si le da una jarra y un vaso pequeños que el niño pueda agarrar con facilidad y empieza con una cantidad reducida de agua fresca en la jarra. Con esta actividad el niño conseguirá un resultado: un vaso de agua fresca.

Las primeras veces que intenten esta actividad será aconsejable sujetar la mano del niño con la suya y guiarle durante toda la actividad. Pueden hacer diferentes actividades manuales juntos de esta manera. A continuación enumeramos algunas:

1. Quitarle la tapa a un bolígrafo y volvérsela a poner.
2. Desenroscar la tapa de un bote y volver a enroscarla.
3. Desabrochar un botón grande de un ojal y volver a abrocharlo.
4. Untar mantequilla sobre una rebanada de pan.
5. Lavar los platos.

Con su ayuda el niño aprenderá cómo realizar actividades bimanuales constructivas.

Abigale, con 2 años de edad, realiza una actividad bimanual: abrir un bote.

La lista es larga y seguro que a usted se le ocurren muchas más actividades divertidas para los dos.

Algo importante que tiene que tener en cuenta es que hay que sacar un resultado de la actividad, si no el niño se aburrirá en cuanto domine la actividad igual que se aburre con los juguetes después de jugar con ellos unas cuantas veces.

Para este momento ya debería ser capaz de mostrarle un objeto al niño, explicarle lo que es, dejar que lo coja y después volver a ponerlo en una estantería sin estar siempre pendiente de que no acabe en el suelo.

OBJETIVO: *El objetivo en este momento es que el niño logre realizar actividades bimanuales y utilizar una mano continuamente para realizar las tareas que requieren más habilidad.*

CONCLUSIÓN

Su hijo ya lleva años, no meses, realizando funciones manuales. Dado el excelente entorno en que ha ido desarrollando su competencia manual, las manos del niño estarán tan fuertes y ágiles como las de un paracaidista. Además el niño podrá braquiar más que un soldado profesional. Si el niño ha tenido la oportunidad de hacerlo puede que ya haya empezado a escribir, pintar o tocar el violín. (Para esto consulte el libro *Cómo multiplicar la inteligencia de su bebé* publicado también por Edaf).

Si ya ha empezado a escribir y la mano que utiliza para ello es la del mismo lado que la pierna que utiliza para darle una patada a un balón, y el ojo que utiliza para mirar por un telescopio es el que está en el mismo lado del cuerpo que esa mano y esa pierna, entonces su hijo ya estará en el nivel de color violeta. El niño está funcionando al nivel cerebral más alto del desarrollo humano: ya está utilizando la corteza sofisticada.

El niño *no* necesita braquiar para pasar de etapa. La braquiación es un extra por ser físicamente espléndido.

Ahora el niño ha entrado en el nivel supremo del cerebro: la corteza sofisticada, exclusiva de los humanos. Y esta se irá haciendo cada vez más sofisticada a lo largo de la vida de su hijo.

EL PROGRAMA DE EQUILIBRIO ACTIVO PARA PASAR DE SER UN BUEN CAMINANTE A UN GIMNASTA

Ya ha introducido a su hijo en el programa de equilibrio activo básico, así que ahora ya está listo para un programa más sofisticado.

Las actividades de equilibrio activo que se enumeran a continuación comprenden una variedad de actividades que sitúan al cerebro y

Actividades de equilibrio activo

1. Caminar a la vez que sujeta objetos.
2. Rodar sobre sí mismo.
3. Volteretas hacia delante.
4. Volteretas hacia atrás.
5. Hacer el balancín.
6. Caminar o correr en terreno irregular.
7. Subir y bajar escaleras.
8. Caminar variando las alturas y los niveles, como por ejemplo encima de un muro, mientras alguien le proporciona apoyo.
9. Trepar por escaleras de mano, de cuerda, paredes o árboles mientras alguien le proporciona apoyo.
10. Saltar.
11. Salto de longitud.
12. Salto de altura.
13. Saltar con los dos pies.
14. Saltar a la cuerda.
15. Caminar por la barra de equilibrio.
16. El pino (con ayuda).
17. Sentadillas.
18. Ponerse en cuclillas (hasta llegar al suelo) y después saltar.
19. Hacer piruetas (girar el cuerpo sobre sí mismo una y otra vez como una bailarina de ballet).
20. Caminar direccionalmente (para adelante, para atrás y de lado).
21. Columpiarse.
22. Saltar de una piedra a otra.
23. Columpiarse colgando de una cuerda.
24. Caminar por la naturaleza.
25. Correr saltando por encima de una serie de objetos de varias alturas.
26. Actividades de braquiación (braquiar hacia delante, hacia atrás, de lado y girar sobre sí mismo).
27. Deslizarse sobre una tabla.
28. Trotar o correr por una cama elástica.
29. Saltar con los dos pies sobre una cama elástica (esta actividad y la número 28 deben realizarse con mucho cuidado).
30. Flexiones con los brazos o ejercicios para tocarse los dedos de los pies.

al cuerpo en cualquier posición imaginable en el espacio y en relación con la gravedad. Las que hemos incluido son actividades comunes, pero hay muchísimas más técnicas vestibulares. No dude en añadir cualquier actividad relacionada con el equilibrio que a usted y a su hijo les guste. Ya hemos mencionado algunas de estas técnicas en detalle en los capítulos anteriores de este libro, entre ellas caminar, coger objetos, subir escaleras y caminar y correr en terreno irregular, que sirven al doble propósito de desarrollar la movilidad y el equilibrio simultáneamente.

Empiece eligiendo actividades que le apetezcan a usted y a su hijo.

Frecuencia:	De la lista que se incluye más abajo, elija diez actividades para empezar. Haga cada una al menos una vez al día.
Intensidad:	Primero ayude al niño a hacer las actividades elegidas. Una vez que él logre hacerlas de forma independiente, trabaje aumentando la velocidad a la que realiza las actividades (dentro de los límites de la diversión y la seguridad).
	Recuerde que la intensidad sigue siendo vital para el crecimiento del mecanismo vestibular. Cuanto más rápido se haga la actividad, más rápido se adaptará el mecanismo del equilibrio a la complejidad del cambio espacial y gravitacional.
	Este proceso de adaptación mejora la función cerebral, lo que mantiene el cuerpo equilibrado y orientado en el espacio.
Duración:	Haga cada una de las diez actividades elegidas durante al menos un minuto cada día. La duración diaria total debe ser de un *mínimo* de diez minutos.

> Empiece eligiendo actividades que les apetezcan a usted y a su hijo.

EL PROGRAMA DE EQUILIBRIO ACTIVO FUNDAMENTAL

Ahora nos embarcaremos en un camino con un doble objetivo. El primero es completar el proceso de desarrollo de las áreas de equilibrio del cerebro. Cuando su hijo ya domine las especificidades del programa de equilibrio activo, será capaz de lograr *cualquier* actividad relacionada con el equilibrio que se proponga. El abanico de actividades es ilimitado y queda totalmente a su discreción y la de su hijo. Nuestras preferencias van por la gimnasia y el ballet, porque esas actividades son gráciles, bellas y excelentes en todos los sentidos y proporcionan una estimulación constante del equilibrio en el nivel más alto posible. En pocas palabras, siguen con el desarrollo cerebral. Sin embargo, si nadar, saltar de un trampolín, hacer surf, hacer ciclismo, esquiar, hacer patinaje artístico, hacer salto con pértiga, hacer judo, hacer aikido, o el control, la belleza y la serenidad del yoga le vienen mejor a usted y a su hijo le gustan, el niño está bien preparado para hacer cualquiera de ellas.

> Los programas de equilibrio activo y pasivo son las formas ideales para prepararse para cualquier programa de gimnasia.

Angelo, con 2 años, rueda horizontalmente como un tronco de forma independiente.

Angelo da una voltereta hacia delante de forma independiente.

Ana, de 4 años, camina por la barra de equilibrio sola.

El segundo objetivo de este programa es preparar a su hijo para realizar el programa inicial de gimnasia que se describe en las publicaciones sobre movilidad de los Institutos. *Los programas de equilibrio activo y pasivo son las formas ideales para prepararse para cualquier programa de gimnasia.*

Técnicas

- *Rodar sobre sí mismo y voltereta hacia delante*
  La capacidad de su hijo para rodar sobre sí mismo y hacer volteretas hacia delante mejorará aumentando la distancia y la velocidad con que hace estas actividades sin detenerse. *Mantenga la misma frecuencia* que se ha establecido con anterioridad: cuatro sesiones de rodar sobre sí mismo y de hacer volteretas a diario. Aumente la intensidad animando a su hijo a rodar más rápido y vaya amplian-

do gradualmente la distancia desde los cinco metros hasta los veinticinco que el niño pueda rodar sobre sí mismo sin detenerse.

Siga el mismo proceso con las volteretas hacia delante. En cada sesión anime al niño a hacer cada vez más volteretas hacia delante seguidas: una voltereta detrás de otra y después otra y otra. Cuando el niño pueda hacer varias volteretas seguidas, mida la distancia que ha avanzado. Trabajen para aumentar esa distancia hasta llegar a los veinticinco metros de volteretas sin parar. Con el tiempo el niño empezará a mostrar signos de que puede hacer una voltereta hacia delante y aterrizar sobre los pies en vez de sobre las nalgas. *Ese será el principio de las verdaderas volteretas en sucesión.* Podrá acelerar el proceso haciendo que el niño dé volteretas en una leve cuesta abajo. La velocidad aumentada que se produce al rodar cuesta abajo ayudará al niño a poner los pies debajo del cuerpo.

Proporciónele a su hijo como mínimo cinco minutos de rodar y cinco de volteretas cada día.

- *La barra de equilibrio*

Para mejorar las capacidades de su hijo en la barra, siga estos pasos:

Paso 1: Una vez que domine la actividad de caminar por toda la longitud de la barra independientemente, haga que el niño camine por toda su longitud hacia atrás. Al principio el niño mirará por encima del hombro, pero anímele a mantener la mirada hacia delante.

Paso 2: Cuando el niño pueda caminar por la barra adelante y atrás sin caerse ya podrá subirse a una barra elevada. Construya una caja de quince centímetros de alto y treinta centímetros cuadrados como se muestra en el Apéndice C (página 267) y utilícela para elevar la barra. Cuando el niño adquiera habilidad caminando por la barra elevada a esa altura, aumente la altura añadiendo otra caja. No añada más de dos cajas para aumentar la altura.

Paso 3: Según vaya añadiendo más actividades, *aumente gradualmente la frecuencia hasta los veinticinco pases por las barra de equilibrio al día.* La intensidad de la actividad quedará determinada por lo rápido que el niño camine por la barra adelante y atrás, así como por la altura de la barra. La duración seguirá siendo el tiempo que tarde el niño en hacer un pase. Inviertan un mínimo de cinco minutos sobre la barra de equilibrio.

> La velocidad aumentada que se produce al rodar cuesta abajo ayudará al niño a poner los pies debajo del cuerpo.

IZQUIERDA: Ana, con 3 años, se prepara para hacer una voltereta hacia atrás sobre una colchoneta inclinada.
DERECHA: Ana empieza colocando las manos cerca de las orejas a la vez que rueda hacia atrás.

- *Volteretas hacia atrás*

  Cuando su hijo domine las volteretas hacia delante seguidas, será un buen momento para enseñarle a hacerlas hacia atrás. Ayude al niño a hacer las volteretas hacia atrás sobre una colchoneta, una alfombra o en la hierba. Recuerde que es importante enseñarle al niño la sensación de esta nueva actividad. Igual que con las volteretas hacia delante, si el niño hace las volteretas hacia atrás en una cuesta abajo le será más fácil y empezará a ver cómo se siente tener el cuerpo y las piernas por encima de la cabeza. Enseñe al niño a colocar las manos con las palmas en el suelo y los dedos casi tocando los hombros sobre la alfombra o la hierba mientras le ayuda a rodar. Inicialmente déle la oportunidad de rodar hacia atrás (con ayuda) diez veces al día. Eso le llevará algo más de cinco minutos. Vaya aumentando el número de volteretas hasta que el niño consiga rodar hacia atrás veinticinco metros sin detenerse. Intente que el niño adquiera independencia también en esta actividad.

- *Trepar y saltar*

  A los niños les encanta trepar arriba y abajo por escaleras de mano, escaleras de cuerda, cuerdas con nudos o árboles. Trepar arriba y abajo y por encima de los objetos le proporciona una excelente opor-

IZQUIERDA: Tras completar
la voltereta hacia atrás,
Ana empieza a levantarse.
DERECHA: Ana se coloca en
la posición final olímpica.

tunidad de practicar con el equilibrio y desarrollarlo mejor. Saltar por encima de obstáculos, el salto de longitud y el salto desde algún lugar alto también son actividades que mejorarán su equilibrio. Es difícil *evitar* que los niños hagan estas actividades, así que es más sensato enseñarles a hacerlas de forma segura. Ayude y anime al niño a hacerlas proporcionándole entornos seguros para trepar o saltar (siempre bajo su supervisión). La duración diaria total de esta actividad debería ser de un mínimo de cinco minutos.

Duración total del programa

Sumando los diez minutos de técnicas vestibulares con el total de veinticinco minutos de actividades de equilibrio fundamental, la duración total del programa es de treinta y cinco minutos.

Cuando domine las actividades de equilibrio fundamental, así como algunas de las otras técnicas de equilibrio activas que hayan diseñado los dos juntos, el niño ya estará perfectamente preparado para entrar en el emocionante mundo de la gimnasia.

Ha conseguido su objetivo combinado. Su duro trabajo, entusiasmo y amor le han proporcionado a su hijo las habilidades necesarias para que las actividades de equilibrio sofisticadas le resulten de lo más natural.

ESTADIO VI
LISTA DE COMPROBACIÓN DIARIA PARA PADRES

El programa de movilidad

Oportunidades de correr

4 veces a la semana.

Empiece con sesiones de 10 a 15 segundos de correr repartidas durante la sesión de caminar. Después vaya gradualmente reduciendo la frecuencia y aumentando la duración de los periodos de correr.

Objetivos:

1. Llegar a correr 20 metros cuesta abajo.

   Edad a la que se logró: _____.

2. Correr 100 metros sin detenerse.

   Edad a las que se logró: _____.

3. Aumentar gradualmente hasta correr un kilómetro y medio sin detenerse.

   Edad a la que se logró: _____.

4. Con el tiempo llegar a correr 5 kilómetros.

   Edad a la que se logró: _____.

Tiempo total: Entre 30 y 45 minutos al día.

ESTADIO VI
LISTA DE COMPROBACIÓN DIARIA PARA PADRES

El programa manual

Braquiación

30 pases en una sola dirección con ayuda repartidos a lo largo del día hasta que el niño logre ser independiente.

Aumentar gradualmente hasta que el niño haga 30 pases en una sola dirección al día de forma independiente.

☐ ☐ ☐ ☐ ☐ ☐ ☐ ☐ ☐ ☐ ☐ ☐ ☐ ☐ ☐
☐ ☐ ☐ ☐ ☐ ☐ ☐ ☐ ☐ ☐ ☐ ☐ ☐ ☐ ☐

Objetivo: Braquiar de forma completamente independiente.

Lograr la función bimanual utilizando una mano continuamente para las tareas que requieren habilidad.

Tiempo total: De 20 a 30 minutos.

El programa de equilibrio activo

Oportunidad de moverse por el espacio de diferentes formas.

10 sesiones de actividades de equilibrio activo al día.

☐ ☐ ☐ ☐ ☐ ☐ ☐ ☐ ☐ ☐

Muchas sesiones de las técnicas de equilibrio activo fundamentales cada día. Ir reduciendo gradualmente la frecuencia y aumentando las veces que el niño rueda o cruza toda la barra de equilibrio de forma independiente y sin detenerse.

Rodar horizontalmente (reduciéndose hasta una sesión sin detenerse)

☐ ☐ ☐ ☐ ☐

Volteretas hacia delante (reduciéndose hasta una sesión sin detenerse)

☐ ☐ ☐ ☐ ☐

Volteretas hacia atrás (reduciéndose hasta una sesión sin detenerse)

☐ ☐ ☐ ☐ ☐

Cruzar la barra de equilibrio (reduciéndose hasta una sesión sin detenerse)

☐ ☐ ☐ ☐ ☐

Objetivo: Preparar al niño de forma integral, exhaustiva y segura para cualquier actividad de equilibrio sofisticada que quiera realizar.

Michelle, de 7 años,
hace una voltereta
lateral en el aire.

14

Estadio VII:
La corteza sofisticada

COMPETENCIA EN MOVILIDAD

ESTADIO DE DESARROLLO: Niño.

ESTADIO CEREBRAL: Corteza sofisticada.

COLOR DEL PERFIL: Violeta.

FUNCIÓN: En tareas que requieran habilidad, el uso de la pierna perteneciente al hemisferio dominante.

EDAD MEDIA: Esta función aparece en un niño estándar a los setenta y dos meses de edad.

DESCRIPCIÓN: Hace casi cuarenta años, ese genio que era el doctor Temple Fay, describió el proceso de la forma de caminar ya madura como «una sinfonía de movimiento». Y es precisamente eso. Es un milagro de la función humana, solo superado en gloria por el milagro del habla humana.

El niño se convierte en heredero de este maravilloso milagro a una edad media de seis años. Ahora el niño ya camina, corre y salta utilizando un patrón cruzado claro. Un perfecto ejemplo de salto con patrón cruzado es el que da una estrella olímpica al saltar vallas.

Para redondear estas funciones humanas únicas en el niño, ahora vamos a añadir la característica final del desarrollo cerebral del niño. Para este momento el niño ya habrá establecido la lateralidad: la mitad izquierda del cerebro controla el lado derecho del cuerpo y la mitad derecha del cerebro controla la mitad izquierda del cuerpo.

OBJETIVO: Si han estado siguiendo al pie de la letra las actividades descritas en este libro, el niño ya habrá establecido la unilateralidad. Cada vez que el niño vaya a coger una cuchara, un lápiz o unas tijeras y a utilizarlos, su cerebro tomará una decisión sobre qué lado del cuerpo va a utilizar. El proceso en el que el cerebro determina la lateralidad es un proceso de organización cerebral. Y este proceso se alimenta con actividades que contribuyan a la organización cerebral general, como por ejemplo las funciones bilaterales de arrastrarse, gatear, caminar o correr, y a través de las oportunidades de utilizar el lado del cuerpo elegido para realizar tareas que requieren habilidad. Cuantas más oportunidades tenga el niño de hacer todas estas actividades, más rápido establecerá la lateralidad. Además, más oportunidades le aseguran una base de organización neurológica más firme sobre la que apoyar la lateralidad definitiva.

Lo que es importante en este momento no es si el niño es zurdo o diestro, sino que si el niño, en el momento del nacimiento, tenía definido que iba a ser diestro o zurdo, acabe siendo una cosa o la otra completamente.

D E pie sobre un escalón muy alto el niño se apoyará en la pierna de la «lateralidad», guardando el equilibrio hábilmente, mientras avanza con la pierna con menos habilidad.

En cualquier caso usted debe felicitarse. Ha traído a su recién nacido hasta la condición humana única de la movilidad. Su hijo ahora puede ir adonde quiera ir y ser lo que quiera ser.

INGREDIENTES PARA EL ÉXITO

Si ha seguido los programas de este libro y ha disfrutado viendo a su hijo desarrollarse, ahora tendrá claro si el pie dominante de su hijo es el izquierdo o el derecho.

Nuestros niños del Instituto Evan Thomas alcanzan la etapa VII a los tres años (si no lo hacen antes). Muchos padres nos han comentado que notaron signos de que sus hijos eran diestros o zurdos a una edad tan temprana como el año de edad, y a veces incluso antes. Otros padres sin embargo nos han explicado que se vieron confundidos constantemente: primero estaban seguros de que su hijo era zurdo, pero al momento siguiente se mostraban convencidos de lo contrario. En el momento en que el niño alcanza el estadio VII, la lateralidad ya queda establecida de forma clara y definitiva.

¿Cuál es el lado dominante de su hijo?

Si cree que su hijo ya ha alcanzado el estadio VII en todos los sentidos pero todavía no está seguro de si el lado dominante del niño es el derecho o el izquierdo, hay algunas maneras muy fáciles de averiguarlo. Todo lo que necesitará es darle al niño oportunidades de darle patadas a balones, saltar sobre una sola pierna, saltar vallas, caminar por una barra de equilibrio y hacer ejercicios de gimnasia en los que un pie tiene que «ir delante» del otro (por ejemplo ruedas laterales). Cuanto más frecuentes y más intensas sean las oportunidades y mayor la duración, más rápido dominará completamente un lado o el otro en su hijo.

Angelo, con 2 años, corre y le da patadas a un balón.

Durante este proceso es vital que usted no influencie a su hijo a la hora de elegir su lateralidad. Solo el cerebro del niño puede determinar la lateralidad correcta. A veces ejercemos una influencia inconsciente sobre la lateralidad que muestran los niños; por ejemplo, en vez de tirar una pelota al lugar *entre* las piernas del niño, se la lanzamos hacia el pie derecho y, hasta cierto punto, influenciamos el lado que va a usar. Debemos tener cuidado de presentarle al niño los objetos *dirigidos a la línea media* de su cuerpo.

Enseñarle a su hijo *cualquier* actividad física

Ahora su hijo puede realizar *cualquier* actividad física. Física y neurológicamente el niño ya está listo para aprender cualquier cosa. *Usted*, por su parte, debe tener dos cualidades para ser un gran entrenador:

1. Debe conocer a su alumno muy bien
2. Debe conocer el deporte muy bien.

Si ha seguido los programas de este libro y ha disfrutado viendo a su hijo desarrollarse, ahora tendrá claro si el pie dominante de su hijo es el izquierdo o el derecho.

Pensemos: usted ha llevado a su hijo desde el vientre materno y la inmovilidad hasta el estadio VII. Sabe cuándo su hijo puede hacerlo mejor y solo necesita mejorar un poco su confianza y también sabe cuándo el niño se está exigiendo demasiado y por eso necesita bajar un poco el ritmo. En términos de conocer al alumno, usted es el mejor entrenador del mundo.

En cuanto a la segunda cualidad, puede que no tenga experiencia en deportes, en atletismo o en ninguna actividad física. No pasa nada: ahí es donde empieza el descubrimiento y la emoción. Juntos usted y su hijo pueden explorar la euforia de la movilidad humana. Siga estos pasos:

Heather, con 4 años,
ya lee sola.

1. Decida qué actividad física quiere realizar. Elija algo que *usted* siempre haya querido hacer. Digamos que elige la gimnasia.

2. Salga y compre libros sobre cómo aprender a hacer gimnasia. Hay cientos de libros sobre cómo aprender a hacer cualquier actividad, desde tiro con arco hasta navegación a vela. Lea sobre gimnasia para ir familiarizándose con el tema.

3. Utilizando las técnicas que se describen en *Cómo enseñar a leer a su bebé* o *Cómo enseñar conocimientos enciclopédicos a su bebé* (ambos también publicados por Editorial Edaf) y enseñe a su hijo los términos más comunes de la gimnasia. Utilizando tarjetas también podrá explicarle las diferentes posiciones y el equipamiento de la gimnasia. Haga un libro casero en el que su hijo triunfe en una exhibición de gimnasia. Así conseguirá iniciar el entusiasmo de su hijo.

4. Consulte la programación de la televisión para saber cuándo se van a retrasmitir competiciones de gimnasia e intente verlas con su hijo. No reprima su entusiasmo ni inhiba sus gritos de admiración ante la belleza de lo que contenía.

5. Vayan a una competición de gimnasia y siéntense en la primera fila. Eso *triplicará* el entusiasmo y la anticipación de su hijo. Después de la competición intente acercarse a alguno de los gimnastas y pídale que responda a sus preguntas.

6. Escriba un programa que indique exactamente cuándo planea introducir cada actividad. Ponga objetivos cuando quiera llegar a un cierto nivel.

7. Empiece a hacer algunas actividades usted mismo. Vaya unos pasos por delante de su hijo.

8. Inicie las actividades con su hijo. Mantenga una frecuencia *alta*, una intensidad *baja* y una duración *muy baja*. Pare siempre antes de que el niño quiera parar. Diseñe cada sesión para que su hijo *siempre* tenga éxito y *nunca* fracase.

9. Intente mantenerse al nivel de su hijo, aunque él pronto le superará. Siempre tendrá que estar inventando nuevas actividades para su hijo. Disfruten juntos de ese nuevo descubrimiento.

10. Cuando usted y su hijo ya hayan logrado todo lo que puedan en gimnasia habrá llegado el momento de buscar ayuda externa. Si buscan un entrenador, asegúrese de escoger uno que usted crea que es el que mejor escuchará las necesidades de su hijo y atenderá a su desarrollo. Si su entrenador es inteligente seguro que estará impresionado por lo que ha conseguido con su hijo y se convertirá en un gran aliado. Sin embargo si al oírlo el entrenador arruga la nariz, salga corriendo (no solo andando) hacia la salida más cercana.

Tenga mucho cuidado de que, pase lo que pase, no se fuerce a su hijo a competir ni se ponga la competición por encima del desarrollo personal. Nadie quiere que la presión y la competición desplacen al amor por la movilidad que ha infundido tan delicadamente en su hijo hasta ahora.

CONCLUSIÓN

¿Dónde estamos ahora? Al haberle proporcionado oportunidades extraordinarias en un entorno ideal, usted ha facilitado el crecimiento de su hijo para pasar de una etapa cerebral a otra. Si hijo ha crecido tanto en fuerza como en agilidad. Las actividades de equilibrio sofisticado le han suministrado al cerebro del niño una estimulación vestibular avanzada y un mejor desarrollo del equilibrio. La actividad de correr ha desarrollado su respiración de forma que pueda manejar mejor cualquier situación física. Además el cerebro tiene un suministro de oxígeno y una adaptabilidad magníficos, lo que ayudará al niño en cualquier situación de emergencia o enfermedad a la que se tenga que enfrentar.

Se dan las condiciones óptimas y la verdadera diversión aún está por llegar. Su hijo tiene la coordinación, el equilibrio y ahora también la respiración que necesita para lanzarse a los mayores hitos del movimiento

Tenga mucho cuidado de que, pase lo que pase, no se fuerce a su hijo a competir ni se ponga la competición por encima del desarrollo personal. Nadie quiere que la presión y la competición desplacen al amor por la movilidad que ha infundido tan delicadamente en su hijo hasta ahora.

Autodescubrimiento *versus* competición

Nosotros creemos que la movilidad humana y la excelencia física son bellos procesos de la naturaleza a través de los que un diminuto e inmóvil bebé aprende a adaptarse al entorno y a lograr altos niveles de movilidad y de función cerebral.

Sin embargo si le preguntamos al mundo qué cree que es la excelencia física, la respuesta que obtendremos será muy diferente; una que implique músculos llamativos y un atleta poderoso, un gran competidor.

En los Institutos no nos entusiasman esas cosas que nosotros llamamos «juegos», por ejemplo el béisbol, el fútbol o el baloncesto; todo eso son creaciones del ser humano. Tal vez dentro de cien años nadie los conocerá y dentro de trescientos quizá nadie habrá ni siquiera oído hablar de ellos.

Uno de los principales problemas de estos juegos es que enfrentan a unas personas contra otras en una simulación de una batalla. Ya hay suficiente guerra real en el mundo hoy en día; nosotros no queremos hacer simulaciones. ¿Quiere decir eso que nos oponemos a la competición? Nos oponemos a cualquier tipo de competición que dicte que alguien debe conseguir más puntos que otro, que debe superar al contrario o que debe demostrar que uno de los dos es de alguna forma superior a otro. Hay muchas posibilidades de que, si usted es un adulto fofo, con un poco de sobrepeso o que evita la actividad física, eso tenga que ver con que cuando era niño le asignaran al equipo de los «perdedores». ¡Qué gran desgracia que tantos de nosotros, por culpa de las situaciones de competición pasadas, hayamos abandonado la pura euforia de la movilidad humana y dejado

de experimentar todo nuestro bello planeta y sus hermosos terrenos!

Aquí en los Institutos les enseñamos a nuestros niños lo que creemos que es un tipo de competición más elevado que podría describirse así: «Si yo quiero alcanzar un nivel más alto de movilidad, uno al que no he llegado todavía, el único obstáculo soy yo. Si yo me supero a mí mismo y logro mi objetivo, entonces habré ganado». En pocas palabras, enseñamos a nuestros niños a competir consigo mismos.

Creemos que si alguna vez hay algún nivel más alto de movilidad, una etapa VIII, y un nivel más sofisticado de función cerebral, surgirá basado en nuestra capacidad como seres humanos de adaptar mejor nuestro entorno a nosotros y tal vez de adaptar otros entornos que no sean el de la Tierra.

Para nuestros niños abogamos por actividades físicas que son extensiones esenciales de la movilidad básica. Actividades como la danza, el ballet, la gimnasia, el patinaje artístico y el yoga son ejemplos de la movilidad humana convertida en forma de arte; otras actividades como la natación, la escalada, el esquí o el ciclismo, o incluso la navegación o la equitación son formas ideadas por los seres humanos para explorar el planeta. Estas actividades nos enfrentan al entorno y nos animan a mejorarnos a nosotros mismos. Llevan en este mundo bastante tiempo y están destinadas a permanecer con nosotros los años que están por venir. Puede realizarlas una persona sola o un equipo de personas. Cuando la actividad la realiza un equipo, ese equipo está trabajando unido, no para derrotar a otro grupo de gente, sino para conseguir de forma feliz y segura un objetivo.

COMPETENCIA MANUAL

ESTADIO DE DESARROLLO: Niño.

ESTADIO CEREBRAL: Corteza sofisticada.

COLOR DEL PERFIL: Violeta.

FUNCIÓN: Utilizar una mano para escribir (y realizar otras tareas que requieran habilidad) y que esta sea la correspondiente al hemisferio dominante.

EDAD MEDIA: Esta función aparece en un niño estándar a los setenta y dos meses.

DESCRIPCIÓN: En esta etapa el niño ya ha adquirido habilidad en la función bimanual y continúa perfeccionando las habilidades bimanuales que ha estado desarrollando con acciones como gatear o braquiar. Estas actividades le darán al niño la oportunidad de enfrentarse a la gimnasia, el ballet, la natación, el esquí y otras actividades que requieran habilidad bimanual con mucha habilidad.

Sin embargo estas cosas son solo el principio. El niño ahora empieza a utilizar la mano y el ojo del lado hábil del cuerpo para realizar ciertas actividades que necesitan de mucha habilidad y que solo son funciones de un lado del cuerpo, como disparar a un objetivo con un arco y una flecha (actividad durante la cual el niño sujeta el arco con la mano *menos hábil* y el extremo emplumado de la flecha con la mano *hábil* y mira a lo largo de la flecha con el ojo *hábil*) o tirar una jabalina utilizando la *mano* hábil (sea la derecha o la izquierda) mientras mira más allá del asta de la misma con el *ojo* de la parte hábil del cuerpo. También lanza una pelota con la mano hábil que corresponde al lado del cuerpo hábil. Y lo más importante de todo, empieza a usar la mano de la «unilateralidad» para sujetar un boli o un lápiz.

OBJETIVO: El objetivo de la función de la lateralidad es completar la «humanidad» única del niño mediante el uso de la corteza sofisticada, única en los humanos. Es el mismo caso que con el uso de la pierna dominante en movilidad; no importa si el niño es diestro o zurdo, lo que importa es que si el niño es diestro en el uso de las *manos,* también lo sea en el de las *piernas,* los *ojos* y los *oídos,* es decir, como hemos dicho antes, que sea la parte *izquierda* del cerebro la que controle completamente la lateralidad del lado derecho del cuerpo. Es precisamente esa característica la que nos proporciona las capacidades únicas del ser humano: leer, escribir y hablar.

humano. Ya tiene todos los ingredientes básicos necesarios para llevar a cabo las formas más sofisticadas de actividad física que se hayan realizado en la historia de los seres humanos. En términos de movilidad, el niño ya está completo neurológicamente hablando: ya tiene los cimientos para realizar cualquier tarea física que pueda hacer el ser humano.

Su hijo está firmemente instalado en el territorio de la corteza sofisticada y está ahí para quedarse. Tiene todo el sexto año de su vida para darle los últimos toques a sus capacidades. La única pregunta que surge ahora es: ¿qué hará el niño con ellas? ¿será un ser humano fuerte, grácil y muy capacitado que disfrute de las capacidades de su cuerpo al igual que de su espléndido potencial para la salud y la diversión? Eso esperamos. ¿Será un atleta increíble que corra, esquíe, nade, monte en bici o salte y que, por pura diversión, gane medallas de oro y traiga honores a su nación? Tal vez.

Pero, ¿qué es lo que determina cuáles de estas cosas acabarán sucediendo? Si usted ha conseguido que su hijo cruce las fronteras que separan los diferentes niveles de desarrollo cerebral de forma que el niño ya camina, corre y salta en patrón cruzado además de ser diestro o zurdo de forma definida, usted le ha dado a su hijo todo lo que necesita para ser *cualquiera* de esas cosas; para conseguirlas solo le hará falta tener la determinación suficiente. Cuanto más pequeño fuera el niño cuando usted le ayudó a cruzar las fronteras del patrón cruzado, caminar, correr, o saltar

Ana, de 4 años de edad, mira el catalejo con el ojo derecho y utiliza la mano derecha para sujetarlo y apuntar.

y establecer su lateralidad de forma definitiva, más fácil le será al niño ser cualquier cosa que desee ser (siempre con su ayuda).

Ahora solo le queda seguir reforzando los sólidos cimientos de una respiración, un equilibrio y una coordinación excelentes que ha ayudado a que su hijo desarrolle.

ESCRIBIR

Escribir es de tal importancia para los seres humanos y para el desarrollo del niño que hace falta un libro dedicado exclusivamente a esa actividad. No obstante, los aspectos más importantes de la actividad física de escribir se explican en este libro.

En los Institutos es *común* que un niño de dos años escriba palabras y que los niños de tres años ya puedan escribir frases cortas. ¿Por qué?

Para poder escribir hay dos requisitos cerebrales básicos. Primero uno manual: que el niño sea capaz de *controlar* la punta de un bolígrafo para poder escribir algo legible. Esto requiere una excelente oposición cortical. Al haber desarrollado su capacidad manual y logrado braquiar de forma independiente, su hijo ya tendrá el control necesario para escribir.

El segundo requisito del cerebro es visual: su hijo debe ser capaz de *ver* lo que el bolígrafo está haciendo. Esto requiere una excelente convergencia de la visión. La convergencia de la visión se crea cuando el bebé gatea. Dado que su hijo ha tenido suficientes oportunidades de gatear, tendrá la capacidad para *ver* con detalle lo que escribe el boli al moverse por el papel.

Estas dos habilidades son las que permiten que un niño escriba a edad temprana.

Sara, con 5 años, escribe de forma independiente.

En los Institutos es *común* que un niño de dos años escriba palabras y que los niños de tres años ya puedan escribir frases cortas. ¿Por qué?

CONCLUSIÓN

Ya ha sentado las bases para el resto de la vida de su hijo.

Ha desarrollado su habilidad bimanual y su fuerza, que son la base para hacer flexiones, saltos en el aire, giros enormes en la barra horizontal o establecer récords mundiales en braquiación (si es que eso es lo que alguno de los dos quiere hacer).

Su hijo ha desarrollado también la lateralidad necesaria para lanzar pelotas de béisbol, hacer pases de rugby, apuntar con un arco y una flecha, hacer el pino sobre una sola mano o cualquier otra cosa que el niño o usted quieran hacer.

Además ha desarrollado la unilateralidad que le permitirá el uso hábil de un pincel o un rotulador para crear bellos cuadros, diseñar una catedral o un avión.

Y lo más importante de todo, su hijo ha desarrollado la base necesaria para coger un bolígrafo con la mano y escribir la lista de la compra, una nota para sus padres, un poema o tal vez un documento aún más bonito y emocionante como la Declaración de Independencia, ¿quién sabe?

En cualquier caso, ha sido usted quien le ha traído hasta aquí. El niño ha cruzado la línea que le introduce en las funciones de la corteza sofisticada. El resto de su sexto año de vida lo pasará firmemente asentado en esa zona y el resto de su vida seguirá perfeccionando todas las funciones de la corteza sofisticada.

El niño no solo ha alcanzado el nivel más alto del cerebro, la corteza sofisticada, sino que ha girado a la derecha o la izquierda en esa corteza y se ha convertido en zurdo o diestro.

Si usted ha conseguido a propósito introducir a su hijo en ese viaje un poco antes o mucho antes que otros niños que llegan casi totalmente por casualidad, entonces su hijo es ahora un poco o mucho más físicamente excelente que los demás. Y, según teníamos entendido… ¡eso es exactamente lo que se había propuesto hacer!

Cara, de 7 años,
en la posición
final olímpica.

Glenn Doman con estudiantes del Instituto Evan Thomas.

Epílogo

Una tierra de esperanza y gloria. Los niños grandes

Estos niños extraordinarios, extremadamente capacitados, encantadores y cautivadores crecen para convertirse en niños grandes extraordinarios, extremadamente capacitados, encantadores y cautivadores. Y el futuro, sin excepción, está en los niños.

La gente de mi generación, los fallecidos y los que aún viven, fuimos criados durante la Gran Depresión y luchamos en la II Guerra Mundial, ante la que en su momento parecía no haber alternativa (y ahora mirando atrás tampoco veo alternativa dada la situación). Todos los soldados de infantería que lucharon en esa guerra (y tuvieron que luchar de verdad) son ahora unos pacifistas confirmados. ¿Quién que esté en su sano juicio no quiere la paz? Pero estamos divididos a la hora de decidir cómo conseguirla. Algunos seres humanos buenos, honestos y sinceros creen que solo puede lograrse con grandes ejércitos y grandes armas. Otras personas igual de buenas, honestas y sinceras creen que solo puede lograrse si se fomenta la paz a toda costa. Y otras personas que también son buenas, honestas y sinceras creen que un término medio entre esos dos extremos es la única vía.

Mi generación logró sobrevivir tanto a la Depresión como a la Guerra Mundial, lo que nos otorga cierto mérito. Pero si últimamente ha estado leyendo los periódicos o viendo las noticias en la televisión, la verdad es que el mundo es todavía considerablemente menos perfecto de lo que querríamos que fuera. Y todo lo que queremos es paz y un mundo bueno.

El problema no es que no queramos un buen mundo en paz, sino que no somos lo suficientemente listos, o tal vez lo bastante buenos, y ciertamente no nos sentimos lo bastante seguros para conseguirlo. No son las personas seguras y capaces del mundo las que causan los problemas; son los inseguros e incapaces los que lo hacen.

No son las personas
seguras y capaces del
mundo las que
causan los
problemas; son los
inseguros e incapaces
los que lo hacen.

Los niños grandes extraordinarios, extremadamente capacitados, encantadores y cautivadores casi sin excepción crecen para convertirse en adultos extraordinarios, extremadamente capacitados, encantadores y cautivadores que se sienten muy seguros y que no creen que sea necesario pasar por encima de otras personas para demostrar quiénes son.

Ellos ya *saben* quiénes son.

Ellos son el mañana.

Tal vez nosotros los adultos del presente tendríamos las mejores posibilidades de sobrevivir y de lograr la prosperidad si hiciéramos dos cosas: primero, hacer todo lo que podamos para no destruirnos entre nosotros durante una o dos décadas, haciendo cualquier cosa que funcione para conseguirlo. Y segundo, deberíamos criar individual pero simultáneamente a una nueva generación de niños que sean extraordinarios, extremadamente capacitados, encantadores y cautivadores y que se sientan seguros porque saben quiénes son; unos niños del Renacimiento, niños para la eternidad. Después, a su debido tiempo, podemos entregarles el mundo (íbamos a hacerlo de todas formas).

Cada vez que tengo la fortuna de tener un día buenísimo, uno de esos días en los que veo a los niños del Instituto Evan Thomas hacer sus ejercicios, miro en sus caras y veo el mañana escrito en ellas. Veo una tierra más brillante que el espectro de zonas rojas, naranjas, amarillas, verdes, azules, añiles y violetas a través del que han ido pasando tan alegre y elegantemente. Veo una tierra más brillante que los jerséis que visten de todos los colores del arco iris que llevan.

Veo en sus caras una tierra de esperanza y gloria.

Pero ya hemos hablado bastante del futuro, por muy glorioso que prometa ser. Volvamos al presente y a la excelencia física para echarle un último vistazo.

¿Qué va a ser su hijo en términos de excelencia física? Lo más importante de todo es cómo se va a *sentir* en lo que respecta a la excelencia física. Si simplemente le da a su hijo la oportunidad de hacerlo, el niño disfrutará de su destreza física y eso ya es un premio que merece la pena. Si además le ha dado ese gran tesoro que es el *amor por el movimiento,* el niño tiene ahí una verdadera mina.

Si además le ha dado
ese gran tesoro que
es el *amor por el
movimiento,* el niño
tiene ahí una
verdadera mina.

Si durante todos los días que han pasado juntos su hijo ha sentido su alegría y su placer ante sus logros físicos y si usted le ha enseñado a disfrutar y anticipar las actividades físicas durante sus sesiones, entonces le habrá enseñado a su hijo a amar la excelencia física en sí misma.

A lo largo de todos estos años hemos aprendido que el mejor regalo que un maestro le puede hacer a un niño es el amor por la asignatura. Hemos aprendido que si un profesor realmente quiere al niño y le transmite el amor por su asignatura, no hace falta nada más. Un niño al que realmente le encanta la asignatura querrá aprender todo lo que hay que aprender sobre eso que tanto le gusta. Por el contrario, si la principal autoridad mundial en el tema no consigue trasmitirle al niño el amor por ese tema, entonces todas las enseñanzas del mundo no serán suficientes para conseguir que el niño se convierta en un experto.

Si usted le ha proporcionado a su hijo excelentes oportunidades en términos físicos, es decir, le ha dado el entorno perfecto en el que desarrollar esas capacidades y se ha entusiasmado con el movimiento, no habrá nada que pueda parar a su hijo.

¿Significa eso que nosotros creemos que el objetivo de todos los niños debería ser ganar una medalla de oro en las Olimpiadas? Ni por asomo. Creemos que *ningún* niño debería tener un objetivo como ese. Creemos que los niños deberían amar la gracia, la fuerza y la agilidad. Si el amor por el movimiento provoca que el niño, como consecuencia, aspire a ganar una medalla olímpica, está bien. No es importantísimo, pero está bien. ¿Pero para ese niño alcanzar la excelencia física significa sacrificar su posibilidad de ser presidente de su país, un ingeniero increíble, el Papa, un gran músico o un famoso artista? Ni hablar. Al contrario: eso mejorará sus posibilidades de convertirse en cualquiera de esas cosas.

Como soy el adulto más veterano de este libro y el fundador de los Institutos he vivido codo con codo con más de veinte mil niños y cuarenta mil madres y padres. A partir de esa experiencia quiero compartir con *ustedes*, los padres que han tenido la paciencia y la determinación de leer este libro, un consejo personal.

¿Qué deberían hacer ahora? Todos los caminos están abiertos ante ustedes.

Si han conseguido acabar este libro pero lo han hecho con una creciente sensación de aprensión de cualquier tipo, deberían cerrarlo inmediatamente.

Si lo han leído con cierto placer y se sienten cómodos trabajando con su bebé o su hijo pequeño durante diez minutos al día haciendo actividades físicas, *háganlo* durante diez minutos al día y no dejen que *nadie*, ni siquiera nosotros, les hablemos de hacerlo once minutos. Lo que quiero decir con esto es que si aprovechan esos diez minutos, tanto ustedes como su bebé se lo pasarán en grande y para el bebé será mucho mejor que si no hubieran hecho ni un minuto.

Si han leído este libro con gran placer y se sienten cómodos haciendo las actividades durante una hora al día, háganlas durante una hora al día y no dejen que *nadie*, ni siquiera nosotros, les hablemos de hacerlas sesenta y un minutos. Lo que quiero decir con eso es que ustedes y su bebé disfrutarán durante una hora entera y su bebé tendrá verdaderas oportunidades de desarrollar la excelencia física.

A partir de esa experiencia quiero compartir con *ustedes,* los padres que han tenido la paciencia y la determinación de leer este libro, un consejo personal.

...Me sentiré más esperanzado en lo que respecta al mañana sabiendo que hay un niño del Renacimiento más creciendo por ahí para convertirse en un adulto que se sentirá más seguro que los demás, un adulto para la eternidad...

Si han leído este libro con una verdadera alegría y ahora están enganchados a la excelencia física, entonces hagan *todas* las cosas que propone este libro. Eso significa que ustedes y su bebé pasarán un tiempo magnífico juntos y que su hijo alcanzará la excelencia física y tendrá además un futuro pleno y magnífico por delante además.

Si han leído este libro con entusiasmo creciente y nuevos sueños para el futuro de su hijo y están deseando empezar porque creen que su hijo es lo mejor que les ha pasado en la vida, entonces *ustedes* son unos Padres Profesionales. Hay muchos como ustedes; puede que les sorprenda, pero los hay. Seguro que quieren ser Padres Profesionales a tiempo completo y además de conseguir que su hijo alcance la excelencia física, querrán también enseñarle a leer, a tener conocimientos enciclopédicos, matemáticas y a multiplicar su inteligencia. Si no se pueden aguantar para trabajar con su bebé todo el día y todos los días, entonces *pónganse a ello* y no dejen que nadie, ni siquiera nosotros, les digamos que le dediquen un minuto *menos* que todo su tiempo.

Si quieren saber cómo conseguir esos logros intelectuales a la vez que los físicos, escríbanme y yo les hablaré de ello. Es mi trabajo hacerlo y seguro que me sentiré más esperanzado en lo que respecta al mañana sabiendo que hay un niño del Renacimiento más creciendo por ahí para convertirse en un adulto que se sentirá más seguro que los demás, un adulto para la eternidad.

GLENN DOMAN

Los niños de la Escuela Internacional a bordo de una barca, la RA III.

Margaux, con 6 años, haciendo una patada de taekwondo.

Emily, de 7 años, nadando a estilo crol.

Margaux, con 4 años, haciendo ballet.

Gaetano, con 5 años, montando solo en bici.

Emily, de 6 años, y Margaux, de 3, bailando juntas.

Acerca de los Institutos

Los *Institutos para el Logro del Potencial Humano* es la denominación de una organización educativa sin ánimo de lucro que realiza su labor con niños con lesión cerebral y niños sanos. Los Institutos introducen a los padres en el campo del desarrollo cerebral infantil y les enseñan cómo crece el cerebro, cómo acelerar ese crecimiento en los niños con lesión cerebral y cómo mejorarlo en los niños sanos.

El objetivo de los Institutos es elevar notablemente las capacidades intelectuales, físicas y sociales de todos los niños.

En los Institutos creemos que todos los niños con lesión cerebral merecen la oportunidad de luchar por estar bien y por tanto, es misión de los Institutos darles a los padres los conocimientos que necesitan para que sus hijos con lesión tengan esa oportunidad de luchar.

Es más, los Institutos proponen que todos los niños tienen derecho a ser intelectual, física y socialmente excelentes. El objetivo para los niños sanos es alcanzar la excelencia en estas tres áreas.

También en los Institutos sabemos que si los padres saben cómo crece el cerebro y por qué crece de la manera que lo hace, ellos son los mejores maestros que los niños tendrán en su vida.

Apoye a los Institutos

Ayúdenos a asegurarnos de que el trabajo de los Institutos esté disponible para las generaciones de niños y padres del futuro.

Los Institutos establecieron un «Fondo en honor al fundador», Glenn Doman, cuando este celebró su 90 cumpleaños en 2009. Este fondo pretende honrar el legado de este gran hombre único reforzando su fundación para que pueda mantenerse en perfectas condiciones durante todo el siglo XXI y más allá.

¿El trabajo de los Institutos ha enriquecido su vida y la vida de sus hijos? ¿Quiere que otras familias de niños tanto sanos como enfermos tengan la misma oportunidad que ha tenido usted? Su contribución al Fondo en honor al fundador nos ayudará a asegurar el futuro de la obra vital que se lleva a cabo en los Institutos.

Los Institutos para el Logro del Potencial Humano (IAHP según sus siglas en inglés) están sujetos a las leyes de la Commonwealth de Pensilvania. Se trata de una organización sin ánimo de lucro y exenta de obligaciones fiscales. Sus donaciones son deducibles fiscalmente hasta el límite permitido por la ley correspondiente.

Si tienen alguna pregunta, pónganse en contacto con:

IAHP
Donor Services (Servicios a los donantes de fondos)
8801 Stenton Avenue
Wyndmoor, PA 19038
O llame al teléfono (EE.UU.): (+1) 215 233-2050 Extensión: 2501

La asociación de alumnos de los Institutos

LA Asociación de alumnos de los Institutos es una comunidad viva y productiva de padres de los Institutos de todo el mundo que disfrutan enseñando a sus hijos en casa. Su objetivo es fomentar la comunicación y el intercambio entre los Institutos y los padres de todo el mundo. Esto permite al personal de los Institutos aumentar la confianza y las capacidades de los padres-alumnos que están enseñando a sus hijos. Se anima a los padres-alumnos a hacer preguntas que responderá el personal de los Institutos y a intercambiar información de recursos con otros miembros.

Todos los padres que hayan realizado el curso «Cómo multiplicar la inteligencia de su bebé» tienen la posibilidad de formar parte de esta asociación. Para hacerse miembro de la Asociación de alumnos de los Institutos, llame al teléfono (EE.UU.): (+1) 215 2332050, extensión 2546.

Datos de interés de los Institutos a nivel internacional:

En Europa:

Istituti per il Raggiungimento del Potenziale Umano®, Europa (O.N.L.U.S.)
Via delle Colline di Lari, 6
56043 Fauglia (PI), Italia
Teléfono: (0039) 050-650 237
Fax: (0039) 050-659 081
Correo Electrónico: Info@irpue.it
Sitio de Internet: www.irpue.it / www.iahp.org

En México:

Los Institutos para el Logro del Potencial Humano®, Oficina Latinoamérica, A.C.
Paseo de la Soledad 302
Misión del Campanario
Aguascalientes, Ags. 20118 México
Teléfono: (0052) 449-996-0945
Fax: (0052) 449-996-0944
Correo Electrónico: latinoamerica@iahp.org
Sitio de Internet: www.iahp.org

En EE.UU.

The Institutes for the Achievement of Human Potential® (Los Institutos para el Logro del Potencial Humano)
8801 Stenton Avenue
Wyndmoor, PA 19038 EE.UU.
Teléfono (EE.UU.): +1 (215) 233 2050
Fax (EE.UU.): (215) 233 9646
Correo electrónico: institutes@iahp.org
Sitio de Internet: www.iahp.org

Apéndice A

Material adicional

¿TIENE ALGUNA PREGUNTA?

Puede escribirnos a:
The Institutes for the Achievement
of Human Potential
8801 Stenton Avenue
Wyndmoor, PA 19038
EE.UU.

email: fitbaby@iahp.org
página web: www.iahp.org

Cursos para padres

CURSO: CÓMO MULTIPLICAR LA INTELIGENCIA DE SU BEBÉ

Para más información; ponerse en contacto con:

(800) 344-6684 o (215) 233-2050
email: htm_registrar@iahp.org

CURSO: QUÉ HACER POR SU HIJO CON LESIÓN CEREBRAL

Para más información; ponerse en contacto con:

(800) 344-6684 o (215) 233-2050
email: wtd_registrar@iahp.org

Libros para padres

CÓMO ENSEÑAR A NADAR A SU BEBÉ
Douglas Doman

Nadar es una función humana básica y esencial que va de la mano con cada uno de los pasos del desarrollo que hemos descrito en este libro. Si su bebé está desarrollando su capacidad de natación, sus capacidades para realizar todos los programas físicos se verán mejoradas. Con más de 160 fotografías, en este libro se dan instrucciones detalladas para desarrollar todas las habilidades necesarias para nadar de forma correcta, lo que incluye el control de la respiración, el movimiento de las piernas y la inmersión. Todas estas habilidades se combinan para enseñar al niño a tirarse de cabeza, flotar y nadar, tanto en la superficie como bajo el agua.

SÍ, SU BEBÉ ES UN GENIO
Glenn Doman y Janet Doman

Este libro les proporciona a los padres toda la información que necesitan para ayudar a su bebé a lograr explotar completamente todo su potencial. Primero, los autores explican el crecimiento y el desarrollo del recién nacido, incluyendo todas las fases críticas. Seguidamente, guían a los padres para que puedan crear un ambiente en el hogar que mejore y enriquezca el desarrollo cerebral.

También disponible: El Programa Sí, su bebé es un genio (*How Smart Babies Newborn Program*).

CÓMO ENSEÑAR A LEER A SU BEBÉ
Glenn Doman y Janet Doman

Este libro le proporcionará a su hijo el disfrute de la lectura. Le mostrará lo fácil y placentero que es enseñar a un niño pequeño a leer. En el libro se explica cómo empezar un programa de lectura y cómo ir expandiéndolo, cómo hacer y organizar los materiales, y cómo desarrollar al máximo el potencial de su bebé.

También disponible: *Cómo enseñar a leer a su bebé* en dvd y los Programas *Cómo enseñar a leer a su bebé.*

CÓMO ENSEÑAR MATEMÁTICAS A SU BEBÉ
Glenn Doman y Janet Doman

Este libro le enseñará a desarrollar la capacidad de su hijo para pensar y razonar con buenos resultados. Le mostrará lo fácil y placentero que es enseñarle matemáticas a su hijo. Se explica cómo empezar un programa de matemáticas e ir expandiéndolo, cómo hacer y organizar los materiales, y desarrollar al máximo el potencial de su bebé.

También disponible: *Cómo enseñar matemáticas a su bebé* en dvd y los Programas *Cómo enseñar a matemáticas a su bebé.*

CÓMO ENSEÑAR CONOCIMIENTOS ENCICLOPÉDICOS A SU BEBÉ
Glenn Doman, Janet Doman y Susan Aisen

Este libro propone un programa de información visualmente estimulante diseñado para ayudar a su hijo a aprovechar su potencial natural para aprender cualquier cosa. Le mostrará lo fácil y placentero que es enseñar a un niño pequeño arte, ciencia o naturaleza. Su hijo empezará a reconocer los insectos del jardín, los países del mundo, descubrirá la belleza de una pintura de Van Gogh y muchas cosas más. En el libro se explica cómo empezar un programa y cómo ir expandiéndolo, cómo hacer y organizar los materiales, y cómo desarrollar al máximo el potencial de su bebé.

También disponible: Programas *Cómo enseñar conocimientos enciclopédicos a su bebé.*

CÓMO MULTIPLICAR LA INTELIGENCIA DE SU BEBÉ
Glenn Doman y Janet Doman

Este libro proporciona un programa integral que hará que su bebé pueda aprender a leer, matemáticas y cualquier dato sobre cualquier tema. Le mostrará lo fácil y placentero que es enseñar a su bebé y ayudar a que su hijo tenga mejores capacidades y más confianza. En el libro se explica cómo empezar un programa y cómo ir expandiéndolo, cómo hacer y organizar los materiales, y cómo desarrollar al máximo el potencial de su bebé.

También disponible: Programas *Cómo multiplicar la inteligencia de su bebé.*

QUÉ HACER POR SU HIJO CON LESIÓN CEREBRAL
Glenn Doman

En este revolucionario libro, Glenn Doman, pionero en el tratamiento de la lesión cerebral, trae una esperanza real para miles de niños. Basado en décadas de trabajo eficaz en los Institutos para el Logro del Potencial Humano, este libro explica la razón por la que fallaban las viejas teorías y técnicas y por qué la filosofía de los Institutos y sus revolucionarios tratamientos funcionan.

THE PATHWAY TO WELLNESS (EL CAMINO DEL BIENESTAR)
Cómo ayudar a su hijo con lesión cerebral, retraso mental, deficiencia mental, parálisis cerebral, epilepsia, autismo, atetosis, hiperactividad, síndrome de déficit de atención, retraso en el desarrollo o síndrome de Down.
Glenn Doman y el personal de los Institutos

Este libro fundamental está escrito para padres cuyos hijos han sido calificados con una de estas etiquetas o tienen problemas de movimiento, sensación, visión, audición, lenguaje, aprendizaje, comportamiento o una combinación de alguna de estas cosas. O que tengan problemas de alergias, digestión, evacuación, convulsiones, salud y bienestar en general, o tal vez que estén en coma.

Todos estos son síntomas de una lesión cerebral. Si a su hijo le han puesto alguna de estas etiquetas o tiene alguno de estos síntomas, este libro es para usted. Contiene, explicado de forma sencilla, lo que debe leer y lo que debería y no debería hacer con su hijo con lesión cerebral.

Libros para niños

Los lectores más pequeños tienen necesidades específicas que no quedan cubiertas por la literatura infantil tradicional, que está diseñada para que los adultos se la lean a los niños pequeños, no para que la lean ellos mismos. Para niños tan pequeños es necesaria una cuidadosa selección de vocabulario, estructura sintáctica, tamaño de la letra y formato. El diseño de estos libros para niños se basa en medio siglo de investigaciones y descubrimientos sobre lo que funciona mejor para los lectores más jóvenes.

BASTA YA, IÑIGO, BASTA YA
(DE 1 A 6 AÑOS)
Escrito por Janet Doman. Ilustrado por Michael Armentrout

LA NARIZ NO SON LOS DEDOS
(DE 1 a 3 AÑOS)
Escrito por Glenn Doman. Ilustrado por Janet Doman

Si desea más información sobre estos libros, póngase en contacto con:
The Gentle Revolution Press
8801 Stenton Avenue
Wyndmoor, PA 19038 (EE.UU.)
Phone: (+1) 215-233-2050, Extensión: 2525
Fax: 215-233-1530
Línea gratuita: (+1) 866-250-2229
Correo electrónico: info@gentlerevolution.com
Página web: www.gentlerevolution.com

PISTA DE ARRASTRE PARA BEBÉS

La pista de arrastre para bebés está hecha de espuma de polietileno amarilla y verde y puede doblarse por la mitad para poder transportarla y almacenarla. Cuando está abierta mide 49 centímetros de ancho, 17 de alto y 109 de largo. Incluye una base de metal de apoyo para darle más estabilidad al inclinar la pista.

Para adquirirla llame al teléfono (EE.UU.): +1 (215) 233 2050, extensión 2525 o a la línea gratuita +1 (866) 250 2229.

Tarjetas para potenciar la inteligencia

Arte y cultura
Escritores
Compositores-Grupo I
Lenguas extranjeras
Grandes obras de arte
Leonardo da Vinci
Instrumentos musicales
Retratos de grandes artistas
Vincent van Gogh

Ciencia y matemáticas
Inventores
Órganos del cuerpo
Polígonos regulares

Historia
Presidentes de los EE.UU. –
Grupo I
Líderes mundiales

Historia natural
Anfibios – Grupo I
Pájaros
Aves de presa
Mariposas
Gatos
Dinosaurios – Grupo I
Dinosaurios – Grupo II
Perros
Animales en peligro de extinción

Flores – Grupo I
Insectos – Grupo I
Insectos – Grupo II
Hojas
Mamíferos – Grupo I
Mamíferos – Grupo I
Primates – Grupo I
Reptiles
Criaturas marinas
Pájaros acuáticos
Vegetales

Medios de transporte
Vehículos aéreos / terrestres

CD–ROMS

EL DICCIONARIO ILUSTRADO
La Serie «Revolución Pacífica» incluye diez volúmenes del Diccionario Ilustrado en Cd-Rom.

El Programa del Diccionario Ilustrado está diseñado para darles a los padres un método muy fácil de utilizar para introducir un programa de conocimientos enciclopédicos en cinco idiomas. El niño puede concentrarse en un solo idioma u obtener conocimientos en los cinco.

Cada CD-Rom contiene quince categorías con imágenes para potenciar la inteligencia con diez imágenes en cada categoría, lo que hace un total de 150 imágenes diferentes que pueden consultarse en inglés, español, japonés, italiano y francés.

Con cada imagen aparece una palabra de tamaño grande para que se pueda leer. El niño puede elegir si quiere ver la imagen y la palabra, la imagen solo, o la palabra solo. Este programa es tan fácil de utilizar que incluso niños de solo tres años han podido utilizarlo sin ayuda. Compatible con Mac OS 9 y Windows XP.

Apéndice B

Una nueva evaluación de la campaña «Back to Sleep» (Dormir sobre la espalda) para la prevención del SMSI

Ralph Pelligra (Autor al que remitir cualquier correspondencia), *Ames Research Center, National Aeronautics and Space Administration (NASA), Moffett Field, CA 94035, Ralph.Pelligra- 1@nasa.gov.*

Glenn Doman, *Los Institutos para el Logro del Potencial Humano, Wyndmoor, PA 19038.*

Gerry Leisman, *Carrick Institute for Clinical Ergonomics, Rehabilitation and Applied Neuroscience, School of Engineering Technologies, State University de Nueva York, Campus de Farmingdale, Lupton Hall, 2350 Broadhollow Road, Farmingdale, NY 11735.*

La campaña «Back to Sleep» (Dormir sobre la espalda) se inició en 1994 para poner en práctica la recomendación de la Asociación Americana de Pediatría (AAP) de que los bebés fueran colocados en una posición que no fuera el decúbito prono para dormir, porque eso reducía el riesgo de Síndrome de Muerte Súbita Infantil (SMSI). Este documento pone en cuestión la campaña «Back to Sleep» desde dos puntos de vista: 1) la validez cuestionable de las estadísticas de mortalidad y riesgo de SMSI y 2) el hecho de que la campaña «Back to Sleep» es una forma de experimentación humana en vez de una terapia preventiva confirmada.

El principal argumento que inició la campaña «Back to Sleep» y que continúa justificando su existencia es la reducción paralela observada en el número de bebés colocados en posición de decúbito prono para dormir y en el número registrado de muertes por SMSI. Nosotros vamos a poner en cuestión tanto la relación causal implícita entre estas observaciones como las propias estadísticas de mortalidad por SMSI.

PALABRAS CLAVE: SMSI, salud pública, investigación médica, epidemiología, salud infantil, infancia, Estados Unidos.

Recibido el 1 de junio de 2005; revisado el 30 de junio de 2005; aceptado el 30 de junio de 2005; publicado el 21 de julio de 2005.

Reseña en *TheScientificWorldJOURNAL* (2005) 5, 550–557 ISSN 1537-744X; DOI 10.1100/tsw.2005.71

Pelligra, R., Doman, G., and Leisman, G. «A reassessment of the SIDS Back to Sleep Campaign (Una nueva evaluación de la campaña «Back to Sleep» (Dormir sobre la espalda) para la prevención del SMSI)». *TheScientificWorldJOURNAL* 5, 550–557. 2005.

Editor: Joav Merrick, Editor principal de *Child Health and Human Development*; un dominio registrado de *TheScientificWorldJOURNAL*.

Las opiniones expresadas corresponden exclusivamente a los autores. © 2005. Reimpresión con permiso de los autores.

TheScientificWorld
www.thescientificworld.com

INTRODUCCIÓN

Los consejos médicos que nacen de la investigación epidemiológica pueden tener un efecto profundo en la salud pública debido a los muchos individuos afectados. Esto es aplicable tanto a los consejos acertados, como a los equivocados. Es por esta razón por lo que deberíamos intentar identificar de forma continua los beneficios o los daños de las medidas preventivas y cuestionar las premisas en las que se basan. Muy pocos no estarían de acuerdo con esto. Sin embargo, en la práctica, a menudo hay resistencia al cambio y reticencia a creer los datos que contradicen las creencias que se tenían por ciertas previamente (1).

La campaña «Back to Sleep» (Dormir sobre la espalda) (CBTS) se inició en 1994 para poner en práctica la recomendación de la Asociación Americana de Pediatría (AAP) de que los bebés fueran colocados en una posición que no fuera el decúbito prono para dormir, porque eso reducía el riesgo de Síndrome de Muerte Súbita Infantil (SMSI)(2). Este documento pone en cuestión la campaña «Back to Sleep» desde dos puntos de vista: 1) la validez cuestionable de las estadísticas de mortalidad y riesgo de SMSI y 2) el hecho de que la CBTS es una forma de experimentación humana en vez de una terapia preventiva confirmada.

La cuestionable validez de las estadísticas de mortalidad y riesgo de SMSI

El principal argumento que inició la CBTS y que continúa justificando su existencia es la reducción paralela en el número de bebés situados en la posición de decúbito prono para dormir y en el número registrado de muertes por SMSI que se ha observado (3, 4). Nosotros vamos a poner en duda tanto la relación causal implícita entre estas observaciones como las propias estadísticas de mortalidad por SMSI.

Los datos de mortalidad por SMSI se derivan exclusivamente de estudios epidemiológicos y tanto la recomendación de la AAP como la CBTS se lanzaron en un primer momento basándose en informes de este tipo de varios países fuera de los Estados Unidos. Sin embargo, aunque es axiomático que la validez de los estudios epidemiológicos depende de forma crítica de la precisión en el diagnóstico, no hay consenso global en la actualidad a la hora de dar una definición de SMSI. Por ejemplo, Sawaguchi *et al.* (5) reconocen que «el diagnóstico de SMSI no es uniforme dentro de Japón y que un diagnóstico de este tipo no se hace basándose en estándares reconocidos internacionalmente». Las visiones oficiales en lo concerniente al diagnóstico de SMSI en Japón difieren entre los pediatras, los profesionales de la medicina legal y forense y los patólogos. En el mismo documento se apunta que en Escocia en los 80 muchos casos de muerte súbita infantil (MSI) se registraron como SMSI, mientras que en los 90 hubo una inversión de la tendencia y la mayoría de los casos con síntomas similares quedaron clasificados como «causa desconocida».

En 1999, 5 años después del inicio de la CBTS, Cote *et al.* (6) en un estudio de 623 casos de MSI descubrieron que el porcentaje de diagnósticos negativos de SMSI era mucho mayor en las autopsias realizadas en un centro con experiencia en patología pediátrica que en un hospital general o en un instituto de medicina legal. Los diagnósticos negativos de SMSI también eran más altos en rangos de edad atípicos (12-18 meses) comparados con el rango típico del SMSI (1-6 meses).

A la luz de lo anterior, es razonable cuestionar la validez de las tasas de prevalencia del SMSI que emergen de diversas clínicas de diferentes países con diferentes grados de experiencia en patología pediátrica y con unos criterios de diagnóstico desiguales. Podemos preguntarnos hasta qué punto puede atribuirse la reducción en la tasa de SMSI de la última década a un mejor conocimiento del SMSI, a los procedimientos y metodologías mejorados para distinguir las muertes por SMSI de las que no lo son, y a un cambio en los criterios diagnósticos (7, 8). ¿Y hasta qué punto debilita el análisis epidemiológico la propensión a asignar un diagnóstico de SMSI a los bebés que mueren durante el periodo de vulnerabilidad conocido (entre 1 y 6 meses) o a los que se encuentran en posición de decúbito prono a la hora de fallecer?

Paris *et al.* (9) intentaron abordar la preocupación de que la reducción del SMSI fuera un reflejo de los cambios en los criterios diagnósticos. Afirmaron que los criterios diagnósticos alternativos no aumentaban durante el periodo estudiado (de 1985 a 1995, excluyendo el año 1991). Pero solo revisaron muertes atribuidas a aspiración, asfixia y asfixia posicional y no hacen mención al número de diagnósticos, si los hay, que quedaron documentados por investigadores de la escena del crimen. Los cambios en los diagnósticos alternativos como por ejemplo infección, anormalidades cardiovasculares o enfermedades metabólicas, enfermedades que pueden no mostrar síntomas graves antes de la muerte, no se tuvieron en cuenta. Lo que apoya la noción de que los diagnósticos alternativos pueden haber aumentado es la observación de que, mientras los casos de SMSI se redujeron entre 1999 y 2001, las cifras totales de mortalidad postneonatal permanecieron estables (10).

Hay otra variable importante que debe tenerse en cuenta al intentar establecer la validez de las estadísticas de mortalidad por SMSI. En 1991 un panel de expertos reunidos por el Instituto Nacional de Salud Infantil y Desarrollo Humano (NICHD por sus siglas en inglés) (11) amplió los criterios para establecer un diagnóstico del SMSI para incluir una exhaustiva investigación forense de la escena del crimen y un revisión de la historia clínica del bebé, además de la realización de una autopsia completa. Ese fue un cambio fundamental, porque casos de asfixia debida a entornos inseguros en los que dormía el bebé o de infanticidio no podían distinguirse del SMSI

solamente con una autopsia. Antes de la recomendación del NICHD de 1991 la tasa anual de SMSI en los Estados Unidos se mantenía estable en 1,3-1,4 por cada 1000 nacimientos de niños vivos.

La figura 1 muestra que el número de muertes registradas como SMSI ya estaba bajando antes de la emisión, en junio de 1992, de la recomendación de la AAP de colocar a los bebés en decúbito supino para dormir. Para cuando empezó la CBTS en 1994, la tasa de prevalencia de ese año ya había caído a 1,03 muertes por SMSI por cada 1000 nacimientos de niños vivos desde las 1,3 muertes por SMSI por cada 1000 nacimientos de niños vivos en 1991. No sabemos actualmente hasta qué punto la reducción de las muertes registradas se debe a la adopción en 1991 de los nuevos y más estrictos criterios de diagnóstico del NICHD para el SMSI. Tampoco conocemos hasta qué punto una década de educación de los padres sobre factores de riesgo modificables como el hábito de fumar, dormir con los bebés o los entornos inseguros para dormir han contribuido a la reducción actual de las muertes por SMSI (12). Por tanto no podemos saber hasta qué punto alterar la posición del bebé a la hora de dormir es la causa de la reducción de muertes registradas como SMSI.

En los Estados Unidos, las evidencias de una asociación entre la posición en la que duerme el bebé y el riesgo de SMSI siguen siendo limitadas (13,14, 15, 16, 17). Solo se ha llevado a cabo completamente un estudio después de que se iniciara la CBTS (18). Sin embargo este estudio caso-control basado en la población quedó limitado por una baja tasa de participación del 50% entre los casos elegibles, un 41% entre los controles elegibles y un tamaño de muestra pequeño de solo 185 casos de SMSI. El análisis epidemiológico también se ve debilitado por su dependencia de los cuestionarios retrospectivos, que están sujetos al sesgo del recuerdo, y de entrevistas que a menudo fomentan respuestas que solo pretenden contentar al interrogador. Es más, no es posible determinar la importancia relativa o los efectos combinados de los muchos factores de riesgo, además de la posición a la hora de dormir, que se cree que contribuyen al SMSI (19, 20).

Claramente la epidemiología del SMSI se basa en casos en los que la muerte puede haberse debido a otras causas. Hasta que se localice la causa o causas del SMSI o se desarrolle una prueba específica de diagnóstico, no podremos saber con seguridad qué bebés murieron realmente por SMSI. Haas *et al.* (20) previenen de que muchas características epidemiológicas del SMSI y de patologías que no son SMSI se solapan, lo que ilustra la falacia de la asignación de trascendencia biológica solamente por diferencias significativas estadísticamente. Si una muestra de estudio es lo suficientemente grande, un efecto pequeño puede ser significativo estadísticamente, incluso si la asociación es espuria debido a una variable confusa (21). Incluso los factores de riesgo con efectos muy amplios pueden no resultar importante en casos individuales si la enfermedad es rara (21). Y el SMSI es una enfermedad rara.

La CBTS: experimentación humana más que terapia preventiva confirmada

Ni la causa del SMSI ni el mecanismo causal que vincula el SMSI con la posición de decúbito prono están documentadas a pesar de más de una década de investigación intensiva. Abundan las teorías etiológicas no sustentadas. Se han encontrado más de 49 mecanismos causales del SMSI (22) y se han propuestos más de 38 factores de riesgo epidemiológico y biológico (19). Varios autores han presentado hipótesis generales (y sus variantes) que suponen que el SMSI se produce por una regulación cardiopulmonar anormal (23), un déficit en el proceso de despertar (24, 25) o asfixia en general (26). Hasta que la etiología del SMSI no haya sido validada y se haya

establecido una relación causal con la posición de decúbito prono, el rigor científico requiere que la CBTS sea considerada como un experimento humano a gran escala más que como un programa de terapia preventiva documentado.

Por supuesto se puede argumentar que un programa preventivo como el fomento de la interrupción del hábito del tabaquismo podría ser eficaz incluso aunque aún no se hubiera identificado un mecanismo causal entre fumar y el cáncer de pulmón. No obstante, la alternativa a fumar, es decir, no fumar, no está asociada con efectos secundarios adversos, lo que puede no ser el caso con la posición de decúbito supino para colocar a los bebés a la hora de dormir. Por tanto, ahora es el momento de definir y cuantificar claramente los riesgos relativos y los beneficios de la CBTS y la intervención en la posición para acostar a los bebés.

Riesgos *versus* beneficios en la posición de sueño de los bebés

En 2003, Hunt *et al.* (27) presentaron varios resultados de salud asociados con la posición de sueño de los bebés y descubrieron que ninguno de los síntomas identificados como tos, nariz taponada, esputo, vómitos, diarrea, fiebre o problemas respiratorios se veían aumentados significativamente entre los niños que no dormían en decúbito prono. Sin embargo, los datos habían sido recogidos a partir de un estudio de cohorte de entre 1995 y 1998 y no habían sido examinados en busca de riesgos de deformidades faciales o craneales posicionales (plagiocefalia posterior) o retraso temprano del desarrollo.

Plagiocefalia

El SMSI es una enfermedad rara que siega las vidas de aproximadamente entre 0,5 y 3 bebés de cada 1000 nacimientos anuales en los países desarrollados del mundo. En contraste, la incidencia de deformidades posicionales faciales o craneales por la posición de decúbito supino ha aumentado dramáticamente desde la puesta en marcha de la CBTS y ahora afecta a uno de cada 60 nacimientos de niños vivos (28). La plagiocefalia en ocasiones requiere terapia física y ortosis craneal (colocación de un casco) y, si se diagnostica mal como una craneosinostosis, puede resultar en una cirugía innecesaria. No debe infravalorarse la plagiocefalia como algo solamente «cosmético».

Retraso temprano del desarrollo

Hay indicios de una población en rápido crecimiento de niños que muestran anormalidades del desarrollo como resultado de prolongadas exposiciones a la posición de decúbito supino (29, 30). Estos niños no han tenido la oportunidad de levantar las cabezas al levantarse o de explorar el entorno inmediato que les rodea. Un bajo desarrollo de los músculos extensores antigravitatorios lleva a retrasos motores generalizados y a dificultades para adquirir habilidades clave como rodar sobre uno mismo, sentarse sin apoyo o arrastrarse (29). Aunque se dice que estas anormalidades de desarrollo con transitorias y que tienden a normalizarse alrededor de los 18 meses (31), las pruebas para apoyar ese punto de vista son escasas y no se han llevado a cabo estudios clínicos aleatorios a largo plazo.

Conducta de sueño

En los resultados del estudio de salud mencionado anteriormente (27) también aparecía que no eran más frecuentes los trastornos del sueño en bebés que dormían en decúbito supino que en los que lo hacían en decúbito prono. Sin embargo estas observaciones entran en conflicto con un informe anterior de este grupo utilizando la misma base de datos de 1995 a 1998 (32). En el estudio anterior, los bebés

que dormían en decúbito prono pasaban de un 18% en el primer mes a un 29% a los tres meses. La principal razón que se daba para ese cambio era que los niños que habían pasado de dormir en decúbito supino en el primer mes a decúbito prono a los 3 meses «dormían mejor o parecían preferir esta posición». Una explicación posible para esta discrepancia es que en el estudio posterior (27) se excluía a los niños cuya posición de sueño no había cambiado después de primer mes debido a problemas de sueño u otras consecuencias adversas de la posición de decúbito supino para dormir.

Es probable que el decúbito prono sea la posición de sueño normal para los bebés (33) y que les ofrezca un descanso más profundo y más tranquilo (34, 35, 36, 37). Como los bebés pasan más tiempo durmiendo que los niños o los adultos, es lógico asumir que el sueño es más importante para el rápido desarrollo de los sistemas nerviosos y para preservar la integridad de sus ciclos de sueño (38).

¿Cuál se supone que es el beneficio de dormir en decúbito supino?

La figura 1 muestra que la incidencia del SMSI en los Estados Unidos se ha reducido de 1,03 muertes por cada 1000 nacimientos de niños vivos en 1994, al inicio de la CBTS, hasta las 0,56 muertes por cada 1000 nacimientos de niños vivos en el año 2001. Los que apoyan la CBTS atribuyen esta reducción en las estadísticas de mortalidad al cambio de posición a la hora de dormir y prefieren caracterizar este efecto como una dramática caída del 47% en la incidencia del SMSI. Sin embargo los mismos datos también pueden presentarse como evidencia de que, aunque colocar a los recién nacidos en posición de decúbito supino en vez de en decúbito prono fuera la única variable a tener en cuenta en estos casos, la medida ha prevenido una muerte infantil por cada 2127 nacimientos de niños vivos desde el inicio de la CBTS.

Estos comentarios no pretenden menospreciar la importancia o la necesidad de prevenir el SMSI. Lo que se pretende es mostrar la bajísima probabilidad de que suceda un episodio de SMSI y la posibilidad aún más baja de que se pueda prevenir al colocar al niño en la posición de decúbito supino para dormir.

Y en cambio, los riesgos asociados a la posición de decúbito supino a la hora de dormir (deformidades posicionales en la cabeza, retraso en el desarrollo motor y patrones de sueño alterados) son sustanciales y muy comunes. Y finalmente decir que dormir en decúbito supino no es una garantía contra el SMSI porque los niños que duermen en esta posición también sucumben ante estos episodios.

CONCLUSIÓN

En nuestro entusiasmo por erradicar el SMSI en el 0,2% de niños que son sus víctimas potenciales tendemos a pasar por alto la relación de riesgos y beneficios de la posición de decúbito supino frente a la de decúbito prono en conjunto para el 99,8% de los niños que no sucumbirán al SMSI. La primera reacción intuitiva puede ser que la prevención del SMSI justifica virtualmente cualquier riesgo, ya que la muerte súbita de un bebé aparentemente sano es una de las tragedias más devastadoras de la medicina. Además, si es cierto que 2000 muertes infantiles se previenen al año gracias a la CBTS, esta campaña ha hecho una importante contribución al bienestar de la humanidad. Pero este artículo propone que hay razones sensatas para cuestionarse estos datos y una base sólida para la preocupación por los riesgos sin identificar a corto y largo plazo para el desarrollo del niño que nacen de esta intervención en la postura en la que duerme el niño.

Los riesgos para la salud pública que pueden resultar de un fallo a la hora de cuantificar la tasa de riesgo-beneficio de forma precisa pueden verse en la actual controversia respecto a la terapia de sustitución hormonal en mujeres (39). La preponderancia de los estudios epidemiológicos que apoyaban con fuerza los efectos protectores ante las enfermedades coronarias de la sustitución de estrógenos después de la menopausia (40) y la creciente necesidad de unos medios efectivos para prevenir y tratar la enfermedad cardíaca en mujeres llevaron a una creencia casi inamovible en los beneficios de la terapia hormonal. Como consecuencia es posible que muchos miles de mujeres menopáusicas hayan recibido un tratamiento ineficaz o hayan estado expuestas a un riesgo mayor de enfermedad cardíaca.

Herrington (39) ha propuesto que, aunque los estudios observacionales (epidemiológicos) pueden tener un valor importante para generar hipótesis, no deberían utilizarse para justificar intervenciones médicas de uso generalizado. Aunque la CBTS pretender dar recomendaciones, no recetas, sobre la mejor posición para los niños a la hora de dormir, de hecho se ha convertido en un estándar de cuidado que muchos pediatras se niegan a abandonar (41). Igualmente muchos padres se ven en conflicto entre su rechazo instintivo a la posición de decúbito supino y su miedo a ser acusados de negligencia si se produjera una muerte por SMSI.

Las evidencias que apoyan las premisas de este artículo, aunque convincentes, son admisiblemente indirectas y no concluyentes. No es intención de los autores quitarle mérito a la CBTS. Solo hacemos una petición a la comunidad investigadora en pediatría para que valide la posición de decúbito supino científicamente antes de que convierta en una práctica inexorablemente integrada en la práctica médica.

Hasta que se documenten mecanismos causales y tasas de riesgo-beneficio, sería más apropiado considerar la CBTS como una investigación en vez de como una terapia preventiva confirmada. En ese contexto, la decisión de colocar a un bebé en decúbito prono o supino debería ser una elección personal y ética que deben tomar los padres adecuadamente informados y no un miembro del personal médico.

AGRADECIMIENTOS

Los autores están en deuda con los doctores Coralee Thompson, Leland Green, Philip Bond y David Bergner por sus revisiones críticas del manuscrito y por sus perspicaces comentarios.

BIBLIOGRAFÍA

1. Bailer, J. (2003) Hormone-replacement therapy and cardiovascular disease. N. Engl. J. Med. 349(6), 521–522.

2. American Academy of Pediatrics (1992) Task force on infant positioning and SIDS. Pediatrics 89, 1120–1126.

3. Willinger, M., Hoffman, H., and Harford, R.B. (1994) Infant sleep position and risk for sudden infant death syndrome: report of meeting held January 13 and 14, 1994, National Institutes of Health, Bethesda, MD. Pediatrics 93, 814–819.

4. Dwyer, T., Couper, D., and Walter, S.D. (2001) Sources of heterogeneity in the meta-analysis of observational studies. The example of SIDS and sleeping position. J. Clin. Epidemiol. 54, 440–447.

5. Sawaguchi, T., Sawaguchi, A., and Matoba, R. (2002) Comparative evaluation of diagnostic guidelines for sudden infant death syndrome (SIDS) in Japan. Forensic Sci. Int. 130S, S65–70.

6. Cote, A., Russo, P., and Michaud, J. (1999) Sudden unexpected deaths in infancy: what are the causes? J. Pediatr. 135, 437–443.

7. Iyasu, S., Hanzlick, R., Rowley, D., and Willinger, M. (1994) Proceedings of "Workshop on Guidelines for Scene Investigation of Sudden Unexplained Infant Deaths", July 12–13, 1993. J. Forensic Sci. 39, 1126–1136.

8. Peterson, D.R., van Belle, G., and Chinn, N.M. (1979) Epidemiologic comparisons of the sudden infant death syndrome with other major components of infant mortality. Am. J. Epidemiol. 110, 699–707.

9. Paris, C.A., Remler, R., and Daling, J.R. (2001) Risk factors for sudden infant death syndrome: changes associated with sleep position recommendations. J. Pediatr. 139, 771–777.

10. CDC Wonder. Compressed Mortality File: Underlying Cause of Death: Mortality for 1979–1998 with ICD 9 codes and Mortality for 1999–2001 with ICD 10 codes. (Accessed 2004, at http://wonder.Cdc.gov/mortSQL.html.)

11. Willinger, M., James, L.S., and Catz, C. (1991) Defining the sudden infant death syndrome (SIDS): deliberations of an expert panel convened by the National Institutes of Health and Human Development. Pediatr. Pathol. 11, 677–684.

12. Pollack, H.A. and Frohna, J.G. (2001) A competing risk model of sudden infant death syndrome incidence in two US birth cohorts. J. Pediatr. 138, 661–667.

13. Hoffman, H.J., Damus, K., Hillman, L., and Krongrad, E. (1998) Risk factors for SIDS: results of the National Institute of Child Health and Human Development SIDS Cooperative Epidemiological Study. Ann. N. Y. Acad. Sci. 533, 13–30.

14. Taylor, J.A., Krieger, J.W., Reay, D.T., Davis, R.L., Harruff, R., and Cheney, L.K. (1996) Prone sleep position and the sudden infant death syndrome in King County, Washington: a case-control study. J. Pediatr. 128, 626–630.

15. Klonoff-Cohen, H.S. and Edelstein, S.L. (1995) Case control study of routine and death scene sleep position and sudden infant death in Southern California. JAMA 273, 790–794.

16. Hauk, F.R. and Hunt, C.E. (2000). Sudden infant death syndrome in 2000. Curr. Probl. Pediatr. 30, 237–261.

17. Sullivan, F.M. and Barlow, S.M. (2001) Review of risk factors for sudden infant death syndrome. Paediatr. Perinat. Epidemiol. 15, 144–200.

18. Li, D.K., Petitti, D.B., Willinger, M., McMahon, R., Odouli, R., Vu, H., and Hoffman, H.J. (2003) Infant sleeping position and the risk of sudden infant death syndrome in California, 1997–2000. Am. J. Epidemiol. 157, 446–455.

19. Hunt, C.E. (2000) Sudden infant death syndrome. In Nelson Textbook of Pediatrics. 16th ed. Behrman, R.E., Kliegman, R.M., and Jenson, H.B., Eds. W.B. Saunders, Philadelphia. pp. 2139–2145.

20. Haas, J.E., Taylor, J.A., Bergman, A.B., van Belle, G., Felgenhauer, J.L., Siebert, J.R., and Benjamin, D.R. (1993) Relationship between epidemiologic risk factors and clinicopathologic findings in the Sudden Infant Death Syndrome. Pediatrics 91(1), 106–112.

21. Angell, M. (1990) The interpretation of epidemiological studies. N. Engl. J. Med. 323, 823–825.

22. Byard, R.W. (1994) Sudden infant death syndrome. In Sudden Death in Infancy, Childhood, and Adolescence. Byard, R.W. and Cohle, S.D., Eds. Cambridge University Press. pp. 417–497.

23. Jobe, A.H. (2001) What do home monitors contribute to the SIDS problem? JAMA 285(17), 2244–2245.

24. Patel, A., Paluszynska, D., and Thach, B.T. (2001) Desaturations associated with motor arousals in rebreathing infants. Pediatr. Res. 49, 460A.

25. Galland, B., Bolton, D., Taylor, B., Sayers, R., and Williams, S. (2000) Ventilatory sensitivity to mild asphyxia: prone versus supine sleep position. Arch. Dis. Child. 83, 423–428.

26. Goldwater, P.N. (2001) SIDS: more facts and controversies. Med. J. Aust. 174(6), 302–304.

27. Hunt, C.E., Lesko, S.M., Vezina, R.M., McCoy, R., Corwin, M.J., Mandell, F., Willinger, M., Hoffman, H.J., and Mitchell, A.A. (2003) Infant sleep position and associated health outcomes. Arch. Pediatr. Adolesc. Med. 157, 469–474.

28. Biggs, W.S. (2000) Diagnosis and management of positional head deformity. Am. Fam. Physician 67(9), 1953–1956.

29. Majnemer, A. and Barr, R.G. (2005) The influence of supine sleep positioning on early motor milestone acquisition. Dev. Med. Child Neurol., in press.

30. Schindler, A.M. and Hausman, C. (2001) Do we need to reassess normal gross motor milestones? Arch. Pediatr. Adolesc. Med. 155, 96.

31. Task Force on Infant Positioning and SIDS, 1998–1999 (2000) Changing concepts of sudden infant death syndrome: implications for infant sleeping environment and sleep position. Pediatrics 105(3), 650–656.

32. Lesko, S.M., Corwin, M.J., Vezina, R.M., Hunt, C.E., Mandell, F., McClain, M., Heeren, T., and Mitchell, A.A. (1988) Changes in sleep position during infancy. JAMA 280, 336–340.

33. Togari, H., Kato, I., Saito, N., and Yamaguchi, N. (2000) The healthy human infant tends to sleep in the prone rather than the supine position. Early Hum. Dev. 59(3), 151–158.

34. Kahn, A., Grosswasser, J., Sottiaux, M., Rebuffat, E., Franco, E., and Dramaix, M. (1993) Prone or supine position and sleep characteristics in infants. Pediatrics 6, 1112–1115.

35. Ottolini, M.C., Davis, B.E., Patel, K., Sachs, H.C., Gershon, N.B., and Moon, R.Y. (1999) Prone infant sleeping despite the "Back to Sleep" campaign. Arch. Pediatr. Adolesc. Med. 153, 512–517.

36. Skadberg, B.T. and Markestad, T. (1997) Behavior and physiological responses during prone and supine sleep in early infancy. Arch. Dis. Child. 76, 320–324.

37. Douthitt, T.C. and Brackbill, Y. (1972) Differences in sleep, waking and motor activity as a function of prone or supine resting position in the human neonate. Psychophysiology 9, 99–100.

38. Thach, B.T. (2001) Sleep, sleep position, and the sudden infant death syndrome: To sleep or not to sleep? That is the question. J. Pediatr. 138(6), 793–795.

39. Herrington, D.M. (2003) From presumed benefit to potential harm - hormone therapy and heart disease. N. Engl. J. Med. 349(6), 519–521.

40. Stampfer, M.J. and Colditz, G.A. (1991) Estrogen replacement therapy and coronary heart disease: a quantitative assessment of the epidemiologic evidence. Prev. Med. 20, 47–63.

41. Carolan, P.C., Moore, J.R., and Luxenberg, M.G. (1995) Infant sleep position and the sudden infant death syndrome, Clin. Pediatr. 34(8), 402–409.

Biografías de los autores

Ralph Pelligra, doctor en Medicina, es actualmente el jefe médico y presidente de la Institutional Review Board del Ames Research Center de la NASA. Su aplicación de la tecnología aeroespacial en un amplio abanico de enfermedades, entre las que se incluyen el *shock* clínico y los problemas respiratorios de los niños con lesión cerebral, ha sido fundamental. Ha publicado artículos científicos y médicos sobre diversos temas en las publicaciones como *Journal of Aerospace Medicine, JAMA, the Journal of Applied Physiology, Neuropediatrics, Emergency Medicine,* entre otras. En 1996 el doctor Pelligra fue reclutado para el Salón de la Fama de Tecnología Espacial, patrocinado por la NASA y la Space Foundation de los Estados Unidos. Correo electrónico: ralph.pelligra-1@nasa.gov

Glenn Doman es el fundador de los Institutos para el Logro del Potencial Humano. Él y los Institutos son famosos por su trabajo pionero con los niños con lesión cerebral y su trabajo en el desarrollo temprano de los niños sanos. Además de tratar de cerca a más de 20.000 familias durante los últimos 50 años, ha tenido una fuerte influencia en millones de familias a través del libro *Qué hacer por su hijo con lesión cerebral* y la creación de la innovadora Serie La Revolución Pacífica de libros y materiales para enseñar a los padres cómo enseñar a sus hijos en casa. Glenn Doman ha estudiado, trabajado y vivido con niños de más de 100 naciones, desde las más civilizadas a las más primitivas. Correo electrónico: vicedirector@iahp.org

Gerry Leisman, doctor en medicina, es profesor del Instituto Ted Carrick de Estudios de Posgrado en el Instituto de Ergonomía Clínica, Rehabilitación y Neurociencia Aplicada dentro de la Facultad de Tecnologías de Ingeniería en la State University de Nueva York, en el campus de Farmingdale, y profesor afiliado en la Universidad de Haifa, en Israel. Fue elegido Miembro de la Sociedad Americana de Psicología en 1990 y Miembro Vitalicio del American College of Forensic Examiners en 1994. Es autor de numerosos estudios, libros de texto y patentes en el campo de las ciencias de la rehabilitación, los modelos matemáticos del sistema nervioso, la memoria humana, el desarrollo motor y la función cognitiva y la neurociencia cognitiva. Correo electrónico: leismag@farmingdale.edu

Apéndice C

Equipamiento que puede construir para usted y su bebé

LA PISTA DE ARRASTRE

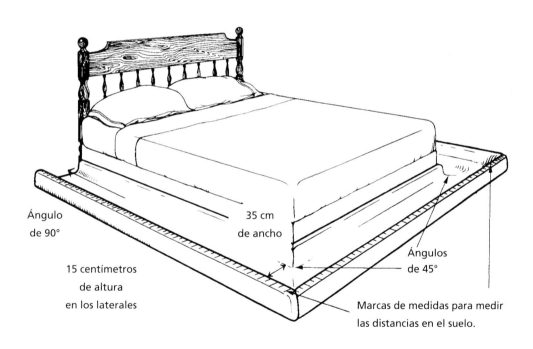

Ángulo
de 90°

35 cm
de ancho

15 centímetros
de altura
en los laterales

Ángulos
de 45°

Marcas de medidas para medir
las distancias en el suelo.

La pista está hecha con un tablero de contrachapado de 2 centímetros de grosor cubierto por 2,5 centímetros de gomaespuma y después forrado con un material de vinilo liso y sin textura.

Pista en tres secciones totalmente separables

Cada una de las tres secciones que se muestran son totalmente separables.

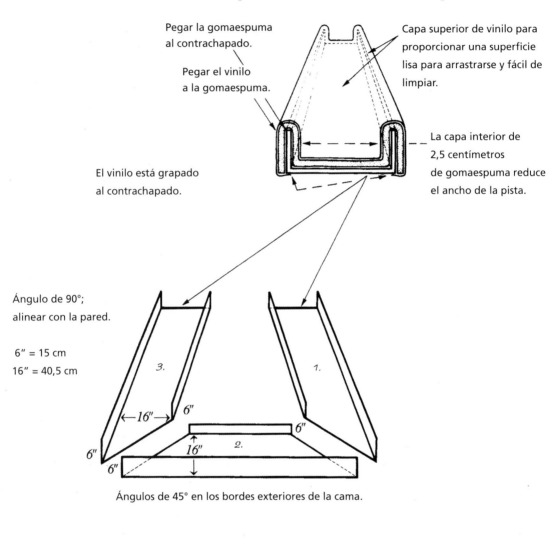

Pegar la gomaespuma al contrachapado.

Pegar el vinilo a la gomaespuma.

Capa superior de vinilo para proporcionar una superficie lisa para arrastrarse y fácil de limpiar.

El vinilo está grapado al contrachapado.

La capa interior de 2,5 centímetros de gomaespuma reduce el ancho de la pista.

Ángulo de 90°; alinear con la pared.

6″ = 15 cm
16″ = 40,5 cm

3.

1.

←16″→ 6″

6″

6″

6″

16″ 2.

6″

Ángulos de 45° en los bordes exteriores de la cama.

1. 2. 3.

Este dibujo muestra las tres piezas colocadas una seguida de la otra para hacer un pista de arrastre más larga con el fin de aumentar la distancia total; el dibujo proporciona una vista general de cómo quedan las tres pistas independientes al juntarlas.

CÓMO HACER UNA PROTECCIÓN PARA EL CUELLO DE SU BEBÉ

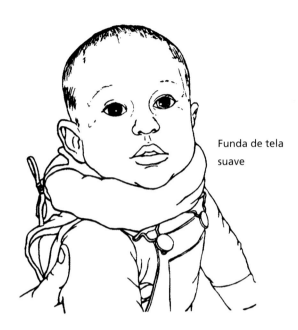

Funda de tela
suave

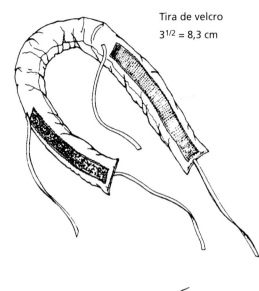

Tira de velcro
$3^{1/2}$ = 8,3 cm

En todas las actividades que le recomendamos que haga con su bebé, la seguridad del niño es nuestra principal preocupación. Es importante tener un cuidado especial con los cuellos de los bebés, así que las protecciones para el cuello son necesarias, sobre todo para todas y cada una de las actividades de equilibrio pasivo del estadio III.

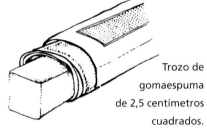

Trozo de
gomaespuma
de 2,5 centímetros
cuadrados.

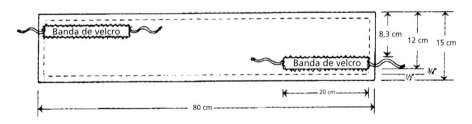

5" = 12 cm	Cosa unas costuras de 30,5
6" = 15 cm	centímetros de largo por 4 de ancho.
8" = 20 cm	La costura larga debe ser doble.
31" = 80 cm	Haga un remate en zigzag en los extremos del ojal, luego cosa a lo largo o sobrehíle.

Elementos necesarios:

Tela exterior: 80 cm. × 15 cm.
Velcro de 2,5 cm. de ancho: 40,5 cm.
4 tiras al bies para atar, de 20 cm. de largo
(dobladas dos veces) y 0,5 cm. de ancho = 80 cm. en total.

Lazo: 20 cm. en total antes del nudo.

Escalera de braquiación: ensamblaje de los soportes verticales (se requieren dos)

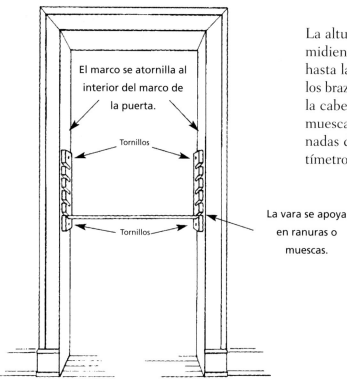

El marco se atornilla al interior del marco de la puerta.

Tornillos

Tornillos

La vara se apoya en ranuras o muescas.

La altura de la primera muesca se determina midiendo al niño desde los dedos de los pies hasta la punta de los dedos de las manos con los brazos estirados y levantados por encima de la cabeza y sumándole 5 centímetros. De esa muesca en adelante, las muescas estarán inclinadas de forma descendente y serán 0,3 centímetros mayores que el diámetro de la vara.

Esta vara que cruza el umbral de la puerta le servirá hasta que el niño se convierta en un braquiador independiente. Incluso después de aprender a braquiar se lo pasará bien jugando con ella.

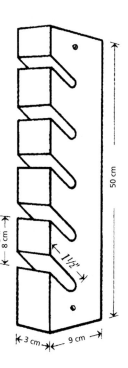

50 cm

8 cm

1½"

3 cm   9 cm

EL TRAPECIO

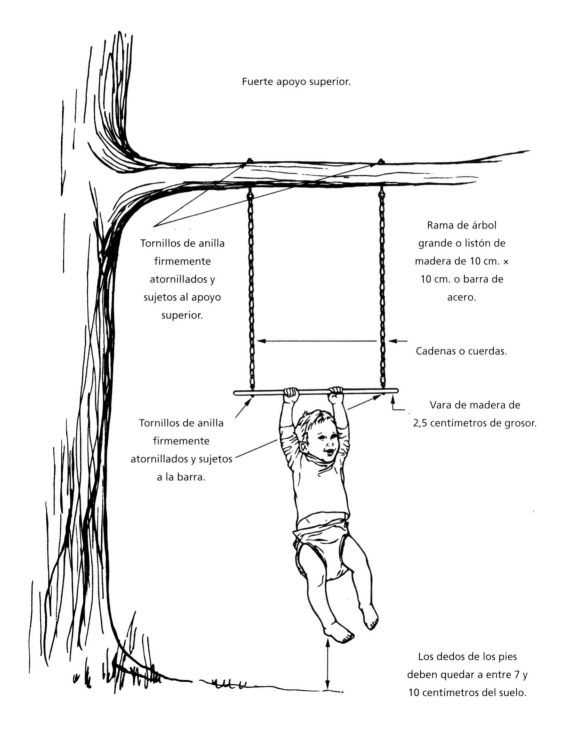

Fuerte apoyo superior.

Tornillos de anilla firmemente atornillados y sujetos al apoyo superior.

Rama de árbol grande o listón de madera de 10 cm. × 10 cm. o barra de acero.

Cadenas o cuerdas.

Tornillos de anilla firmemente atornillados y sujetos a la barra.

Vara de madera de 2,5 centímetros de grosor.

Los dedos de los pies deben quedar a entre 7 y 10 centímetros del suelo.

CÓMO CONSTRUIR UNA BARRA DE EQUILIBRIO

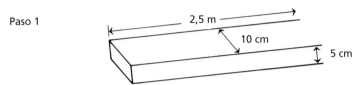

Empiece con una pieza de madera de 2,5 metros de largo, 10 centímetros de ancho y 5 centímetros de grosor. Colóquela en el suelo apoyada sobre el lado de 10 centímetros.

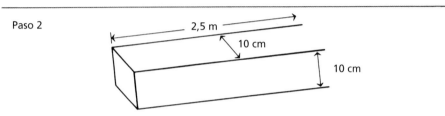

Cuando el niño camine por toda la longitud de la barra fácilmente y sin caerse empiece a utilizar un listón de madera de 2,5 metros de largo, por 10 centímetros de ancho y 10 de grosor.

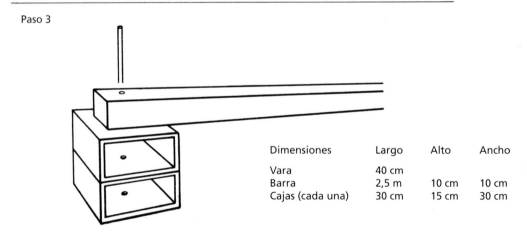

Dimensiones	Largo	Alto	Ancho
Vara	40 cm		
Barra	2,5 m	10 cm	10 cm
Cajas (cada una)	30 cm	15 cm	30 cm

Una vez que el niño sea capaz de caminar por la barra con facilidad sin caerse, ya podrá pasar a la barra elevada. Para elevarla construya unas cajas de 15 centímetros de altura por 30 centímetros cuadrados como se muestra en el diagrama. Según el niño vaya adquiriendo habilidad a la hora de caminar por la barra de equilibrio, aumente la altura añadiendo otra caja. No apile más de dos cajas.

NOTA: La madera de abedul o de arce son las más adecuadas para una barra de equilibrio. Puede cubrirlas con un vinilo liso y sin textura para evitar que se le claven astillas al niño y para darle una buena superficie de tracción.

CÓMO CONSTRUIR UNA ESCALERA DE BRAQUIACIÓN

La escalera de braquiación se construye primero fabricando sus partes principales y luego ensamblándolas para formar una escalera robusta que puedan usar tanto los niños como los adultos.

Se recomienda la madera de roble para los travesaños por su resistencia y para el resto de la escalera el abeto, porque es una madera que no tiene nudos.

Lo primero que deberá construir son los dos postes verticales y después la escalera en sí misma. El paso final es unir todas las partes.

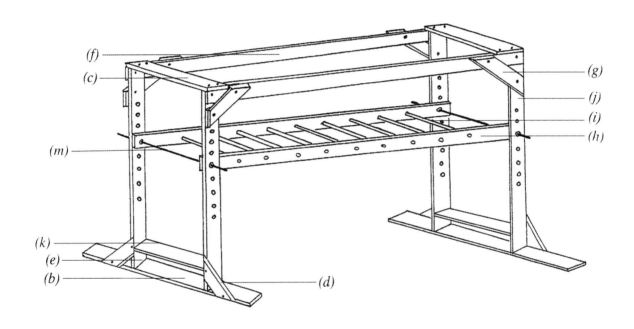

Postes verticales (se necesitan dos)

Materiales: Cuatro piezas laterales de 5 cm × 15 cm × 2,30 m (a)
Dos bases inferiores de 5 cm × 15 cm × 1,5 m (b)
Dos planchas superiores de 5 cm × 15 cm × 55 cm (c)
Cuatro piezas de refuerzo de 5 cm × 10 cm × 75 cm (d)
Ocho tornillos de cabeza plana de 0,5 cm × 7,5 cm
Ocho ángulos metálicos de 2,5 cm. de ancho y 10 cm de largo con agujeros para atornillar (e)
Treinta y dos tornillos del nº 12 de 1,3 cm de diámetro para los ángulos metálicos.

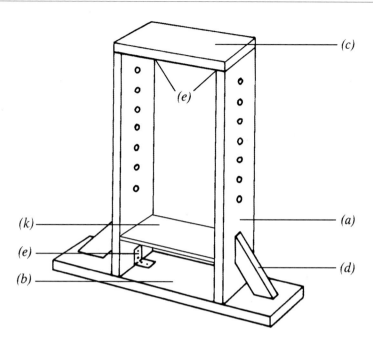

Instrucciones de montaje

1. Haga agujeros de 2 cm en las piezas laterales (a) empezando a 70 centímetros del suelo y separando 5 centímetros cada agujero del siguiente, que hará encima del anterior (hasta un total de 29 agujeros).

2. Clave las piezas laterales (a) a la base inferior (b), manteniendo una distancia de 45 centímetros entre ambas piezas laterales (dimensiones interiores).

3. Clave la placa superior (c) a las laterales.

4. Coloque los refuerzos (d) en su lugar (tras cortarlos en el ángulo adecuado) y clávelos a ambas piezas laterales y a la base inferior.

5. Taladre unos agujeros de 0,5 cm de lado a lado de las piezas laterales y en la base inferior para atornillar los tornillos de cabeza plana y fijar las piezas laterales y la base a los refuerzos. Avellane los agujeros para que las cabezas de los tornillos no sobresalgan de las superficies.

6. Inserte los tornillos de cabeza plana. Monte los ángulos metálicos como se muestra en la figura, con dos tornillos en cada lado.

Barra horizontal superior (se necesitan dos)

Materiales: Dos barras de 5 cm × 15 cm × 3 m (f)
Cuatro refuerzos de 5 cm × 15 cm × 55 cm (g)
Ocho tornillos de cabeza redonda de 0,5 cm × 10 cm
Ocho tuercas de 0,5 cm
Ocho arandelas

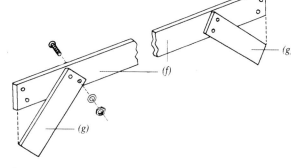

Instrucciones de montaje

1. Taladre agujeros de 0,5 cm en cada extremo de las barras para los tornillos como se muestra en el diagrama.

2. Las ubicaciones de los agujeros no deben interferir con los ángulos metálicos montados en la placa superior (c) ni con las laterales (a).

3. Monte los refuerzos con los tornillos y las tuercas con arandelas, pero sin apretarlos. Las cabezas de los tornillos deben quedar hacia el interior de la escalera, las arandelas y las tuercas en la parte exterior. Todo se apretará en la etapa final del montaje.

La escalera (solo una es necesaria)

Materiales: Dos piezas laterales de 5 cm × 10 cm × 3 m (h)
Diecinueve travesaños de madera dura* de 2,5 cm de diámetro y 45 cm de largo (i)
Treinta y ocho clavos de acabado

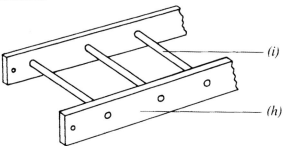

Instrucciones de montaje

1. Taladre agujeros de 2 cm a 7,5 cm de los extremos de ambos lados.

2. Taladre agujeros de 2,5 cm, el mismo diámetro que los travesaños, a 15 centímetros de los extremos y a una distancia de entre 7,5 y 30 cm de ahí en adelante, dependiendo del tamaño del niño.

3. Meta los travesaños en los agujeros y asegúrelos con tornillos de acabado y cola para madera si le parece necesario.

Montaje final

Materiales: Conjunto de dos postes verticales
Conjunto de barras horizontales superiores
Conjunto de la escalera
Ocho tornillos de cabeza redonda de 0,5 cm de diámetro y 10 cm de largo
Ocho tornillos de cabeza redonda de 0,5 cm de diámetro y 15 cm de largo
Dieciséis tuercas de 0,5 cm
Dieciséis arandelas
Dos tacos espaciadores de 5 cm × 15 cm × 15 cm (j)
Dos listones de 2 cm de diámetro y 75 cm de largo (k)

Construcción

1. Coloque los conjuntos de los postes separados tres metros el uno del otro.
2. Coloque las barras horizontales encima y marque las ubicaciones de los agujeros para taladrar los agujeros correspondientes en las piezas verticales.
3. Taladre agujeros de 0,5 cm en el lateral.
4. Monte las barras sobre los conjuntos de los postes con tornillos de 10 cm, tuercas y arandelas.
5. Sujete los espaciadores de 5 cm × 15 cm ×15 cm en su posición.
6. Taladre agujeros a través de los laterales verticales, el refuerzo de la barra y el taco espaciador.
7. Una con los tornillos los refuerzos de la barra a los laterales con tornillos de 15 cm, tuercas y arandelas. Las cabezas de los tornillos deben quedar hacia el interior de la escalera.

8. Apriete todos los tornillos, tuercas y arandelas hasta que estén asegurados.

9. Si han quedado cubiertos algunos agujeros en los lados verticales al montar las barras y los refuerzos sobre los laterales verticales, taladre a través para poder colocar el listón en su lugar.

10. Coloque la escalera a la altura deseada y manténgala en su lugar con un listón en cada extremo.

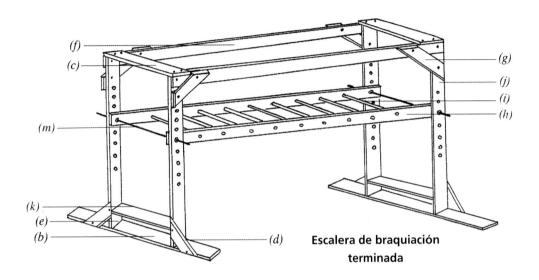

**Escalera de braquiación
terminada**

DIMENSIONES Y AJUSTES PARA NIÑOS DE DIFERENTES EDADES			
	6–18 meses	**18–36 meses**	**36 meses en adelante**
Tamaño del listón	1,30 m	2 cm	2,5 cm
Anchura de la escalera	45 cm	45 cm	45 cm
Longitud de la escalera	3 m	3 m – 5 m	5 m – 6 m
Espacio entre travesaños (del centro al centro)	10 cm	15 cm	3,5 m
Altura de la escalera	La altura a la que camine su bebé O la altura de la madre o padre	La altura de la madre o padre	Añadir 10 cm a la medida del niño que braquia (de los dedos de los pies a los de las manos con los brazos estirados por encima de la cabeza)

Apéndice D

Perfil de desarrollo de los institutos

ESTADIO CEREBRAL PREDOMINANTE		REFERENCIA TEMPORAL		COMPETENCIA VISUAL	COMPETENCIA AUDITIVA	COMPETENCIA TÁCTIL
VII	**CORTEZA COMPLEJA**	Superior	36 meses	Lectura con comprensión total	Comprensión del vocabulario completo y frases correctas	Identificación táctil de objetos
		Media	72 meses			
		Inferior	144 meses	*Comprensión humana compleja*	*Comprensión humana compleja*	*Comprensión humana compleja*
VI	**CORTEZA PRIMITIVA**	Superior	18 meses	Identificación de símbolos visuales y letras con experiencia	Comprensión de 2.000 palabras y frases sencillas	Habilidad para determinar características de los objetos por medios táctiles
		Media	36 meses			
		Inferior	72 meses	*Comprensión humana primitiva*	*Comprensión humana primitiva*	*Comprensión humana primitiva*
V	**CORTEZA TEMPRANA**	Superior	9 meses	Diferenciación de símbolos visuales simples, similares pero distintos	Comprensión de 10 a 25 palabras y dos pares de palabras	Diferenciación táctil de objetos similares pero distintos
		Media	18 meses			
		Inferior	36 meses	*Comprensión humana temprana*	*Comprensión humana temprana*	*Comprensión humana temprana*
IV	**CORTEZA INICIAL**	Superior	6 meses	Convergencia de la visión que deriva en percepción simple de la profundidad	Comprensión de dos palabras del lenguaje hablado	Percepción táctil de la tercera dimensión en objetos que parecen planos
		Media	12 meses			
		Inferior	24 meses	*Comprensión humana inicial*	*Comprensión humana inicial*	*Comprensión humana inicial*
III	**ÁREAS DEL CEREBRO MEDIO Y SUBCORTICALES**	Superior	3,5 meses	Apreciación de detalles dentro de una configuración determinada	Apreciación de sonidos dotados con significado	Apreciación de sensación gnóstica (de reconocimiento)
		Media	7 meses			
		Inferior	14 meses	*Apreciación de significado*	*Apreciación de significado*	*Apreciación de significado*
II	**TRONCO ENCEFÁLICO Y ÁREAS SUBCORTICALES TEMPRANAS**	Superior	1 mes	Percepción de los contornos	Respuesta vital a sonidos amenazantes	Percepción de la sensación vital
		Media	2,5 meses			
		Inferior	5 meses	*Percepción vital*	*Percepción vital*	*Percepción vital*
I	**TRONCO ENCEFÁLICO TEMPRANO Y MÉDULA ESPINAL (TÁLAMO)**	Superior	Nacimiento-0,5 meses	Reflejo de luz	Reflejo de susto	Reflejo de Babinski
		Media	Nacimiento-1 mes			
		Inferior	Nacimiento-2 meses	*Reflejo de recepción*	*Reflejo de recepción*	*Reflejo de recepción*

PERFIL DE DESARROLLO DE LOS INSTITUTOS POR GLENN J. DOMAN	MOVILIDAD	LENGUAJE	COMPETENCIA MANUAL
	Uso de una pierna con función dominante en coherencia con el hemisferio dominante *Expresión humana compleja*	Vocabulario completo y estructura correcta de las frases *Expresión humana compleja*	Uso de una mano para escribir en coherencia con el hemisferio dominante *Expresión humana compleja*
	Marcha y carrera con patrón cruzado completo *Expresión humana primitiva*	2.000 palabras de lenguaje hablado y frases cortas *Expresión humana primitiva*	Función bimanual con predominio de una mano *Expresión humana primitiva*
	Marcha con los brazos liberados de su función de elemento principal de equilibrio *Expresión humana temprana*	De 10 a 25 palabras del lenguaje hablado y dos pares de palabras *Expresión humana temprana*	Oposición cortical bilateral y simultánea *Expresión humana temprana*
	Marcha con los brazos empleados como elemento principal de equilibrio, la mayor parte de las veces a la altura de los hombros o por encima de ellos *Expresión humana inicial*	Dos palabras del lenguaje hablado usadas de forma espontánea y con significado *Expresión humana inicial*	Oposición cortical en ambas manos *Expresión humana inicial*
	Gateo sobre manos y rodillas que culmina con gateo con patrón cruzado *Respuesta significativa*	Creación de sonidos dotados de significado *Respuesta significativa*	Reflejo prensil *Respuesta significativa*
	Arrastre en posición de decúbito supino que culmina en arrastre con patrón cruzado *Respuesta vital*	Llanto vital en respuesta a elementos amenazadores *Respuesta vital*	Desasimiento vital *Respuesta vital*
INSTITUTOS PARA EL LOGRO DE POTENCIAL HUMANO® 8801 STENTON AVENUE WYNDMOOR, PENNSYLVANIA 19038	Movimiento de brazos y piernas sin movimiento del cuerpo *Respuesta refleja*	Llanto y gritos desde el nacimiento *Respuesta refleja*	Reflejo de prensión *Respuesta refleja*

Acerca de los autores

Glenn Doman fundó los Institutos para el Logro del Potencial Humano en 1955. Padres de todos los continentes han encontrado la forma de llegar hasta allí desde entonces hasta la actualidad. Es difícil saber si él y los Institutos son más famosos por su altamente respetado trabajo con los niños con lesión cerebral o por enseñar a los padres de niños sanos cómo hacer que sus hijos alcancen la excelencia física, intelectual y social.

Glenn ha tratado de cerca a más de 25.000 familias en los últimos sesenta años y ha tenido una gran influencia en las vidas de millones de ellas a través de los libros de la serie superventas La Revolución Pacífica que se están publicando por todo el mundo. *Cómo enseñar a su bebé a leer* y *Qué hacer por su hijo con lesión cerebral* son obras clásicas en el campo de los niños sanos y en el de los enfermos.

Glenn Doman ha estudiado, trabajado y vivido con niños de más de cien naciones, de las más civilizadas a las más primitivas. Ha estudiado a los niños de Mato Grosso en Brasil, a los niños bosquimanos en el desierto del Kalahari, a los inuit del Ártico, así como a niños de las ciudades más civilizadas del mundo. Y sigue enseñando a padres todas las semanas.

Ha sido condecorado en varias naciones. El rey Jorge IV le impuso la Cruz Militar británica por su destacado heroísmo en acción durante la II Guerra Mundial. Recibió la Cruz de Servicio Distinguido de los Estados Unidos por su extraordinario heroísmo en combate, la Estrella de Plata y la Estrella de Bronce. También la Gran Duquesa Carlota lo condecoró por sus servicios al ducado de Luxemburgo durante la batalla de las Ardenas. En 1967 el gobierno de Brasil le nombró caballero por sus servicios a los niños del mundo y recibió la condecoración más alta de Brasil: le hicieron Caballero de la Orden de la Cruz del Sur. Recibió una medalla por parte del senado italiano y le nombraron Senador Honorario de la Academia Internacional Medicea. Fue la primera persona que recibió el premio Linus Pauling a los logros de toda una vida dedicada a la medicina. Entre otros premios destacan también el premio Raymond A. Dart y el del Sindicato de Trabajadores Siderúrgicos de América.

Douglas Doman es subdirector de los Institutos para el Logro del Potencial Humano. Como presidente de los Institutos en Europa es responsable de las familias y las operaciones de los Institutos de todo el viejo continente. También forma parte de la junta directiva de los Institutos de México, en los que se dan cursos y series de conferencias cada año.

Dado que el autor es hijo de Katie y Glenn Doman, creció en los campus de los Institutos con adultos y niños con lesión cerebral. Aún adolescente, acompañó a los equipos de investigación de los Institutos en tres expediciones para estudiar los pueblos indígenas: en 1965 estudió a los navajos de Arizona, en 1967 fue al Ártico a estudiar a los inuits y en 1969 viajó al desierto del Kalahari, en Bostwana, para vivir con los bosquimanos y estudiarlos. Como parte de sus estudios universitarios en el Bard College, Douglas se unió al Experiment in International Living, donde estudió el desarrollo de los guambianos de Colombia, en Sudamérica.

En 1975, por invitación de Sony Corporation, se trasladó a Japón a enseñar inglés a los niños japoneses. Después de Japón, Douglas viajó a Melbourne, Australia, para trabajar con Tim y Claire Timmermans, autoridades mundiales en las técnicas de enseñanza de padres para enseñar a los bebés a nadar.

Los primeros años de Douglas como parte del personal de los Institutos los pasó creando la Escuela de Desarrollo Humano, una escuela para jóvenes con lesión cerebral. Él y su personal crearon el primer Curso de Desarrollo Humano del mundo, un circuito que utiliza las actividades físicas para promover la organización y el desarrollo cerebral. Ha hecho grandes avances en el campo del desarrollo físico de los niños tanto sanos como con lesión cerebral. Los más importantes de esos avances son la cuantificación del desarrollo físico de los niños y su trabajo en colaboración con el Ames Research Center, perteneciente a la Administración Nacional para la Aeronáutica y el Espacio, para el diseño y creación de un «Vehículo de Arrastre Inicial».

Douglas también es coautor de *How To Teach Your Baby To Be Physically Superb* (Cómo enseñar a su bebé a alcanzar la excelencia física), que ya ha sido traducido a diez idiomas y que resulta un excelente complemento para el presente libro.

Está casado con Rosalind Klein Doman, directora adjunta del Instituto para el Logro de la Excelencia Física. Sus hijos Marlowe, Spencer y Noah y su hija Morgan son los protagonistas de muchas de las fotografías y experiencias incluidas en este libro.

Bruce Hagy es el antiguo director del Instituto para el Logro de la Excelencia Física de los Institutos. Se licenció en Salud y Educación física en la West Chester University en 1972 y después pasó dos años en el Cuerpo de Paz como director de actividades deportivas en universidades e institutos de Filipinas.

Se unió al personal de los Institutos en 1974. Bruce y Douglas Doman crearon el primer Curso de Desarrollo Humano para jóvenes con lesión cerebral. Después Bruce introdujo y desarrolló un programa de gimnasia para niños sanos. Bruce es quien ha hecho posible el desarrollo físico de niños con lesiones cerebrales graves de todo el mundo y da conferencias sobre el desarrollo del cerebro infantil a nivel internacional. Bruce está casado con Chris Brennan Hagy. Sus hijos, Tegan, Shea y Brennan, aparecen varias veces a lo largo de este libro. Bruce ha dedicado su vida a enseñar a los niños el valor de intentar lograr la excelencia física y sigue siendo un defensor acérrimo del desarrollo físico mediante su pasión personal por los deportes y la buena forma física. Ha trabajado como educador tanto dando clase en las aulas como actualmente en su papel de director de una escuela secundaria en Chestnut Hill (Filadelfia).

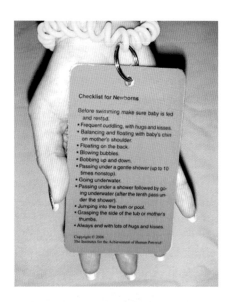

Más información sobre Cómo enseñar a nadar a su bebé

NADAR es una función humana básica y esencial que va de la mano con cada uno de los pasos de desarrollo que se describen en este libro. Si su hijo también está desarrollando sus habilidades de natación, *todas* las capacidades dentro del programa físico se verán mejoradas.

Su hijo se arrastrará mejor y empezará más pronto a hacerlo si también está aprendiendo a nadar. Y nadará mejor y aprenderá más rápido si también se arrastra por el suelo.

Nadar beneficia la movilidad y viceversa. Y esto se produce en todos los estadios del desarrollo cerebral. Su hijo será mejor gimnasta si también nada.

Nadar es importante para la movilidad y el desarrollo cerebral porque desarrolla rápidamente la respiración. Los «bebés acuáticos», los bebés que aprenden a nadar desde el momento del nacimiento, tienen sistemas respiratorios mejor desarrollados que los bebés que no nadan. Esta capacidad respiratoria mejora su resistencia en actividades que la requieren como correr o caminar. La respiración mejorada también hace que el lenguaje se desarrolle más rápido.

Todos esos beneficios de la natación se suman al hecho de que los «bebés acuáticos» se lo pasan de maravilla en el agua y nadando. Les encanta.

A los Institutos llegan todos los años niños de todo el mundo con *lesiones cerebrales gravísimas porque han estado a punto de ahogarse.* Con ver a uno de estos niños es suficiente para convencerse de que todos los niños deberían aprender a nadar a la edad más temprana posible.

¿Y por qué los recién nacidos no deberían ser unos nadadores extraordinarios? Llevan nadando nueve meses. De hecho el primer problema que se encuentra el niño en el momento de nacer es respirar por primera vez una bocana-

da de *aire* para conseguir el oxígeno que el cerebro necesita tan desesperadamente.

De hecho muchos bebés de los Institutos han nacido bajo el agua, incluido nuestro segundo hijo, Spencer. A las madres el agua templada les parece un sitio mucho más cómodo para dar a luz y los bebés nacen en un entorno líquido y cálido muy parecido al que ya han habitado durante nueve meses.

Como nadar desde el momento del nacimiento es un complemento extremadamente importante para el desarrollo físico, la natación merecía todo un libro; por eso escribimos *Cómo enseñar a nadar a su bebé*, también publicado por EDAF.

Para los padres que quieran enseñar a sus hijos a nadar, no hay nada mejor que hacerlo a la vez que utilizan este libro para enseñarles a alcanzar la excelencia física.

Como ya hemos dicho, nadar es una función humana básica y esencial que va de la mano con cada uno de los pasos de desarrollo que se describen en este libro.

Todos los bebés que siguen los programas físicos de los Institutos nadan.

Si su hijo está desarrollando sus capacidades de natación, todos los programas que se incluyen en este libro se verán claramente mejorados. Su hijo se arrastrará mejor y empezará a hacerlo más pronto, tendrá un sistema respiratorio más desarrollado que le ayudará a caminar y a correr, y desarrollará sus habilidades de lenguaje con mayor rapidez.

Y lo mejor de todo, el agua es otro entorno con multitud de posibilidades en el que su hijo puede pasárselo bien y nadar puede añadir otra dimensión a la enorme alegría de aprender a alcanzar la excelencia física.

Índice temático

El Perfil de Desarrollo de los Institutos®

ESTADIO CEREBRAL PREDOMINANTE	MARCO DE TIEMPO		COMPETENCIA VISUAL	COMPETENCIA AUDITIVA	COMPETENCIA TÁCTIL	GLENN DOMAN Y EL PERSONAL DE LOS INSTITUTOS	MOVILIDAD	LENGUAJE	COMPETENCIA MANUAL
VII CORTEZA SOFISTICADA	Superior	36 meses	Lectura con comprensión total	Comprensión del vocabulario completo y oraciones correctas	Identificación táctil de objetos		Habilidad de usar una pierna consistentemente con el hemisferio dominante	Vocabulario completo y oraciones con estructura correcta	Usar una mano para escribir consistentemente con el hemisferio dominante
	Promedio	72 meses							
	Lento	144 meses	Comprensión humana sofisticada	Comprensión humana sofisticada	Comprensión humana sofisticada		Expresión humana sofisticada	Expresión humana sofisticada	Expresión humana compleja
VI CORTEZA PRIMITIVA	Superior	18 meses	Identificación de símbolos visuales y letras dentro de su experiencia	Comprensión de 2000 palabras y frases simples	Habilidad de determinar características de objetos por medio del tacto		Caminar y correr en patrón cruzado completo	2000 palabras de lenguaje y frases cortas	Función bimanual con una mano en el papel dominante
	Promedio	36 meses							
	Lento	72 meses	Comprensión humana primitiva	Comprensión humana primitiva	Comprensión humana primitiva		Expresión humana primitiva	Expresión humana primitiva	Expresión humana primitiva
V CORTEZA TEMPRANA	Superior	9 meses	Diferenciación de símbolos visuales similares pero distintos	Comprensión de 10 a 25 palabras y dos pares de palabras	Diferenciación táctil de objetos similares pero distintos		Caminar sin usar los brazos en el papel de equilibrio primario	10 a 25 palabras de lenguaje y dos pares de palabras	Oposición cortical bilateral simultánea
	Promedio	18 meses							
	Lento	36 meses	Comprensión humana temprana	Comprensión humana temprana	Comprensión humana temprana		Expresión humana temprana	Expresión humana temprana	Expresión humana temprana
IV CORTEZA INICIAL	Superior	6 meses	Convergencia de visión resultante en percepción simple de la profundidad	Comprensión de dos palabras	Comprensión táctil de la tercera dimensión en objetos que parecen planos		Caminar usando los brazos en el papel de equilibrio primario sosteniéndolos mas frecuentemente al nivel de los hombros	2 palabras de conversión usadas espontánea y significativamente	Oposición cortical en cualquier mano
	Promedio	12 meses							
	Lento	24 meses	Comprensión humana inicial	Comprensión humana inicial	Comprensión humana inicial		Expresión humana inicial	Expresión humana inicial	Expresión humana inicial
III CEREBRO MEDIO Y ÁREAS SUBCORTICALES	Superior	3,5 meses	Apreciación de detalles dentro de una configuración	Apreciación de sonidos con significado	Apreciación de la sensación gnóstica		Gatear con manos y rodillas culminando en patrón cruzado de gateo	Creación de sonidos con significado	Agarre prensil
	Promedio	7 meses							
	Lento	14 meses	Apreciación significativa	Apreciación significativa	Apreciación significativa		Respuesta significativa	Respuesta significativa	Respuesta significativa
II TRONCO ENCEFÁLICO Y ÁREAS SUBCORTICALES TEMPRANAS	Superior	1 mes	Percepción de los contornos	Respuesta vital a sonidos amenazantes	Percepción de la sensación vital		Arrastre bocabajo culminando en patrón cruzado	Llanto vital en respuesta a amenazas a la vida	Soltar (vital)
	Promedio	2,5 meses							
	Lento	5 meses	Percepción vital	Percepción vital	Percepción vital		Respuesta vital	Respuesta vital	Respuesta vital
I TRONCO ENCEFÁLICO TEMPRANO Y MÉDULA ESPINAL (TÁLAMO)	Superior	0,5 meses	Reflejo de luz	Reflejo de susto	Reflejo de Babinski		Movimiento de brazos y piernas sin mover el cuerpo	Llanto al nacer y llorar	Reflejo prensil
	Promedio	1 mes							
	Lento	2 meses	Reflejo de recepción	Reflejo de recepción	Reflejo de recepción		Respuesta refleja	Respuesta refleja	Respuesta refleja

GLENN DOMAN Y EL PERSONAL DE LOS INSTITUTOS

LOS INSTITUTOS PARA EL LOGRO DEL POTENCIAL HUMANO
8801 STENTON AVENUE
WYNDMOOR, PA 19038

NOMBRE _____ FECHA DE NACIMIENTO _____

Fecha de Evaluación Inicial _____
Fecha de última Evaluación _____
Fecha de Evaluación Presente _____

Edad Neurológica _____ meses (Indique en Azul)
Edad Neurológica _____ meses
Edad Neurológica _____ meses (Indique en Rojo)

Edad Cronológica _____ meses
Edad Cronológica _____ meses
Edad Cronológica _____ meses